큰 그림, 큰 글씨로 배우는

컴퓨터

큰 그림, 큰 글씨로 배우는
눈이 편한 컴퓨터 2nd Edition

Copyright ⓒ 2016 by youngjin.com Inc.
10F. Daeryung Techno Town 13-th, 24, Gasan digital 1-ro, Geumcheon-gu, Seoul 08591, Korea.
All rights reserved. First published by Youngjin.com Inc. in 2011. Printed in Korea.

저작권법에 의하여 한국 내에서 보호를 받는 저작물이므로 무단 전재와 무단 복제를 금합니다.

이 책에 언급된 모든 상표는 각 회사의 등록 상표입니다.
또한 인용된 사이트의 저작권은 해당 사이트에 있음을 밝힙니다.

ISBN 978-89-314-4578-7

독자님의 의견을 받습니다.
이 책을 구입한 독자님은 영진닷컴의 가장 중요한 비평가이자 조언가입니다. 저희 책의 장점과 문제점이 무엇인지, 어떤 책이 출판되기를 바라는지, 책을 더욱 알차게 꾸밀 수 있는 아이디어가 있으면 팩스나 이메일, 또는 우편으로 연락주시기 바랍니다. 의견을 주실 때에는 책 제목 및 독자님의 성함과 연락처(전화번호나 이메일)를 꼭 남겨 주시기 바랍니다. 독자님의 의견에 대해 바로 답변을 드리고, 또 독자님의 의견을 다음 책에 충분히 반영하도록 늘 노력하겠습니다.

이메일_ support@youngjin.com
주　소_ (우)08591 서울특별시 금천구 가산디지털 1로 24 대륭테크노타운 13차 10층 (주)영진닷컴

만든 사람들

저자_ 김미영, 김혜경 | **기획**_ 기획1팀 | **총괄**_ 김태경 | **진행**_ 김연희
내지 디자인_ 영진닷컴 디자인팀 | **표지 디자인**_ 영진닷컴 디자인팀 지화경

이 책의 구성

PREVIEW

이 책은 윈도우, 인터넷, 한글을 각각의 Part로 나누어 설명하고 있습니다. 큰 글씨와 큰 그림으로 누구나 쉽게 배우고 활용할 수 있도록 구성되어 있습니다.

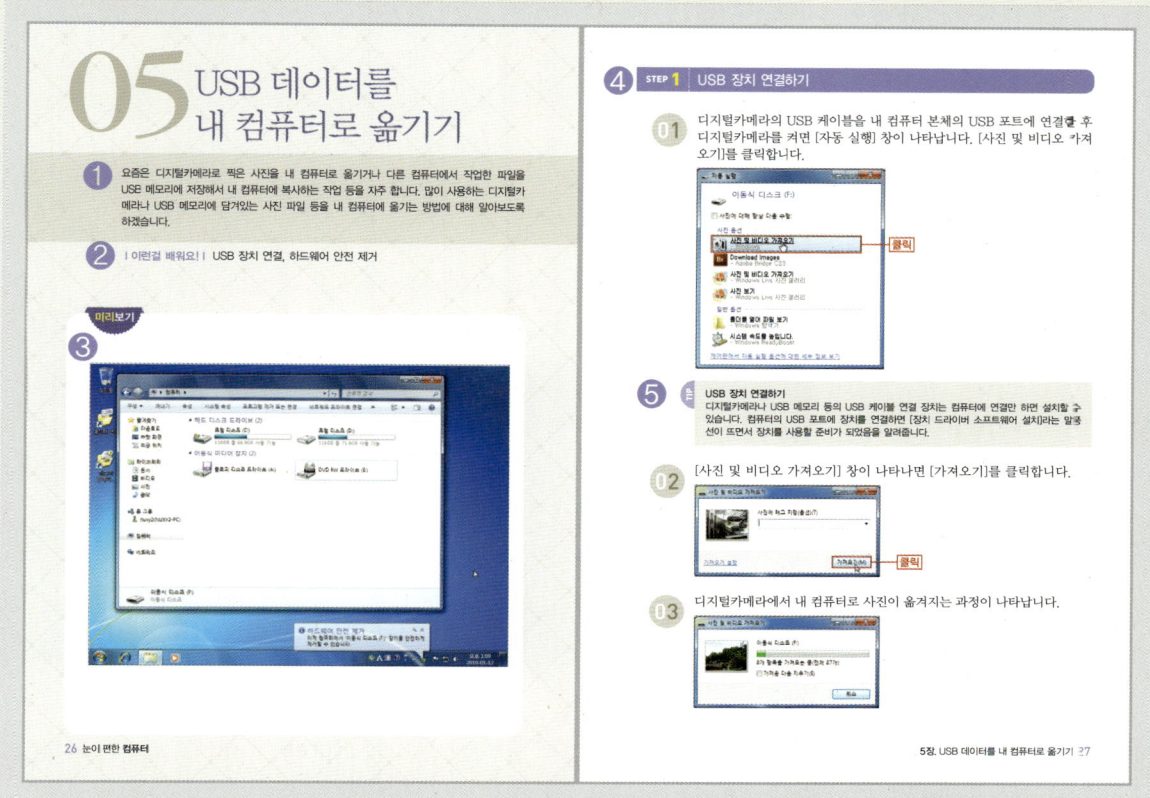

❶ 배울 내용
각 차시에서 배우게 되는 내용에 대해 간략하게 설명하고 학습 방향을 제시합니다.

❷ 이런걸 배워요!
따라하기를 통해 어떤 기능을 학습하게 될지 간략하게 살펴봅니다. 배울 내용을 미리 알아두면 훨씬 쉽고 재미있게 학습할 수 있습니다.

❸ 미리보기
각 차시에서 배우게 되는 예제의 완성된 모습을 미리 확인할 수 있습니다.

❹ 따라하기
예제를 만드는 과정과 방법을 순서대로 보면서 쉽게 따라할 수 있습니다.

❺ TIP
본문에서 설명하지 않은 내용 중 중요하거나 알아두면 좋은 내용 등을 정리하였습니다.

이 책의 목차

PART 1 | 윈도우 7 알아보기

- **01장** : 윈도우 화면 알기 10
- **02장** : 더블클릭과 드래그 연습하기 14
- **03장** : 화면 해상도 변경하고 가젯 표시하기 18
- **04장** : 바탕 화면에 여행 사진 표시하기 22
- **05장** : USB 데이터를 내 컴퓨터로 옮기기 26
- **06장** : 윈도우 사진 뷰어 사용하기 30
- **07장** : 탐색기에서 파일 복사하기 34
- **08장** : 탐색기에서 파일 이동하고 지우기 38
- **09장** : 그림판에서 디카 사진 꾸미기 42
- **10장** : 바이러스 백신 프로그램으로 컴퓨터 보호하기 48
- **11장** : [접근성 센터]의 편리한 기능 알아보기 52

PART 2 : 인터넷 활용하기

- **12장** : 인터넷 시작하기 ········· 58
- **13장** : 시작 페이지 설정하고 이메일 계정 만들기 ········· 62
- **14장** : 지인들과 이메일 주고받기 ········· 68
- **15장** : 파일 첨부해서 메일 주고받기 ········· 72
- **16장** : 내 주소록과 메일함 관리하기 ········· 76
- **17장** : 즐겨찾기 추가하고 관리하기 ········· 80
- **18장** : 인터넷의 글과 그림 내 컴퓨터에 저장하기 ········· 84
- **19장** : 웹 문서 프린터로 인쇄하기 ········· 88
- **20장** : 인터넷에서 음악 감상하기 ········· 92
- **21장** : 인터넷에서 TV 프로그램 즐기기 ········· 96
- **22장** : 문화/여행 정보로 여가생활하기 ········· 100
- **23장** : 자료실에서 알집 설치해 압축 풀기 ········· 106

PART 3 | 한글 2007 알아보기

- **24장**: 한글 2007과 인사하기 ········· 114
- **25장**: 큰 글씨로 문서 작성하고 저장하기 ········· 118
- **26장**: 입력된 문서 세련되게 꾸미기 ········· 122
- **27장**: 복사, 정렬 기능으로 문서 편집 박사 되기 ········· 126
- **28장**: 그림에 멋진 효과 넣어 배치하기 ········· 130
- **29장**: 내 글에 맵시내기 ········· 134
- **30장**: 문서에 한자와 기호 넣기 ········· 138
- **31장**: 척척! 요일별 스케줄표 만들기 ········· 142
- **32장**: 다양한 크기와 색으로 표 꾸미기 ········· 146
- **33장**: 나누고 합치고 복잡한 표 완성하기 ········· 150
- **34장**: 글상자와 쪽 테두리로 내 명함 만들기 ········· 154
- **35장**: 쪽 번호와 머리말 넣어 긴 문서 관리하기 ········· 158
- **36장**: 한글로 계산도 척척! ········· 162

37장 다단 문서 만들기 ·· 166

38장 도형 안에 사진 넣어 액자 만들기 ······················ 170

39장 문단 번호와 글머리표로 체계적인 문서 만들기 ········· 174

40장 원하는 자료만 콕콕 찾아 바꾸기 ·························· 178

WINDOWS

INTERNET

HANGUL

01장 | 윈도우 화면 알기
02장 | 더블클릭과 드래그 연습하기
03장 | 화면 해상도 변경하고 가젯 표시하기
04장 | 바탕 화면에 여행 사진 표시하기
05장 | USB 데이터를 내 컴퓨터로 옮기기
06장 | 윈도우 사진 뷰어 사용하기
07장 | 탐색기에서 파일 복사하기
08장 | 탐색기에서 파일 이동하고 지우기
09장 | 그림판에서 디카 사진 꾸미기
10장 | 바이러스 백신 프로그램으로 컴퓨터 보호하기
11장 | [접근성 센터]의 편리한 기능 알아보기

01

윈도우 7 알아보기

01 윈도우 화면 알기

컴퓨터를 사용하기 위해서는 윈도우라는 프로그램을 알아야 합니다. 운영체제 혹은 OS라고 하는 이 프로그램은 컴퓨터를 사용할 때 반드시 필요한 프로그램입니다. 컴퓨터를 켜면 윈도우의 바탕 화면과 만나게 됩니다. 이번 시간에는 컴퓨터가 어떻게 구성되어 있고, 윈도우 7의 겉모습은 어떤지 알아보도록 하겠습니다.

| 이런 걸 배워요! | 컴퓨터 장치, 바탕 화면

미리보기

STEP 1 컴퓨터와 윈도우 화면 살펴보기

● 컴퓨터 장치 알기

● 윈도우 7의 화면 구성

STEP 2 윈도우 게임으로 클릭 연습하기

01 [시작] 단추( )를 클릭한 후 [모든 프로그램]-[게임]-[카드놀이]를 차례로 클릭합니다.

02 [카드놀이] 게임이 실행되면 마우스를 클릭하여 게임을 진행합니다.

STEP 3 : 창 닫고 윈도우 종료하기

03 실행한 프로그램을 종료할 때는 프로그램 창의 닫기(X)를 클릭합니다.

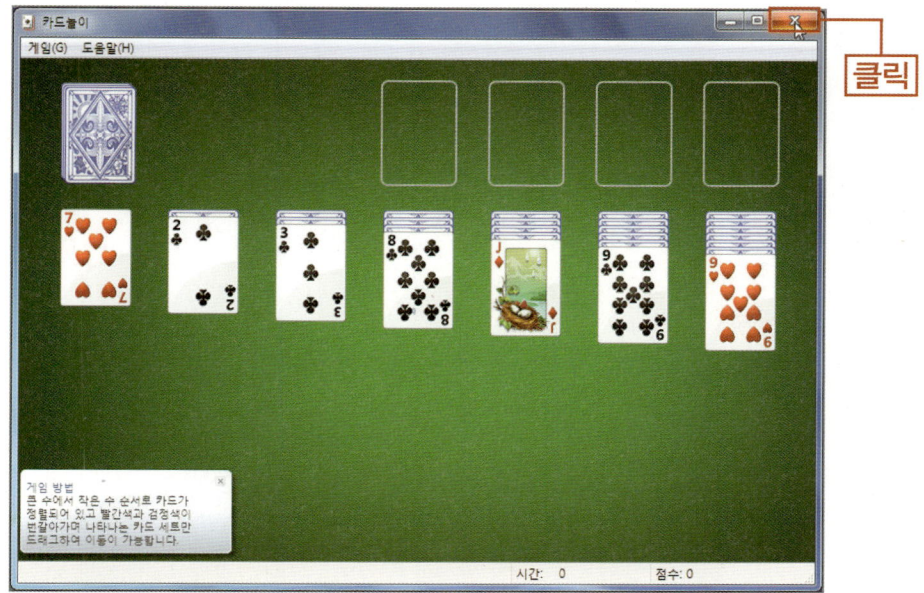

클릭

04 윈도우를 종료할 때는 [시작] 단추를 클릭한 후 [시스템 종료]를 클릭합니다.

❶ 클릭   ❷ 클릭

TIP

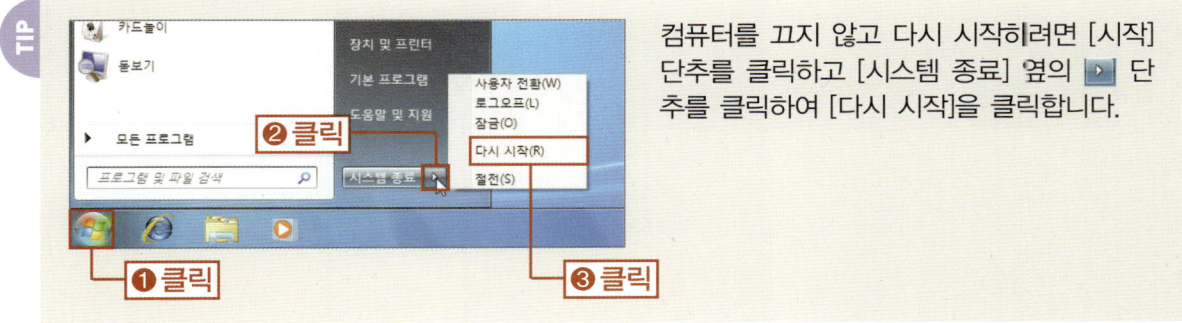

컴퓨터를 끄지 않고 다시 시작하려면 [시작] 단추를 클릭하고 [시스템 종료] 옆의 ▶ 단추를 클릭하여 [다시 시작]을 클릭합니다.

❶ 클릭   ❷ 클릭   ❸ 클릭

1장. 윈도우 화면 알기 13

02 더블클릭과 드래그 연습하기

마우스를 한 번 딸깍하는 클릭은 쉽게 할 수 있지만 연속 두 번 클릭해야하는 더블클릭과 창이나 아이콘을 끌어다 놓는 드래그 앤 드롭은 어려워하는 사람들이 많습니다. 윈도우에 있는 동영상을 실행하면서 더블클릭을 연습하고, 윈도우 7의 다양한 에어로 기능을 사용하여 드래그를 연습해 보도록 하겠습니다.

| 이런 걸 배워요! | 클릭, 더블클릭, 드래그, 드래그 앤 드롭

미리보기

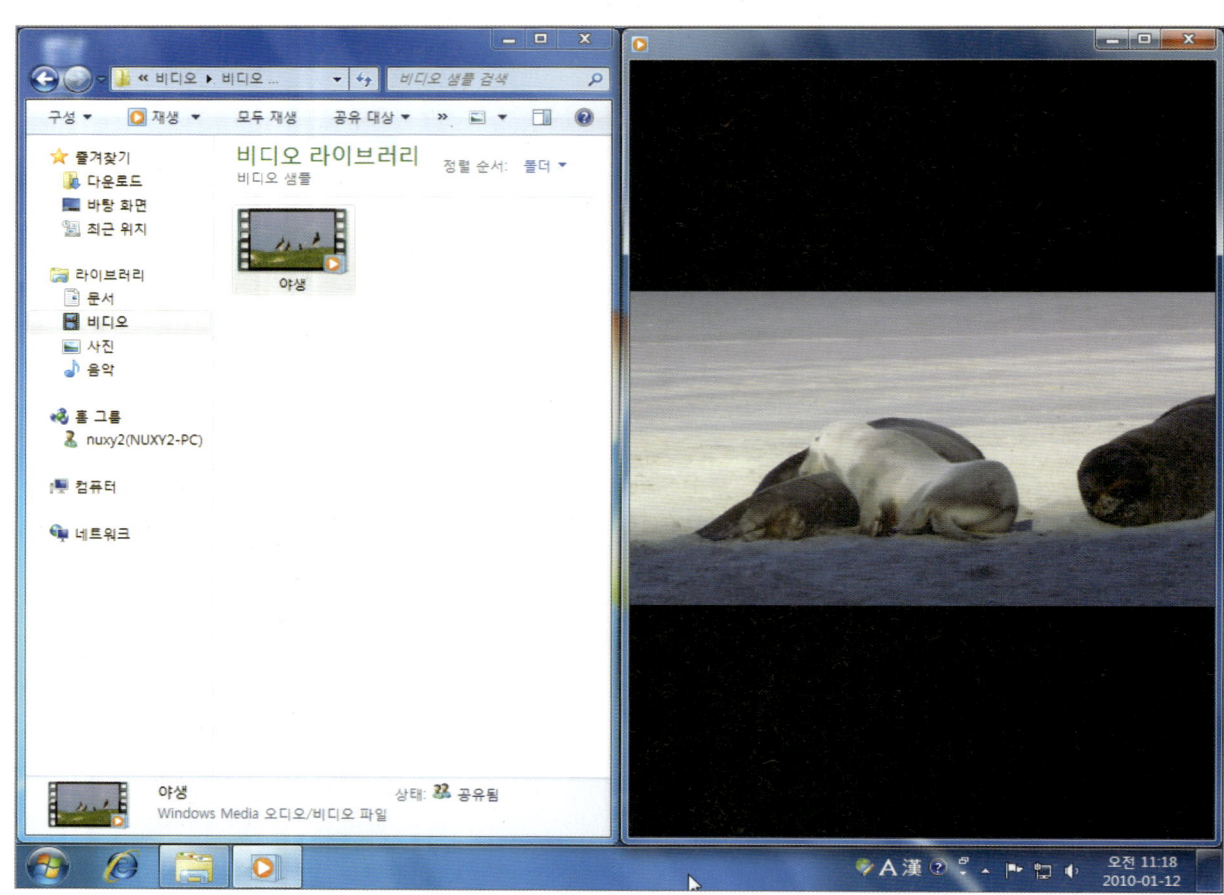

14 눈이 편한 **컴퓨터**

STEP 1 　 더블클릭 연습하기

01 작업 표시줄의 [Windows 탐색기](📁)를 클릭한 후 [탐색기] 창이 나타나면 탐색기 창의 [비디오 라이브러리]를 더블클릭합니다.

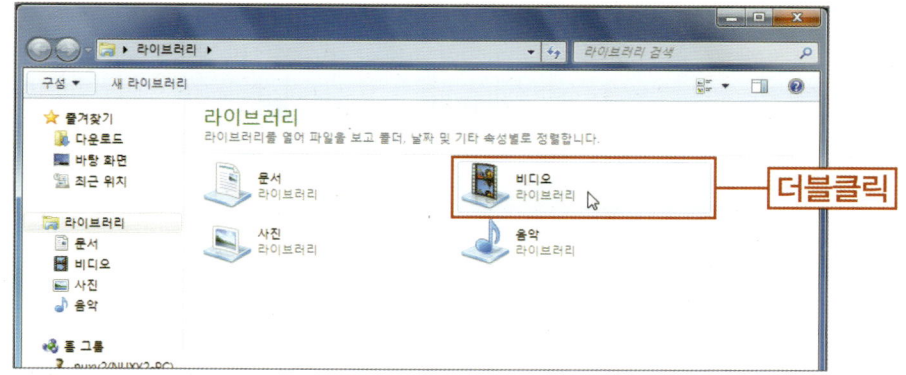

02 다시 [비디오 샘플] 폴더를 더블클릭하고 [비디오 샘플] 폴더가 열리면 '야생' 파일을 더블클릭합니다.

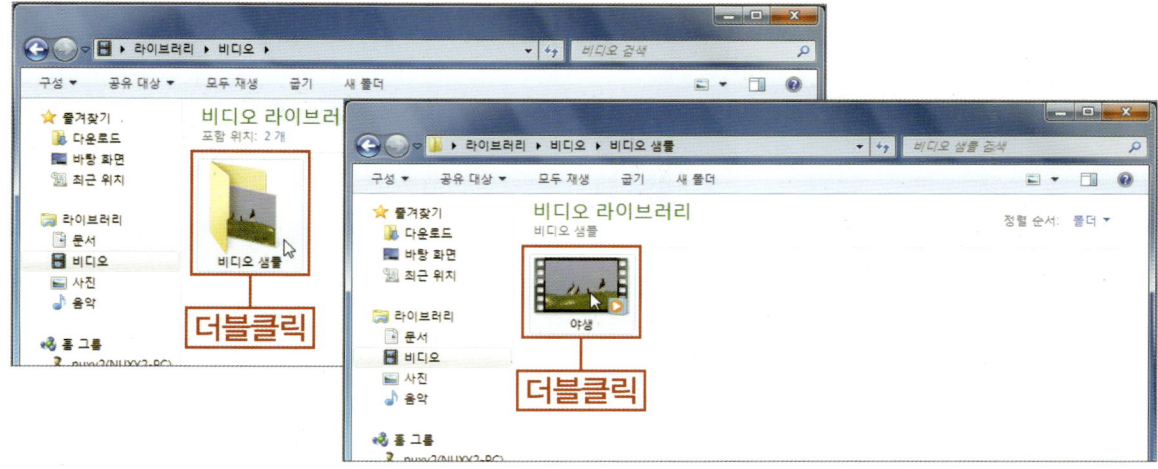

03 [비디오 샘플] 폴더에 있는 동영상 파일이 실행되고 동영상이 재생됩니다.

STEP 2 | 드래그 연습하기

04 탐색기 창의 가장 윗부분에 마우스 포인터를 위치시킨 후 바탕 화면의 위쪽으로 끌어다 놓으면(드래그 앤 드롭하면) 창의 크기는 최대화되어 모니터에 꽉 차게 확대됩니다.

TIP 탐색기 창의 □을 클릭해도 창은 최대화 됩니다. 다시 창의 가장 윗부분에 마우스 포인터를 위치시킨 후 아래쪽으로 끌어다 놓으면 창이 원래 크기로 돌아옵니다.

05 이번에는 창을 왼쪽으로 드래그하여 마우스 포인터를 바탕 화면 왼쪽 끝에 위치시키면 탐색기 창이 바탕 화면의 반만 차지하도록 줄어듭니다.

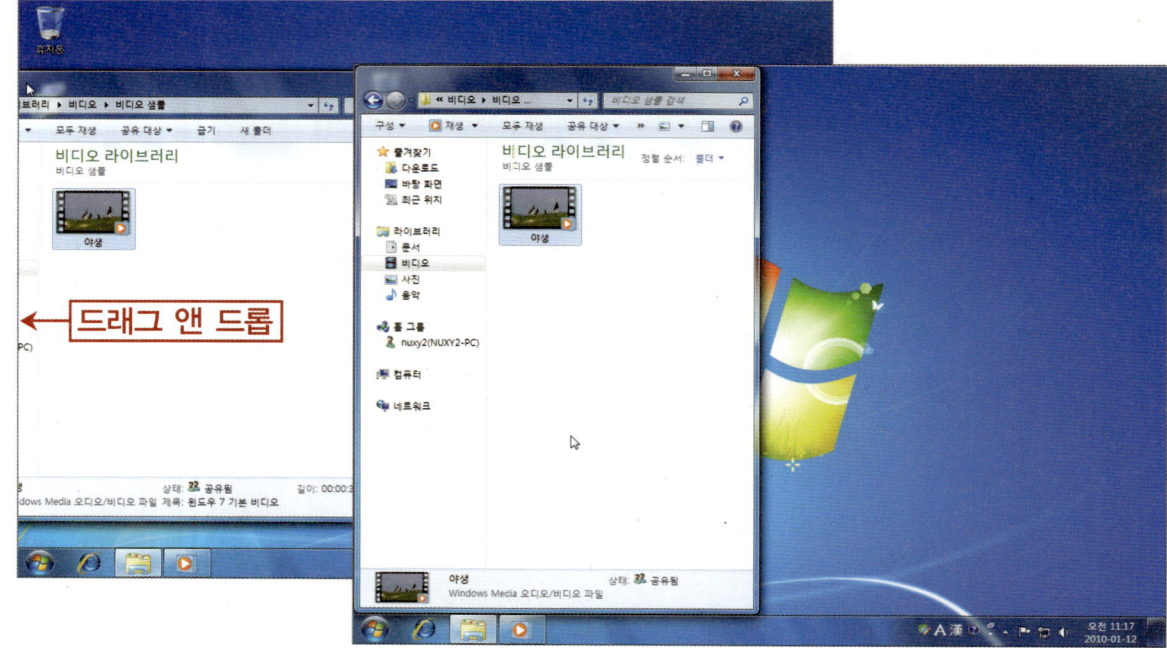

06 같은 방법으로 윈도우 미디어 플레이어 창을 오른쪽으로 드래그하여 마우스 포인터를 바탕 화면의 오른쪽 끝에 위치시키면 탐색기 창과 미디어 플레이어 창이 바탕 화면에 나란히 표시됩니다.

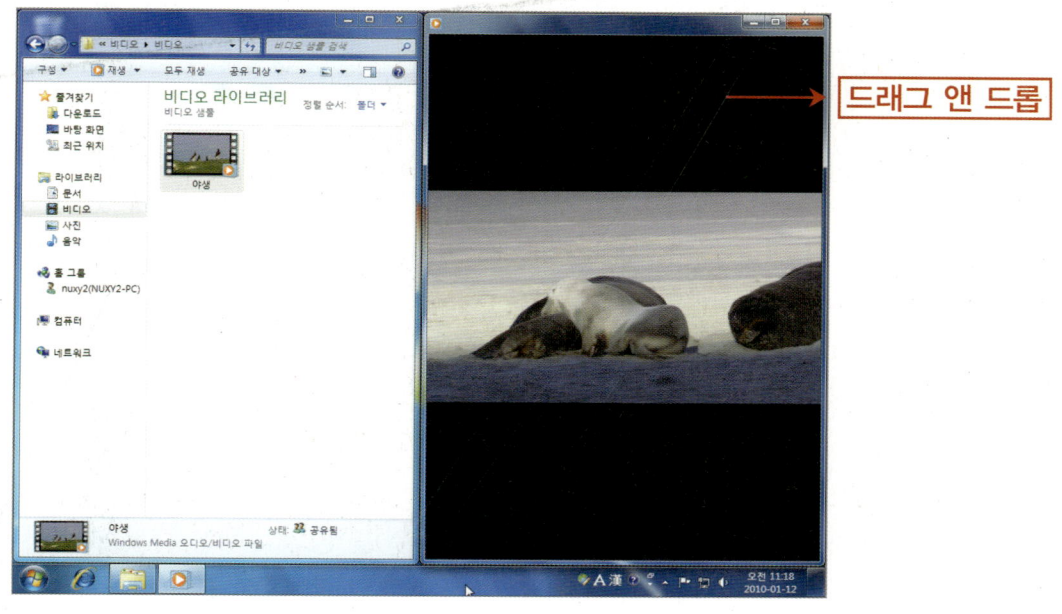

07 창의 상하좌우 경계에 마우스 포인터를 위치시키면 마우스 포인터의 모양이 양방향 화살표 모양으로 변경됩니다. 이 때 마우스를 드래그하면 드래그한 방향으로 창의 크기가 조절됩니다.

TIP 창 최소화하기
창의 ▬를 클릭하면 창의 크기가 최소화 되어 작업 표시줄에 아이콘으로 표시됩니다.

2장. 더블클릭과 드래그 연습하기 17

03 화면 해상도 변경하고 가젯 표시하기

윈도우 바탕 화면에 시계나 실시간으로 변동되는 환율, 주식 등을 표시할 수 있다면 편리하겠죠? 윈도우 7에는 가젯이라는 기능이 있어 생활에 필요한 기능들을 바탕 화면에 표시해줄 수 있습니다. 화면을 좀 더 넓고 선명하게 쓸 수 있는 해상도 조절 방법과 다양한 가젯을 바탕 화면에 표시하는 방법에 대해 알아보도록 하겠습니다.

| 이런 걸 배워요! | 화면 해상도, 가젯

미리보기

STEP 1   화면 해상도 조절하기

01 윈도우 바탕 화면에서 마우스 오른쪽 단추를 클릭한 후 바로 가기 메뉴가 나타나면 [화면 해상도]를 클릭합니다.

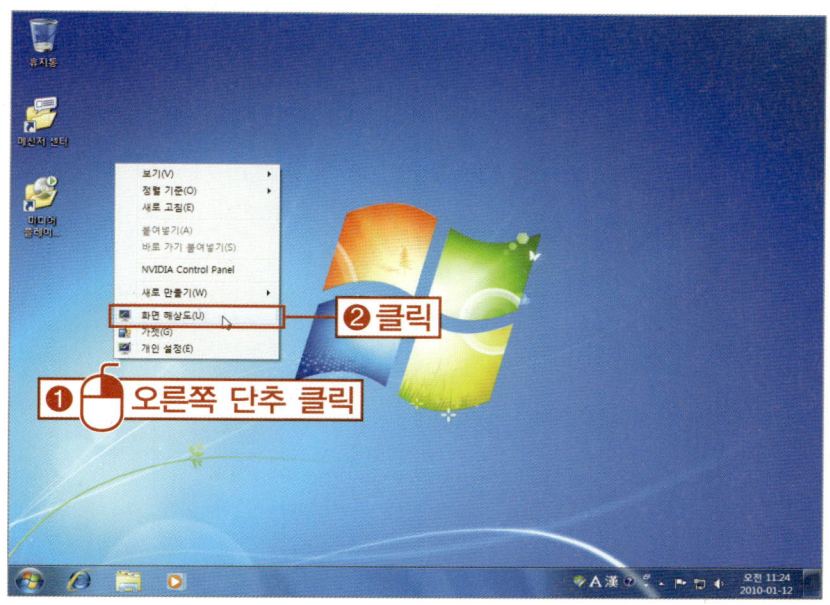

02 [화면 해상도] 창이 나타나면 [해상도] 항목을 클릭하고 마우스를 드래그 하여 가장 낮은 해상도를 선택한 후 [확인]을 클릭합니다.

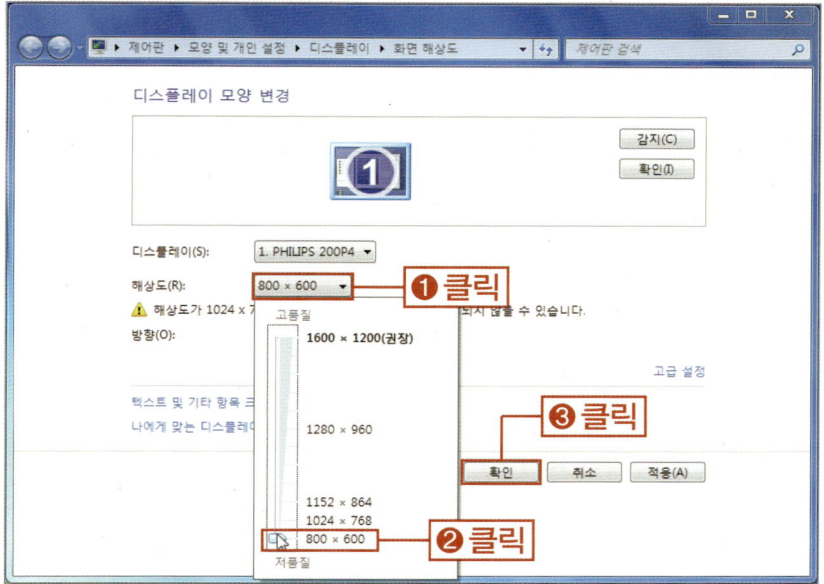

> **TIP 해상도란?**
> 화면 해상도는 화면에 표시된 글자와 이미지의 선명도를 나타냅니다. 1600×1200 픽셀 같은 고해상도에서는 항목이 보다 선명하게 표시되지만 글자나 이미지가 작게 표시되므로 화면에 많은 항목을 나타낼 수 있습니다. 800×600과 같이 낮은 해상도에서는 화면에 나타나는 항목 수가 적지만 항목이 크게 표시됩니다.

3장. 화면 해상도 변경하고 가젯 표시하기

03 지정한 디스플레이 설정을 유지할 것인지 묻는 대화상자가 나타납니다. [변경한 설정 유지]를 클릭하면 해상도가 변경됩니다.

STEP 2 | 바탕 화면에 가젯 표시하기

04 이번에는 바탕 화면에 가젯을 표시해 보도록 하겠습니다. 바탕 화면에서 마우스 오른쪽 단추를 눌러 [가젯]을 클릭합니다.

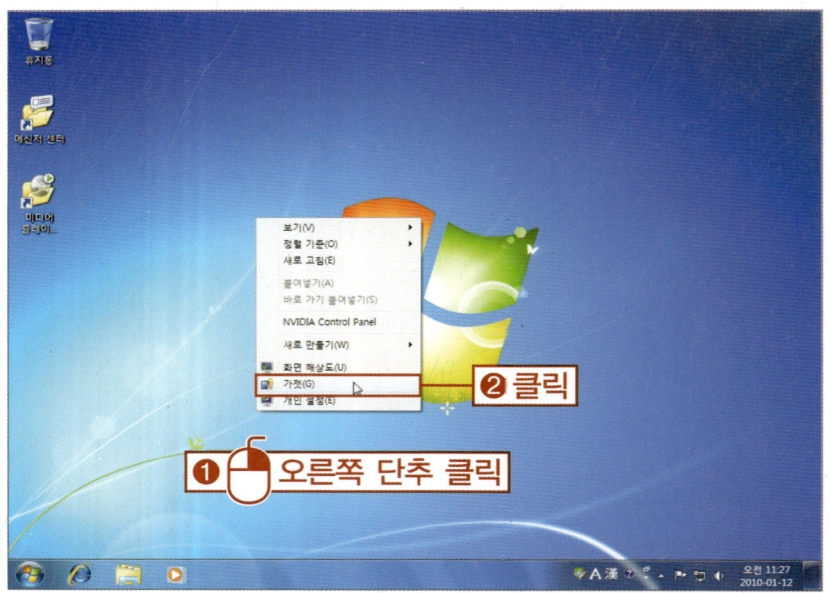

> **TIP 가젯이란?**
> 가젯은 여러 가지 정보를 제공하는 미니 프로그램입니다. 일정 달력이나 날씨, 환율 등의 정보를 실시간으로 바탕 화면에서 직접 받아볼 수 있습니다.

05 [가젯] 목록 창이 나타나면 차례로 [시계]와 [일정]을 더블클릭합니다. 바탕 화면의 오른쪽에 시계와 일정 가젯이 나타납니다.

06 바탕 화면에 표시된 가젯에 마우스 포인터를 가져가면 가젯 도구 모음이 나타나는데 그 중 🔧를 클릭하면 가젯의 모양을 변경해 줄 수 있습니다. 시계 가젯의 🔧를 클릭하고 시계의 모양을 변경합니다.

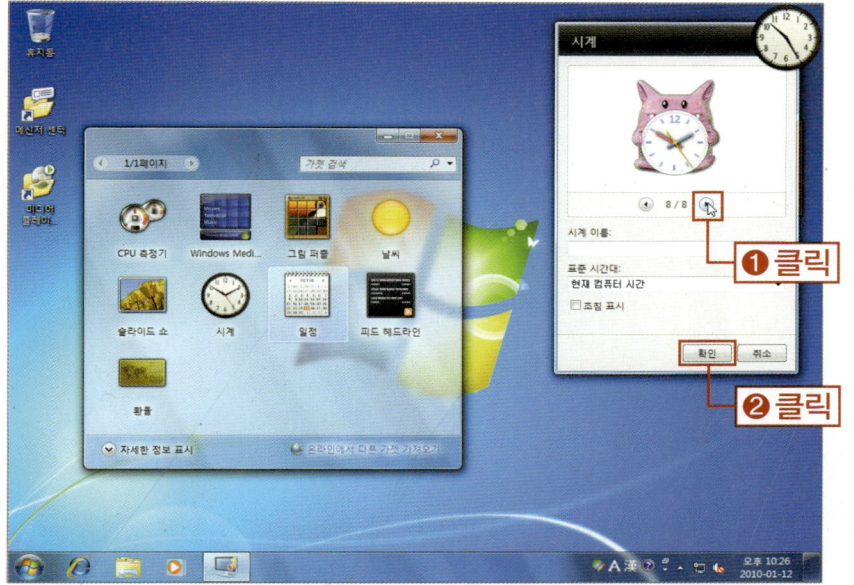

> **TIP 바탕 화면에서 가젯 삭제하기**
> 가젯 도구 모음의 ❌을 클릭하면 가젯을 바탕 화면에서 삭제할 수 있습니다.

3장. 화면 해상도 변경하고 가젯 표시하기

04 바탕 화면에 여행 사진 표시하기

컴퓨터의 기본 바탕 화면은 푸른색 바탕에 윈도우 로고가 표시된 화면입니다. 하지만 윈도우 바탕 화면은 언제든 내 취향에 맞게 바꿀 수 있습니다. 즐거웠던 여행 사진을 바탕 화면에 등록해 두고 보고 싶을 때마다 볼 수 있도록 지정할 수 있고 여러 개의 사진을 등록해두고 일정한 시간마다 새로운 사진으로 바뀌도록 지정할 수도 있습니다.

| 이런 걸 배워요! | 바탕 화면 배경 변경

미리보기

01 바탕 화면에서 마우스 오른쪽 단추를 클릭하여 [개인 설정]을 클릭합니다.

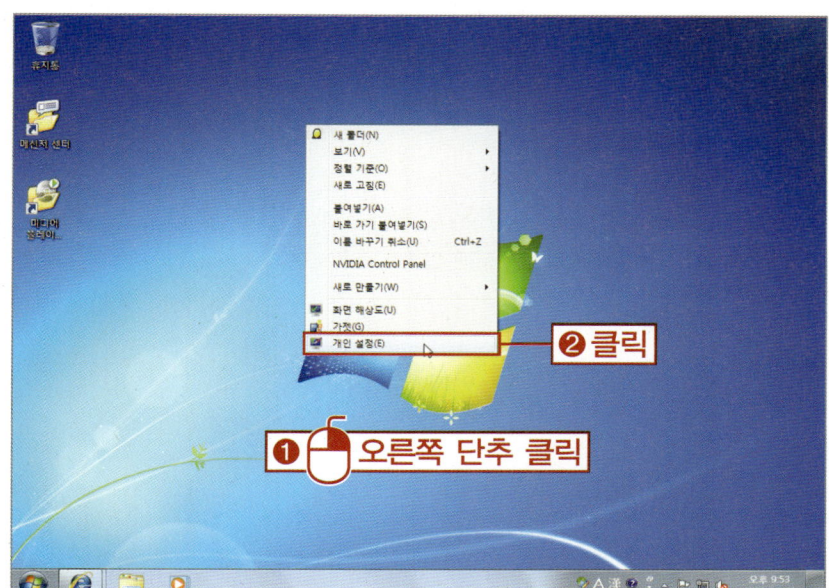

> **TIP** 윈도우의 [시작] 단추를 클릭한 후 [제어판]을 선택하고 [제어판]의 [모양 및 개인 설정] 항목에서 [테마 변경]을 클릭해도 바탕 화면을 변경할 수 있습니다.

02 [제어판]의 [개인 설정] 창이 표시되면 화면 아래의 [바탕 화면 배경]을 클릭합니다.

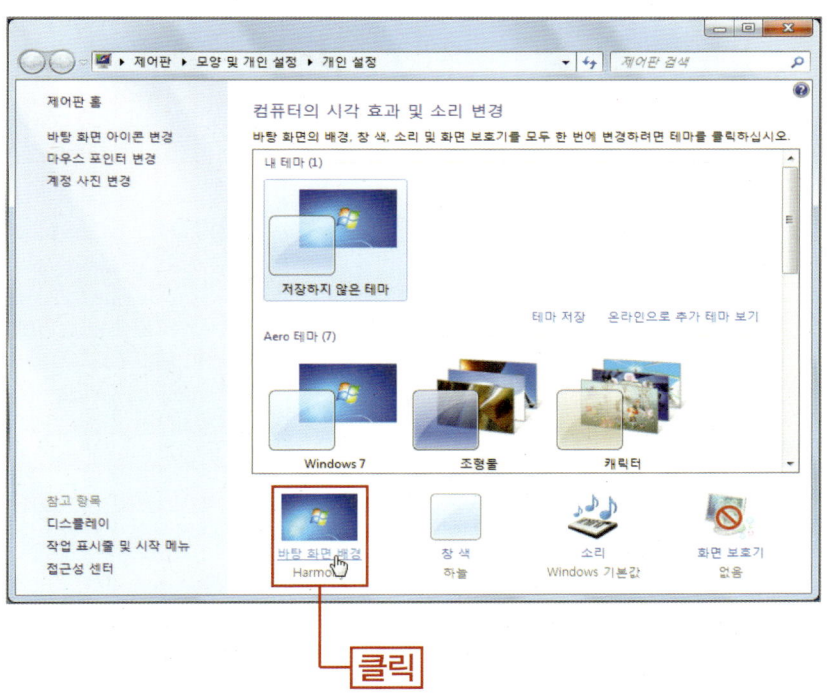

4장. 바탕 화면에 여행 사진 표시하기 23

03 [바탕 화면 배경 선택] 창에서 [찾아보기(B)...]를 클릭합니다. [폴더 찾아보기] 대화상자가 나타나면 바탕 화면으로 사용될 사진이 있는 폴더를 선택하고 [확인]을 클릭합니다.

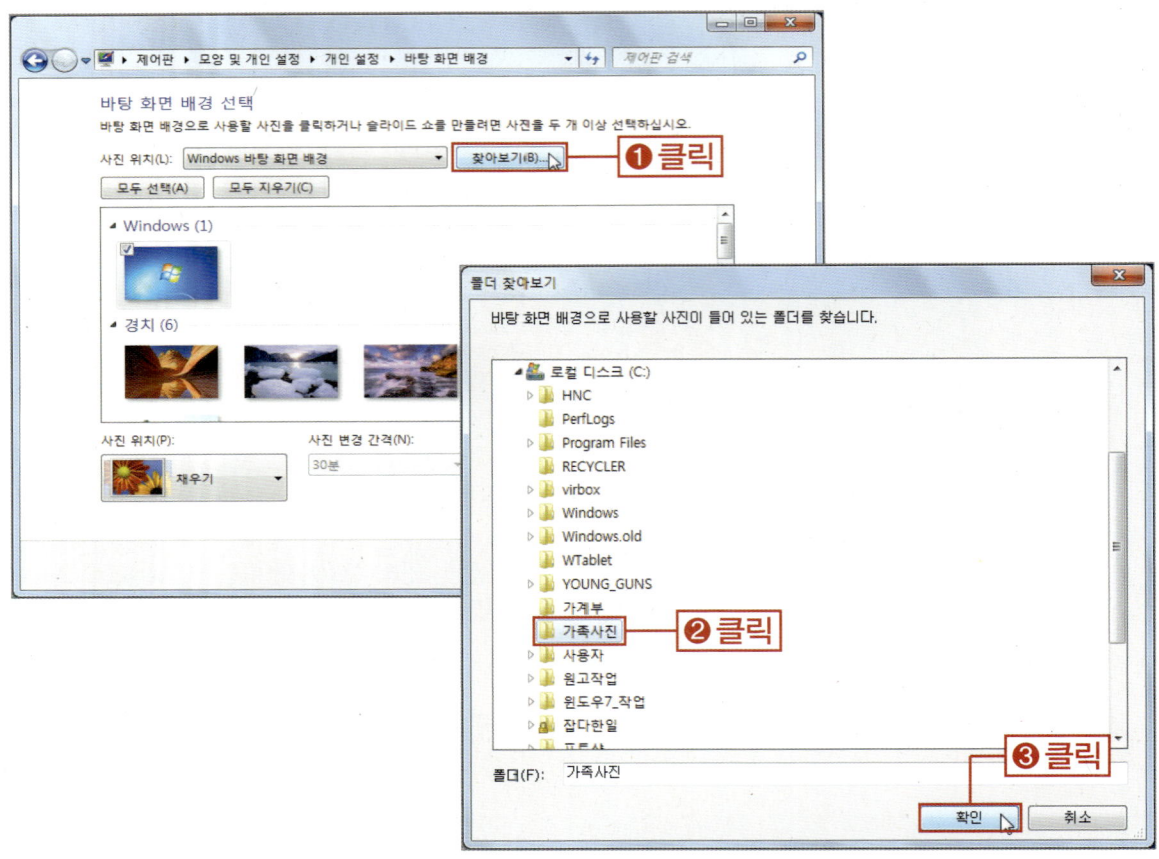

04 다시 [바탕 화면 배경 선택] 창으로 돌아오면 [사진 변경 간격]을 클릭한 후 시간 간격 목록 중에서 '1시간'을 클릭합니다.

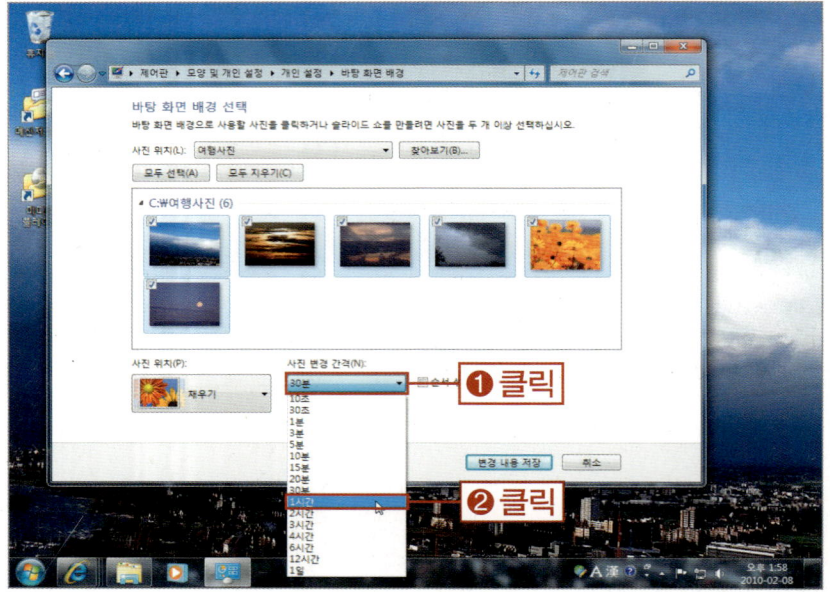

05 [순서 섞기] 항목을 클릭하여 체크한 후 [변경 내용 저장]을 클릭합니다. [개인 설정] 창으로 돌아오면 [내 테마] 항목에 선택한 그림이 표시되는 것을 확인한 후 [x]를 클릭하여 창을 닫습니다.

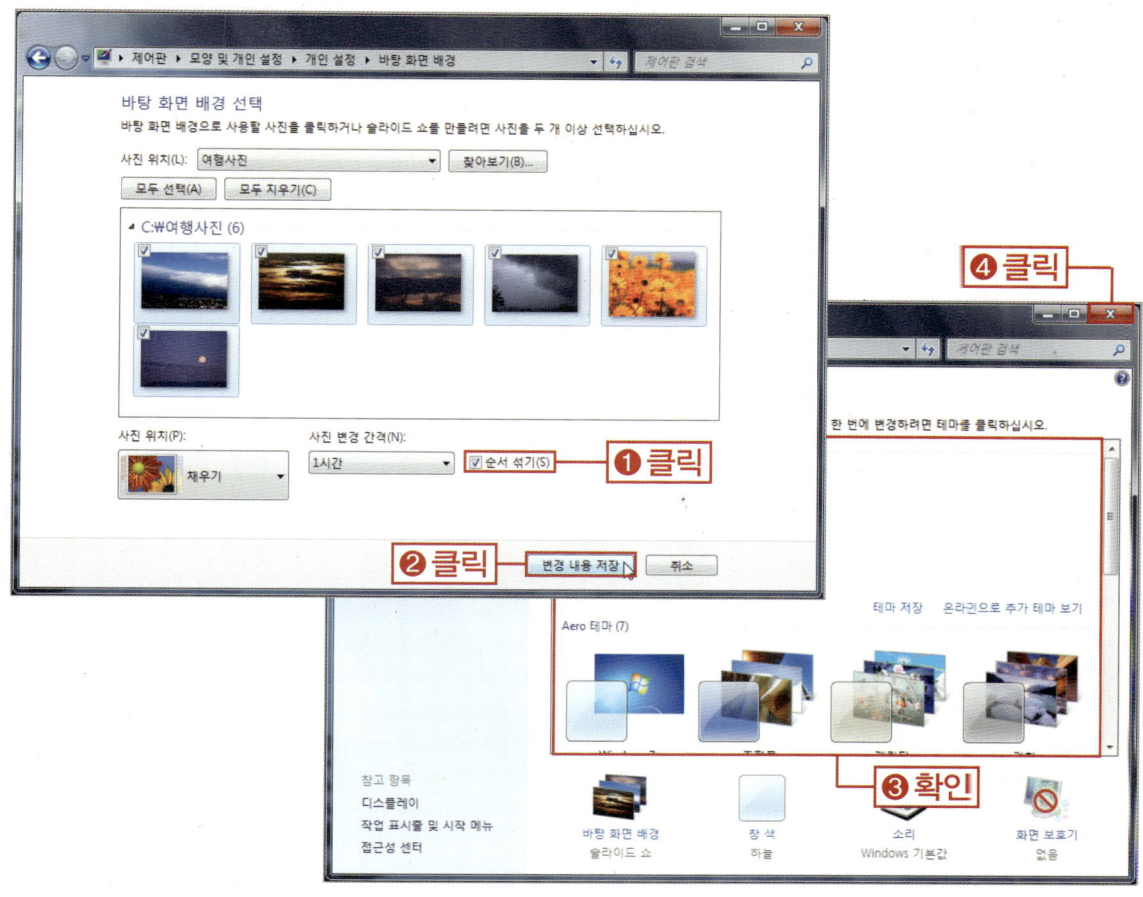

06 바탕 화면이 선택한 사진으로 변경된 것을 확인할 수 있습니다. 앞에서 지정한 시간이 흐르면 자동으로 바탕 화면의 사진이 변경됩니다.

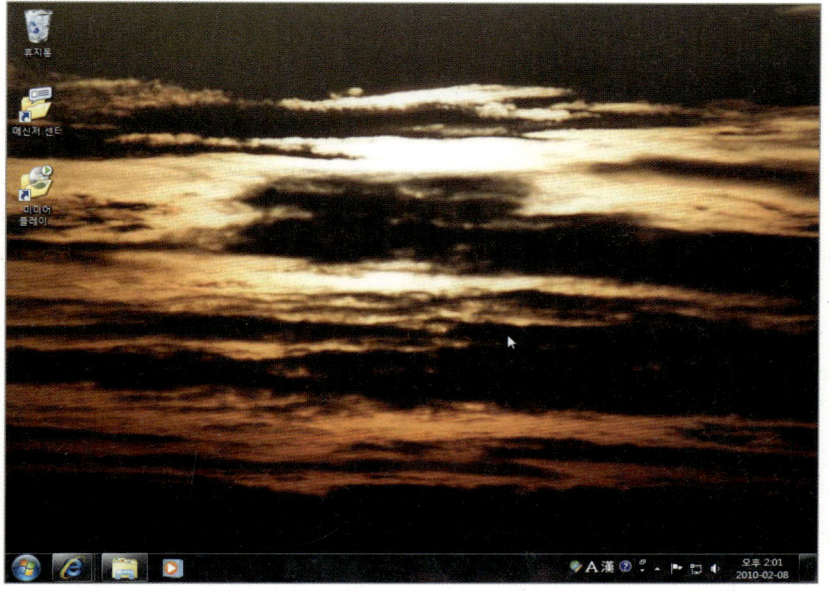

TIP [순서 섞기] 항목에 체크 표시를 하면 바탕 화면으로 선택한 이미지가 순서대로 표시되는 것이 아니라 임의 순서대로 섞여서 표시됩니다.

4장. 바탕 화면에 여행 사진 표시하기 25

05 USB 데이터를 내 컴퓨터로 옮기기

요즘은 디지털카메라로 찍은 사진을 내 컴퓨터로 옮기거나 다른 컴퓨터에서 작업한 파일을 USB 메모리에 저장해서 내 컴퓨터에 복사하는 작업 등을 자주 합니다. 많이 사용하는 디지털카메라나 USB 메모리에 담겨있는 사진 파일 등을 내 컴퓨터에 옮기는 방법에 대해 알아보도록 하겠습니다.

| 이런 걸 배워요! | USB 장치 연결, 하드웨어 안전 제거

미리보기

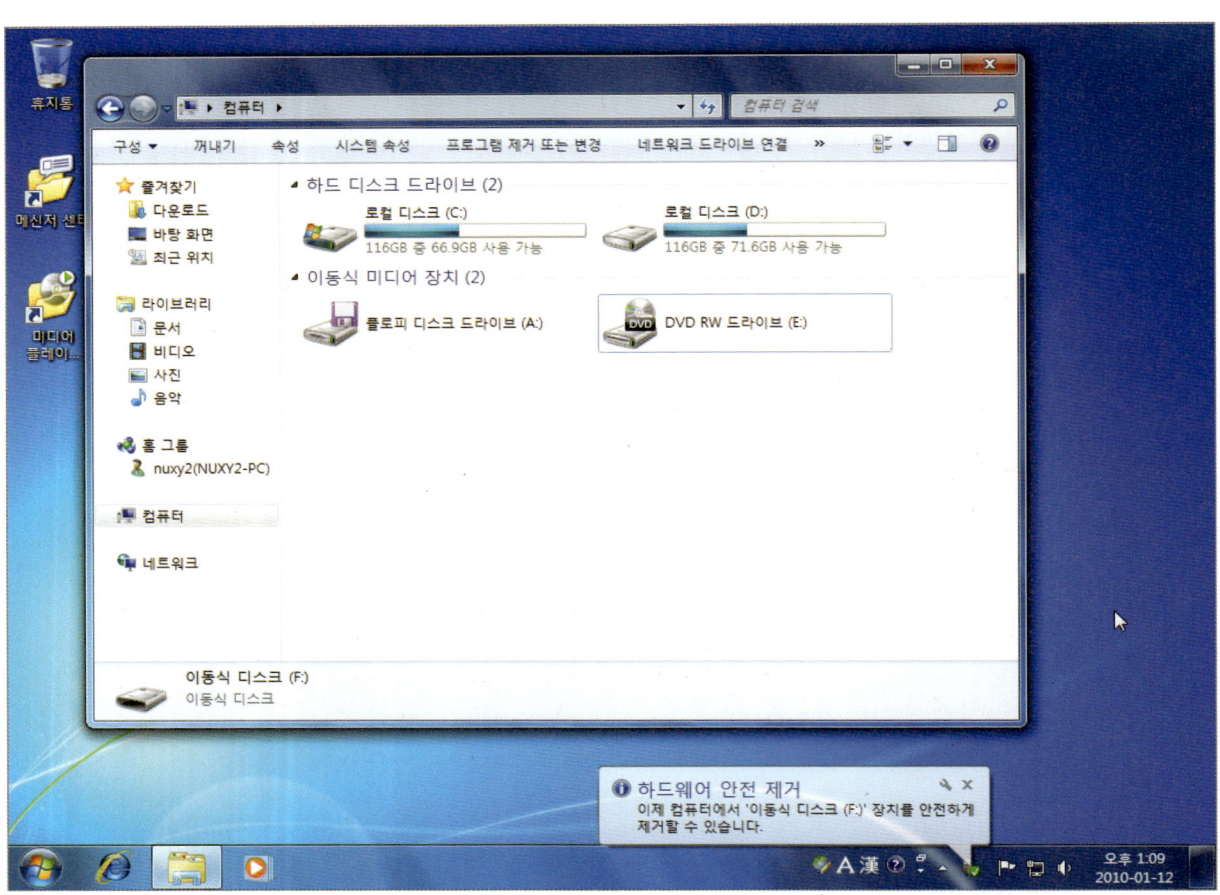

STEP 1 | USB 장치 연결하기

01 디지털카메라의 USB 케이블을 내 컴퓨터 본체의 USB 포트에 연결한 후 디지털카메라를 켜면 [자동 실행] 창이 나타납니다. [사진 및 비디오 가져오기]를 클릭합니다.

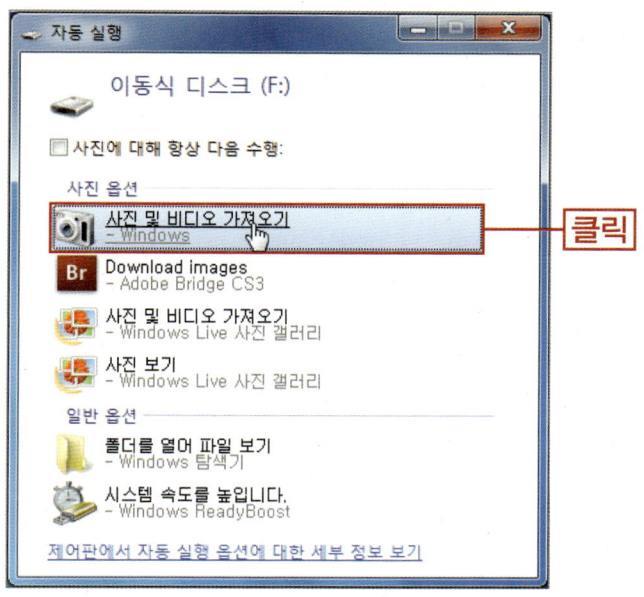

> **TIP USB 장치 연결하기**
> 디지털카메라나 USB 메모리 등의 USB 케이블 연결 장치는 컴퓨터에 연결만 하면 설치할 수 있습니다. 컴퓨터의 USB 포트에 장치를 연결하면 [장치 드라이버 소프트웨어 설치]라는 말풍선이 뜨면서 장치를 사용할 준비가 되었음을 알려줍니다.

02 [사진 및 비디오 가져오기] 창이 나타나면 [가져오기]를 클릭합니다.

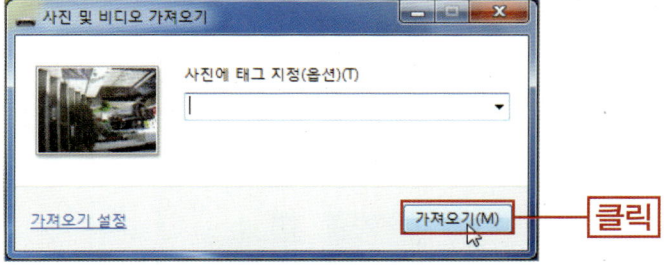

03 디지털카메라에서 내 컴퓨터로 사진이 옮겨지는 과정이 나타납니다.

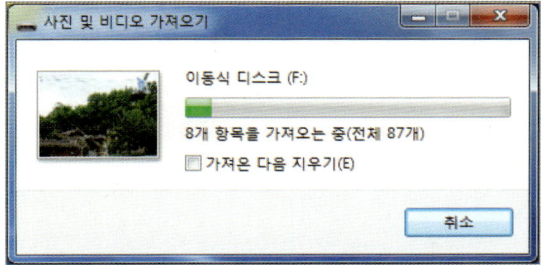

5장. USB 데이터를 내 컴퓨터로 옮기기

04 사진 가져오기가 완료되면 사진이 저장된 폴더가 선택된 상태로 탐색기가 자동으로 실행됩니다.

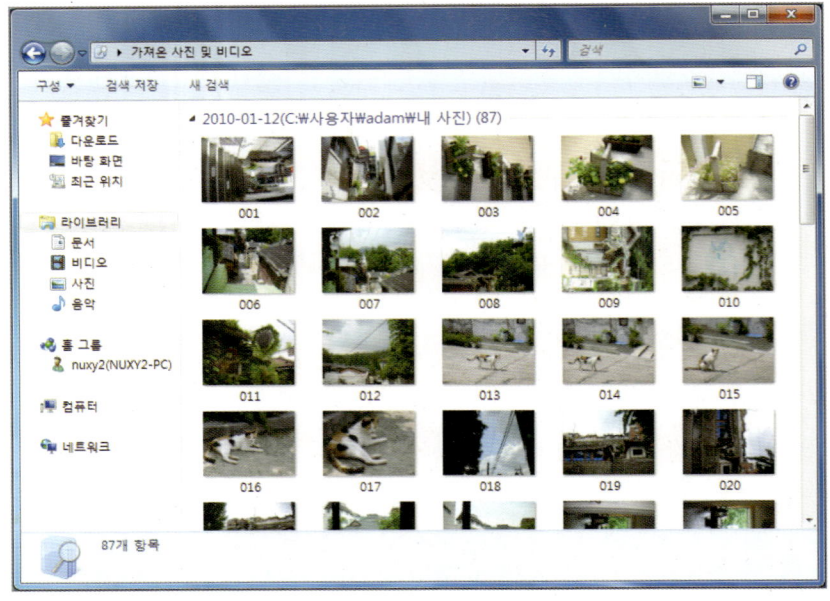

STEP 2 | 하드웨어 안전하게 제거하기

05 디지털카메라나 USB 메모리를 컴퓨터에 연결한 후 제거할 때는 안전하게 제거하는 것이 중요합니다. 탐색기의 왼쪽 [탐색 창] 영역에서 [컴퓨터]를 클릭합니다.

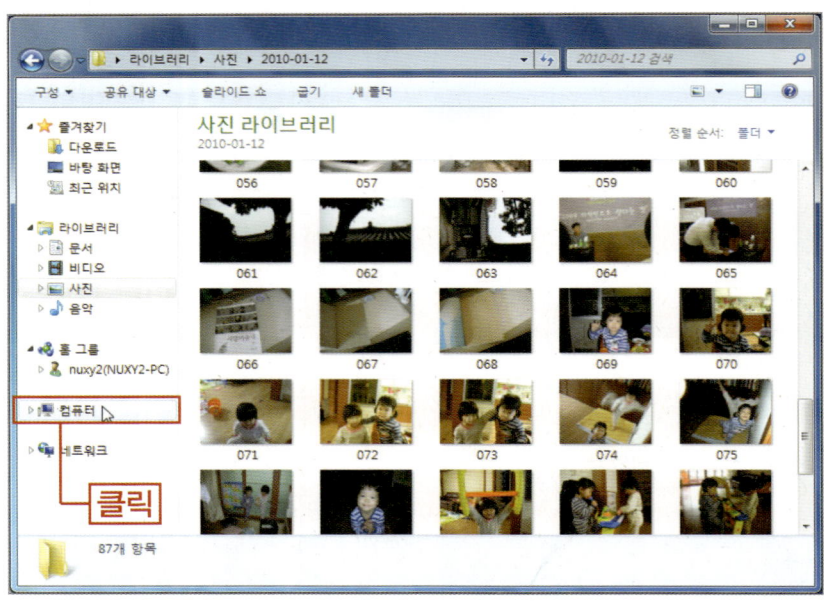

06 탐색기의 오른쪽 [탐색 창] 영역 [이동식 디스크]에서 마우스 오른쪽 단추를 클릭한 후 [꺼내기]를 클릭합니다.

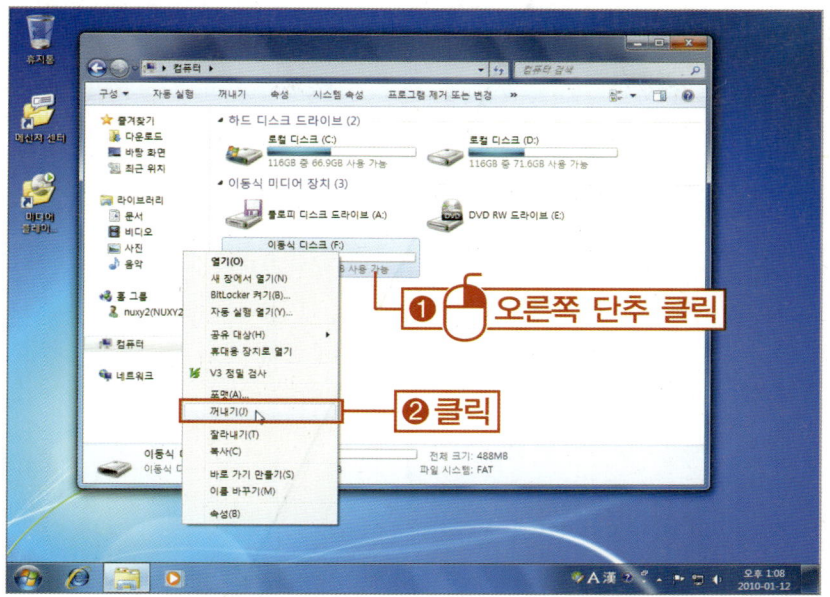

07 작업 표시줄에 [하드웨어 안전 제거]라는 말풍선이 나타나면 컴퓨터에 연결한 USB 케이블을 제거합니다.

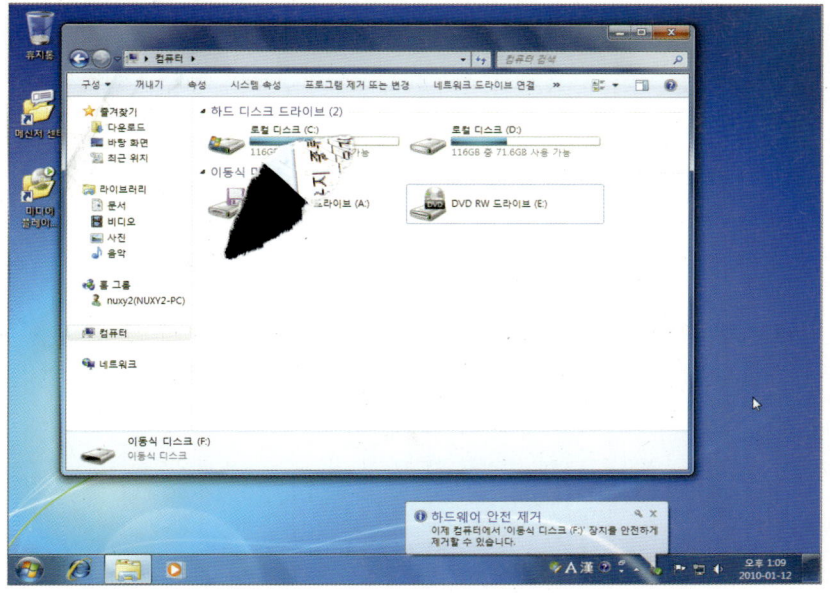

TIP USB 장치를 컴퓨터에서 제거하면 탐색기에 표시되던 이동 디스크 표시가 사라집니다.

06 윈도우 사진 뷰어 사용하기

탐색기에서 사진을 더블클릭하면 [윈도우 사진 뷰어] 프로그램이 자동으로 실행됩니다. [윈도우 사진 뷰어]란 다양한 방법으로 사진을 볼 수 있는 프로그램으로 사진 인쇄하기, CD로 굽기, 전자 메일에 첨부하여 보내기 등의 기능이 있습니다. [윈도우 사진 뷰어]를 사용하여 폴더에 있는 사진을 슬라이드 형태로 보고, 인쇄하는 방법에 대해 알아보겠습니다.

| 이런 걸 배워요! | 윈도우 사진 뷰어, 사진 인쇄

미리보기

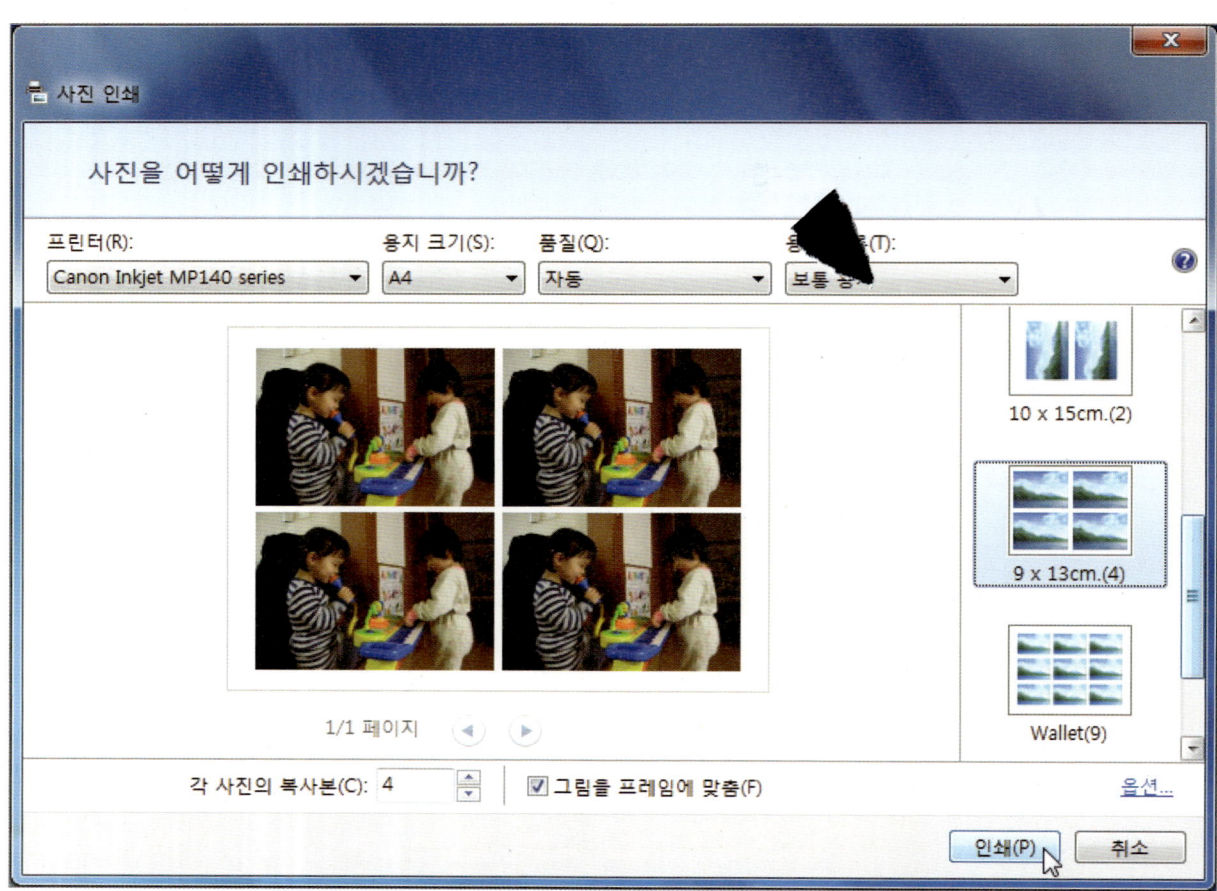

STEP 1 | 윈도우 뷰어 실행하기

01 탐색기를 실행한 후 [사진 라이브러리]를 더블클릭하고 디지털카메라에서 옮긴 사진이 있는 폴더를 다시 더블클릭합니다.

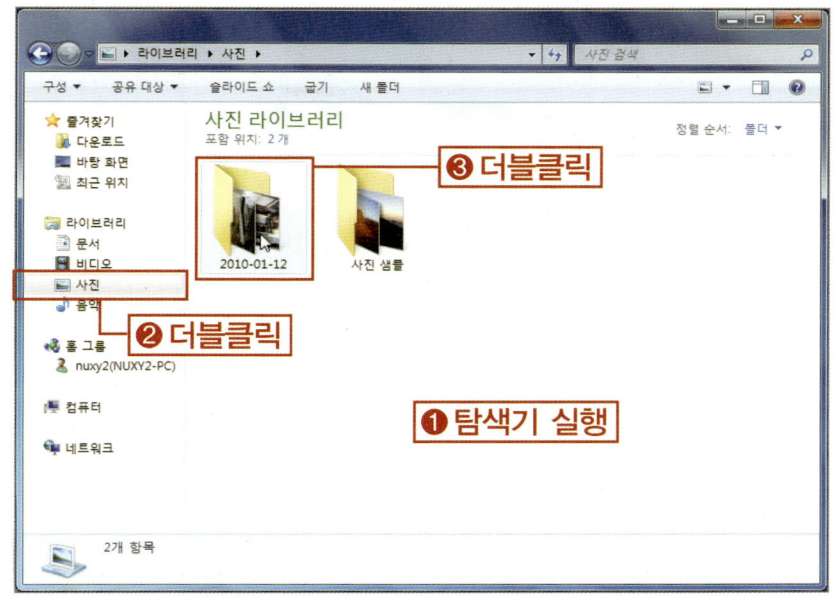

02 사진 목록 중 하나를 선택한 후 더블클릭하면 [윈도우 사진 뷰어] 프로그램이 자동으로 실행됩니다.

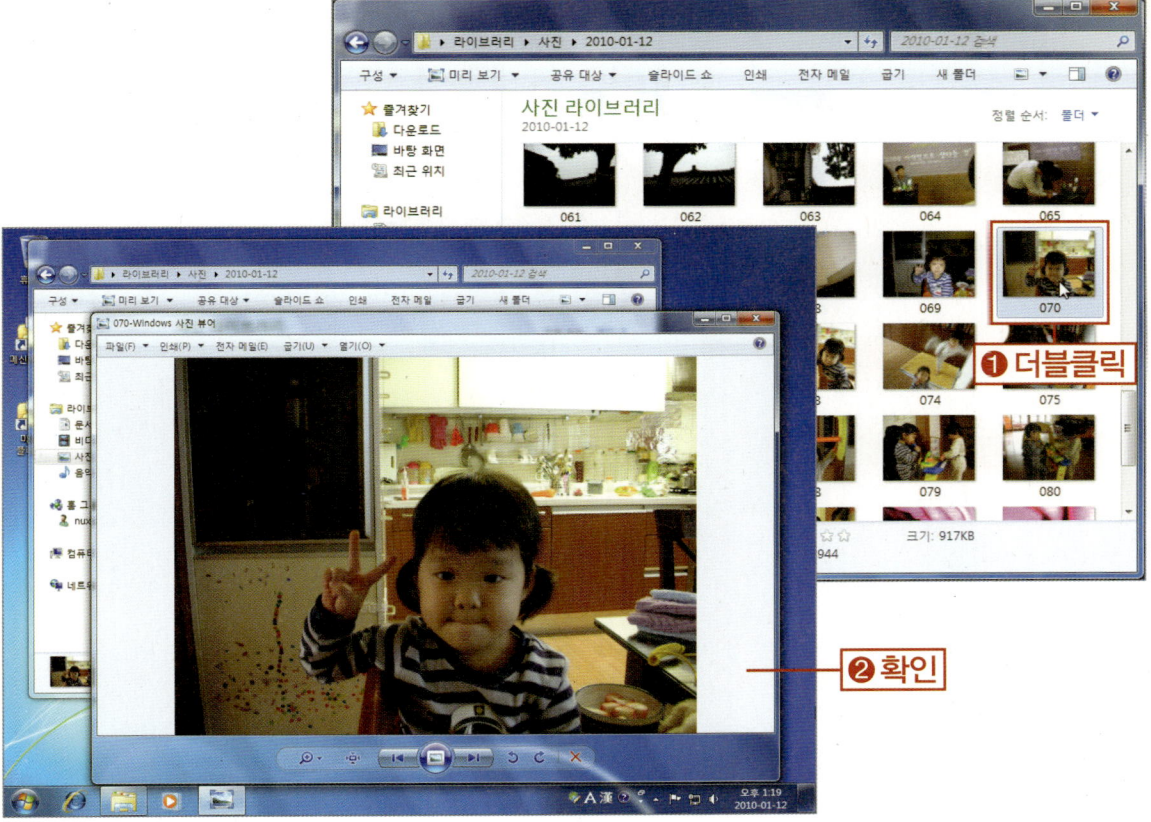

6장. 윈도우 사진 뷰어 사용하기

03 [윈도우 사진 뷰어]의 [다음](▶|)을 클릭하면 계속해서 다음 사진을 볼 수 있습니다.

04 [윈도우 사진 뷰어]의 [슬라이드 쇼 재생](⊙)을 클릭하면 폴더에 있는 사진이 모니터 화면에 꽉 차도록 보여지며 슬라이드 쇼 형태로 자동 전환됩니다.

전체 화면 슬라이드로 전환되었을 때 화면에서 마우스 오른쪽 단추를 클릭하면 윈도우 사진 뷰어 메뉴를 표시할 수 있습니다.

TIP 사진 회전
시계 반대 방향으로 회전(↺), 시계 방향으로 회전(↻) 단추를 클릭하면 사진을 원하는 방향으로 회전할 수 있습니다.

STEP 2 사진 인쇄하기

05 [윈도우 사진 뷰어] 프로그램의 [인쇄]-[인쇄] 메뉴를 클릭하면 선택한 파일을 인쇄할 수 있습니다.

06 [사진 인쇄] 대화상자가 나타나면 프린터와 용지 크기 등을 지정한 후 오른쪽의 [인쇄 크기] 지정 영역에서 '9×13cm(4)' 형태를 선택하고 [각 사진의 복사본]을 '4'로 변경한 후 [인쇄]를 클릭합니다.

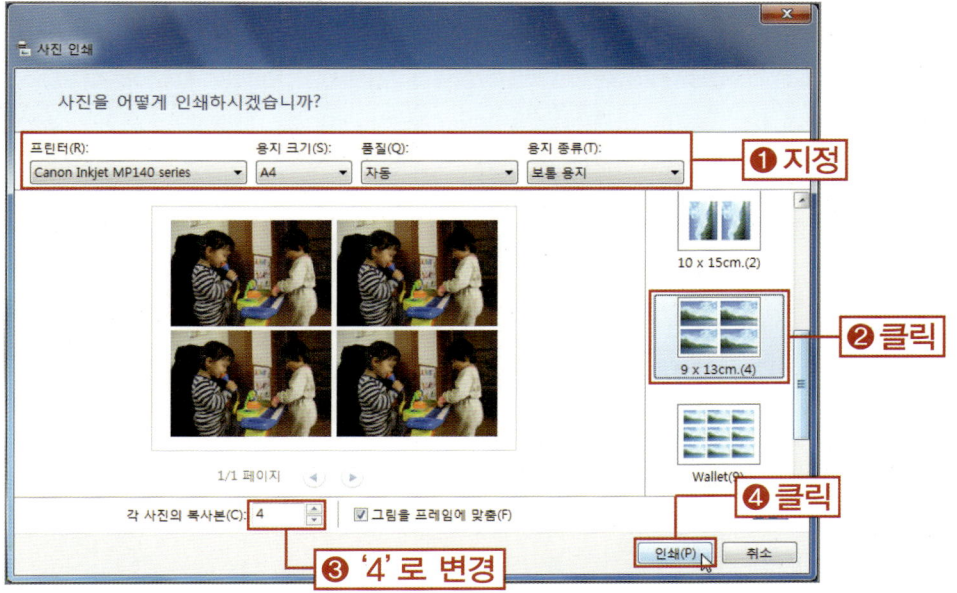

> **TIP** [인쇄 크기]에서는 용지 한 장에 여러 개의 사진을 한꺼번에 인쇄할 수 있도록 지정합니다. 한 장에 들어갈 사진의 수를 정한 후 [각 사진의 복사본] 항목에서 그에 맞는 사진의 수로 변경하면 용지 한 장에 똑같은 사진을 여러 개 인쇄할 수 있습니다.

07 탐색기에서 파일 복사하기

디지털카메라의 사진 또는 USB 메모리에 저장되어 있는 파일을 컴퓨터로 옮긴 후에는 윈도우의 탐색기를 통해 그 파일들을 관리해야 합니다. 탐색기에서 폴더를 만들고 여러 개의 파일을 다른 폴더에 복사하는 방법에 대해 알아보겠습니다.

|이런 걸 배워요!| 새 폴더, 파일/폴더 복사

미리보기

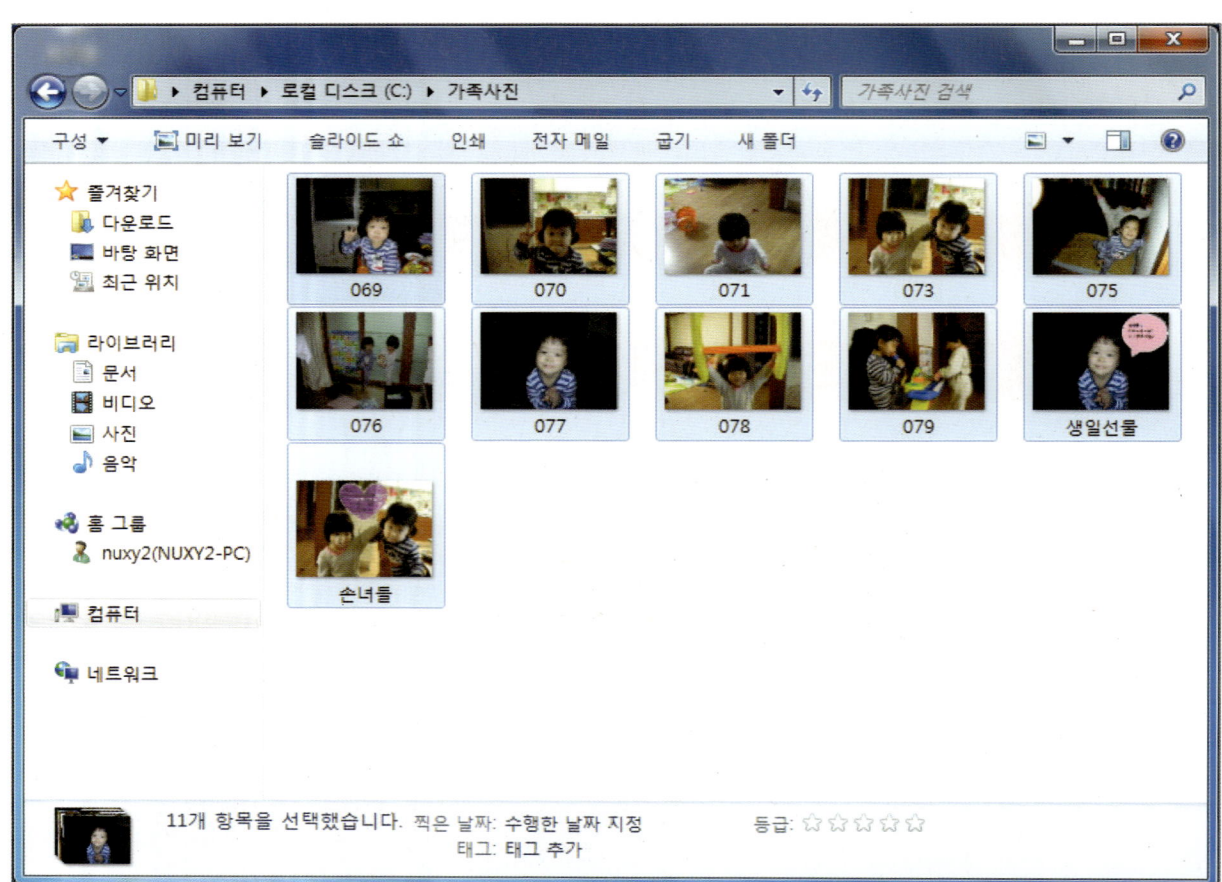

STEP 1 새 폴더 만들기

01 작업 표시줄의 [Windows 탐색기](📁)를 클릭하면 윈도우 7의 탐색기 창이 나타납니다.

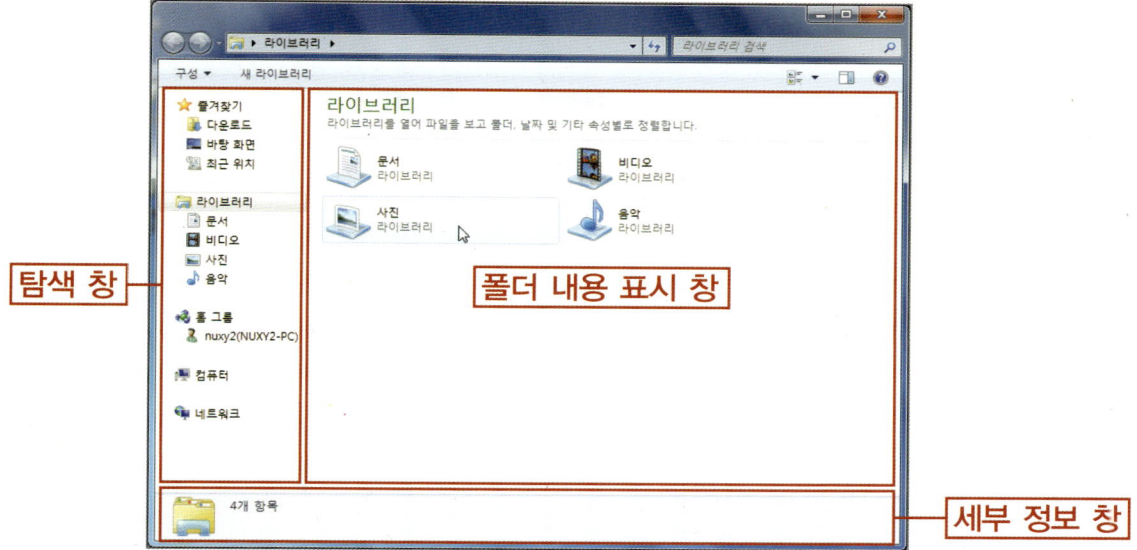

> **TIP 파일과 폴더**
> - **파일** : 컴퓨터에서 작업한 모든 자료(문서, 그림, 프로그램 등)들을 파일이라고 하며 컴퓨터에서 작업한 내용은 모두 파일 단위로 저장됩니다.
> - **폴더** : 폴더는 관련 있는 파일을 분류하여 보관하는 서류함 역할을 합니다. 폴더는 파일뿐 아니라 폴더 안에 또 다른 폴더를 포함할 수도 있습니다.

02 탐색기의 왼쪽 [탐색 창]에서 [컴퓨터] 항목을 선택한 후 [로컬 드라이브(C:)]를 더블클릭합니다. 새로운 폴더를 만들기 위해 도구 모음에서 [새 폴더]를 클릭합니다.

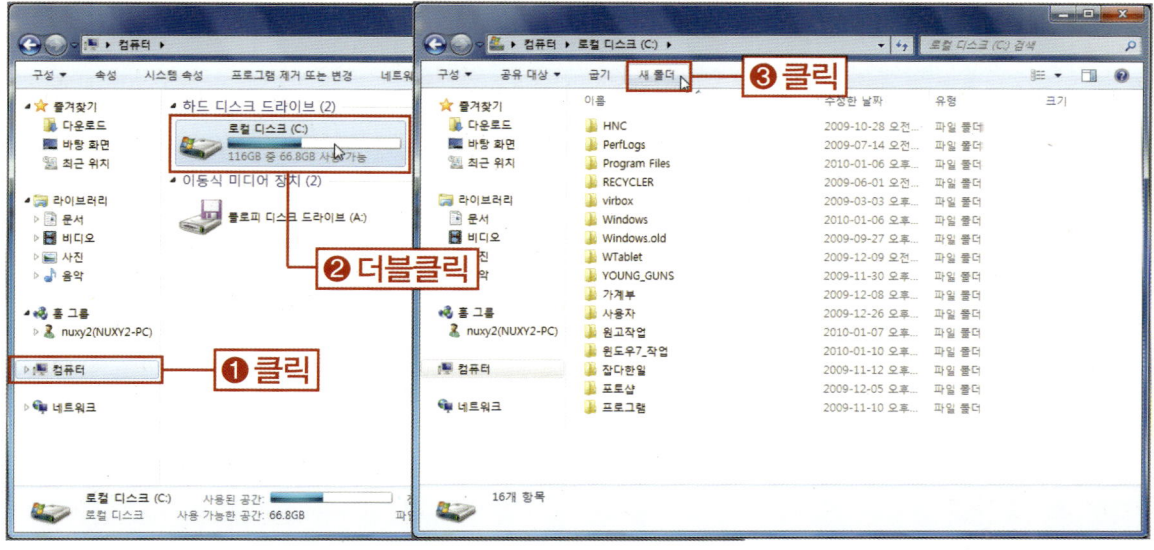

> **TIP** 탐색기의 오른쪽 영역에서 마우스 오른쪽 단추를 클릭한 후 [새로 만들기]-[폴더]를 클릭해도 새로운 폴더를 만들 수 있습니다.

7장. 탐색기에서 파일 복사하기 **35**

03 선택한 드라이브에 [새 폴더]가 생기면 '가족사진'이라고 입력한 후 Enter 를 누릅니다.

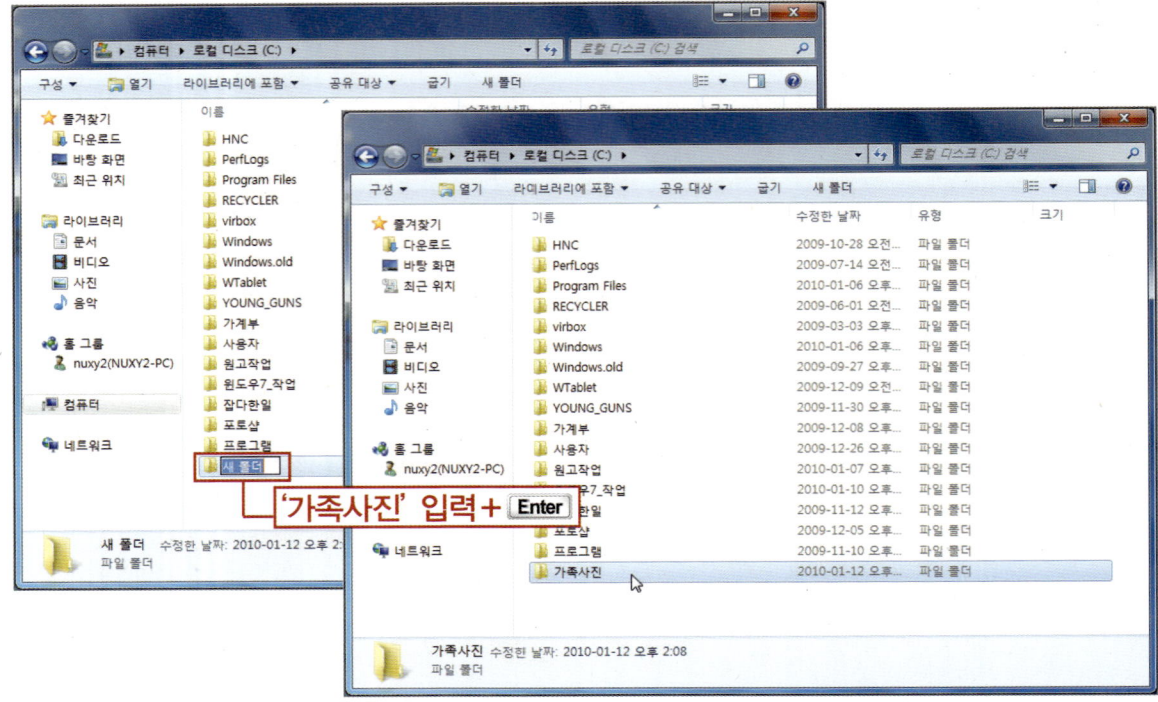

04 새로운 폴더가 만들어졌다면 이제는 새로운 폴더에 저장할 파일을 찾아 복사해 보도록 합니다. 탐색기의 왼쪽 [탐색 창]에서 [라이브러리] 항목을 선택하고 [사진] 라이브러리를 더블클릭합니다. [사진] 라이브러리에서 사진이 들어있는 폴더를 더블클릭합니다.

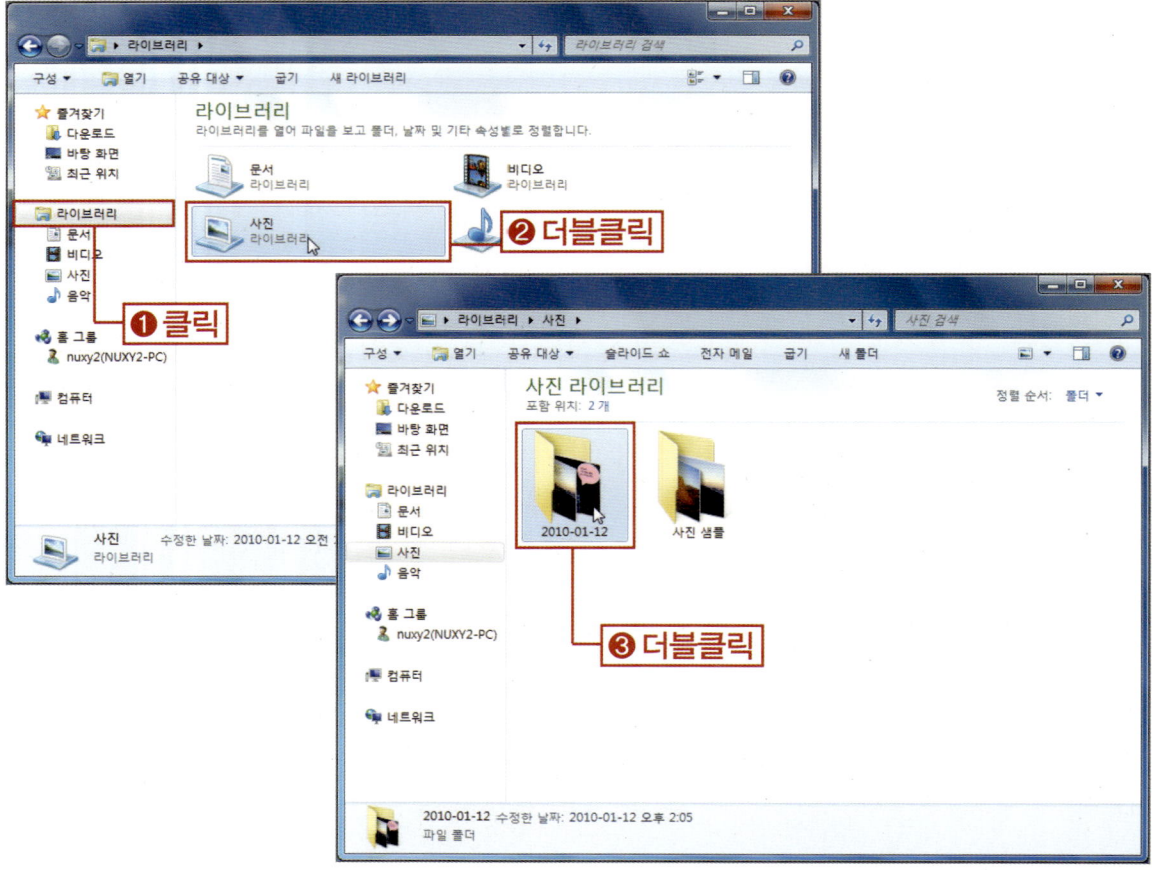

STEP 2 파일 복사하고 붙여넣기

05 Ctrl 을 누른 채 디지털카메라에서 가져온 사진 중 원하는 사진을 클릭하여 선택한 후 도구 모음의 [구성]-[복사]를 차례로 클릭합니다.

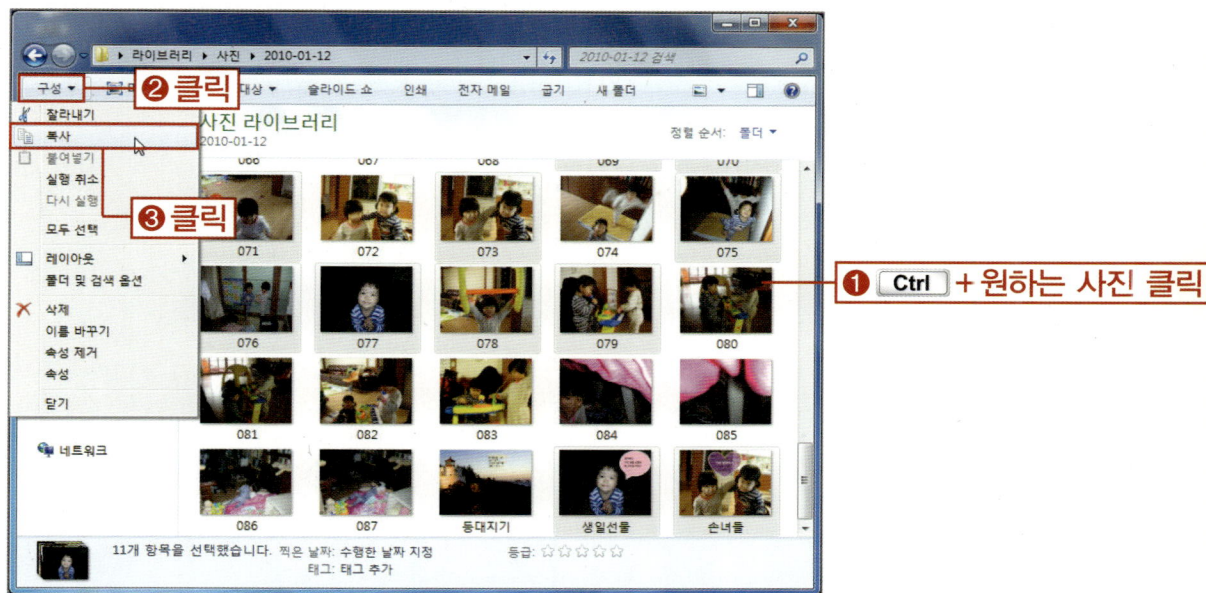

> TIP 파일을 선택한 후 키보드의 Ctrl + C 를 눌러도 선택한 파일이 복사됩니다.

06 앞에서 새로 만들어 둔 [가족사진] 폴더를 선택한 후 도구 모음의 [구성]-[붙여넣기]를 클릭합니다. 복사해두었던 파일이 [가족사진] 폴더에 복사됩니다.

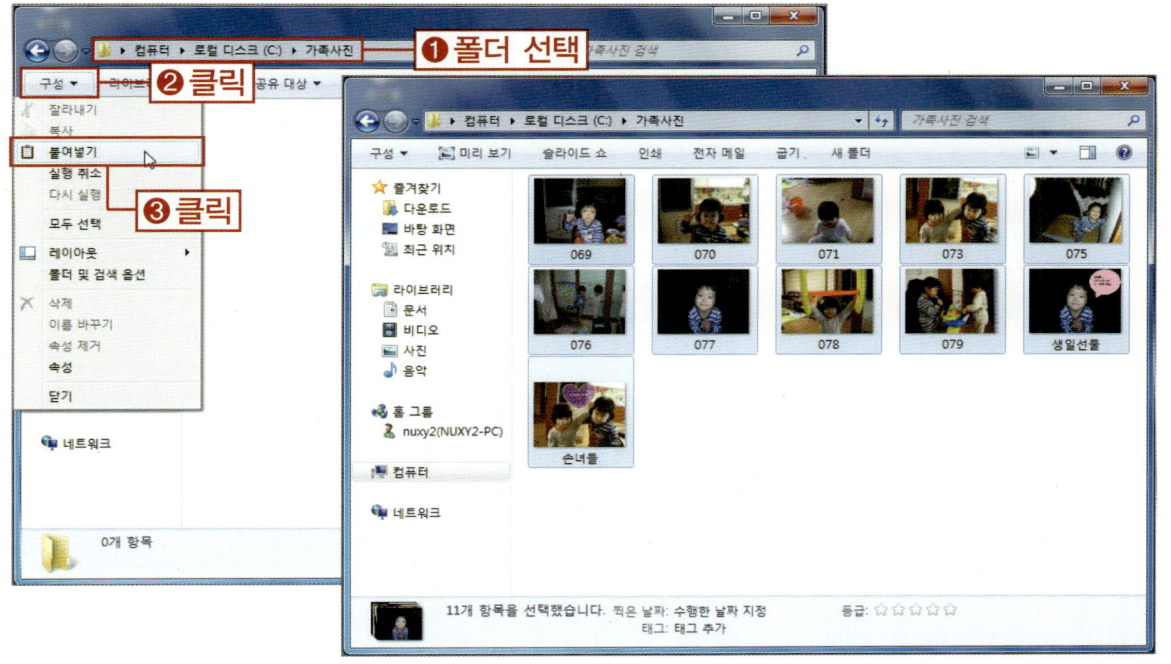

> TIP 키보드의 Ctrl + V 를 눌러도 붙여넣기가 실행됩니다.

08 탐색기에서 파일 이동하고 지우기

앞에서는 탐색기를 통해 파일을 복사하는 방법에 대해 알아보았습니다. 복사는 똑같은 파일을 만드는 기능이지만, 복사하지 않고 파일을 다른 폴더로 이동시키는 기능도 자주 사용됩니다. 탐색기에서 선택한 파일을 이동시키는 방법과 필요 없는 파일을 내 컴퓨터에서 삭제하는 방법에 대해 알아보겠습니다.

| 이런 걸 배워요! | 파일 이동, 파일 삭제, 휴지통

미리보기

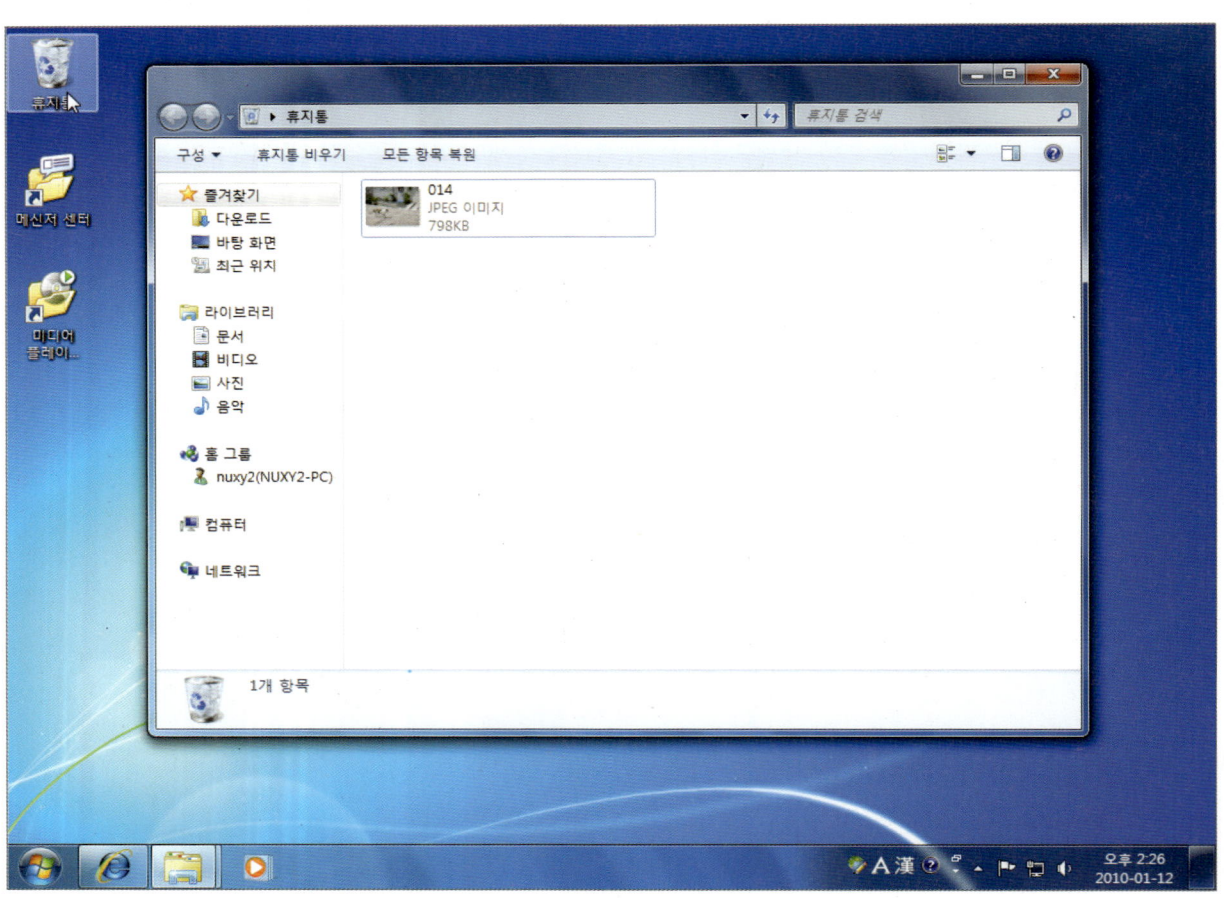

STEP 1 파일 이동하기

01 파일을 다른 폴더로 이동시키기 위해 [사진] 라이브러리에서 다음과 같이 사진 파일을 선택한 후 도구 모음의 [구성]-[잘라내기]를 클릭합니다.

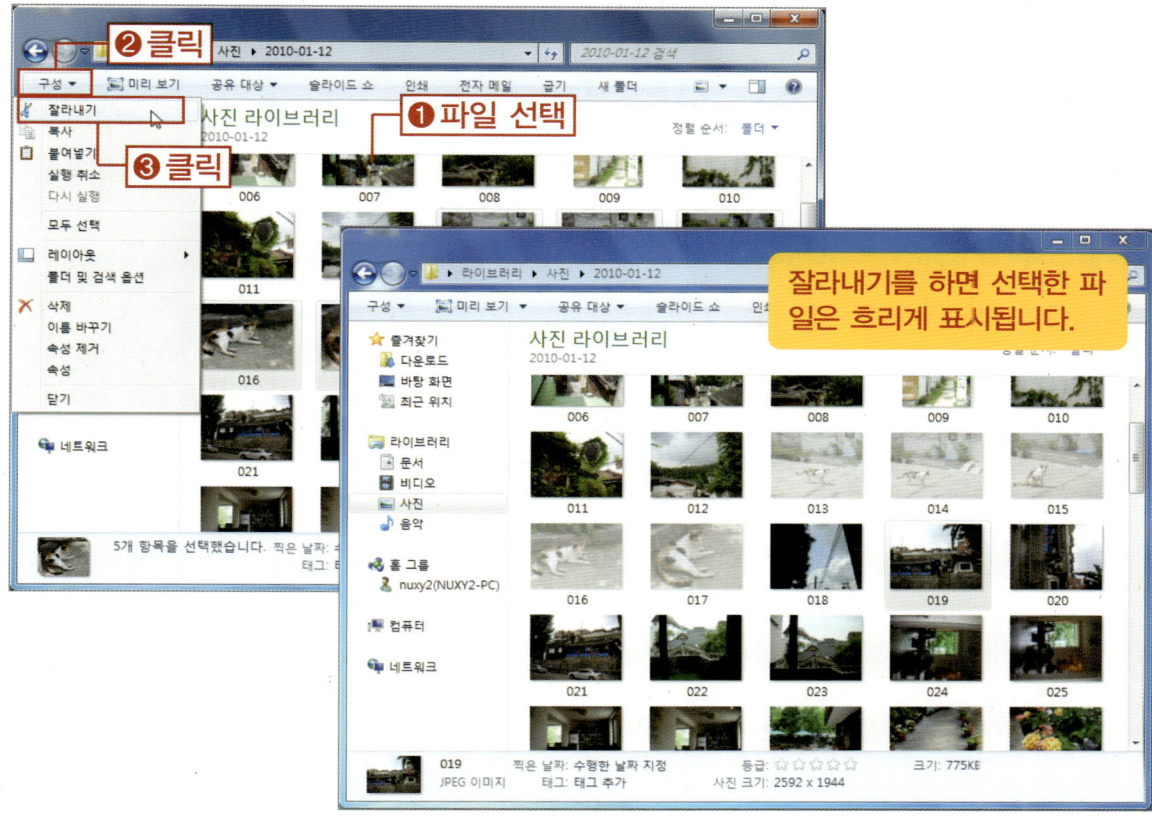

> TIP 파일을 선택한 후 키보드의 Ctrl + X 를 눌러도 선택한 파일을 잘라낼 수 있습니다.

02 탐색기의 [컴퓨터] 항목에서 [로컬 드라이브(C:)]를 클릭한 후 [가족사진] 폴더를 더블클릭합니다.

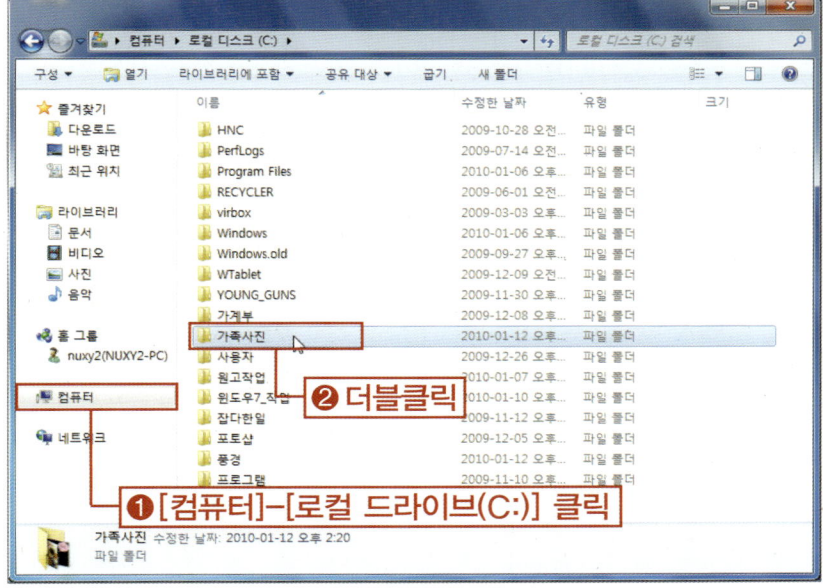

8장. 탐색기에서 파일 이동하고 지우기

03 탐색기의 도구 모음에서 [구성]-[붙여넣기]를 클릭합니다. 선택하여 잘라내기했던 사진이 [가족사진] 폴더로 이동됩니다.

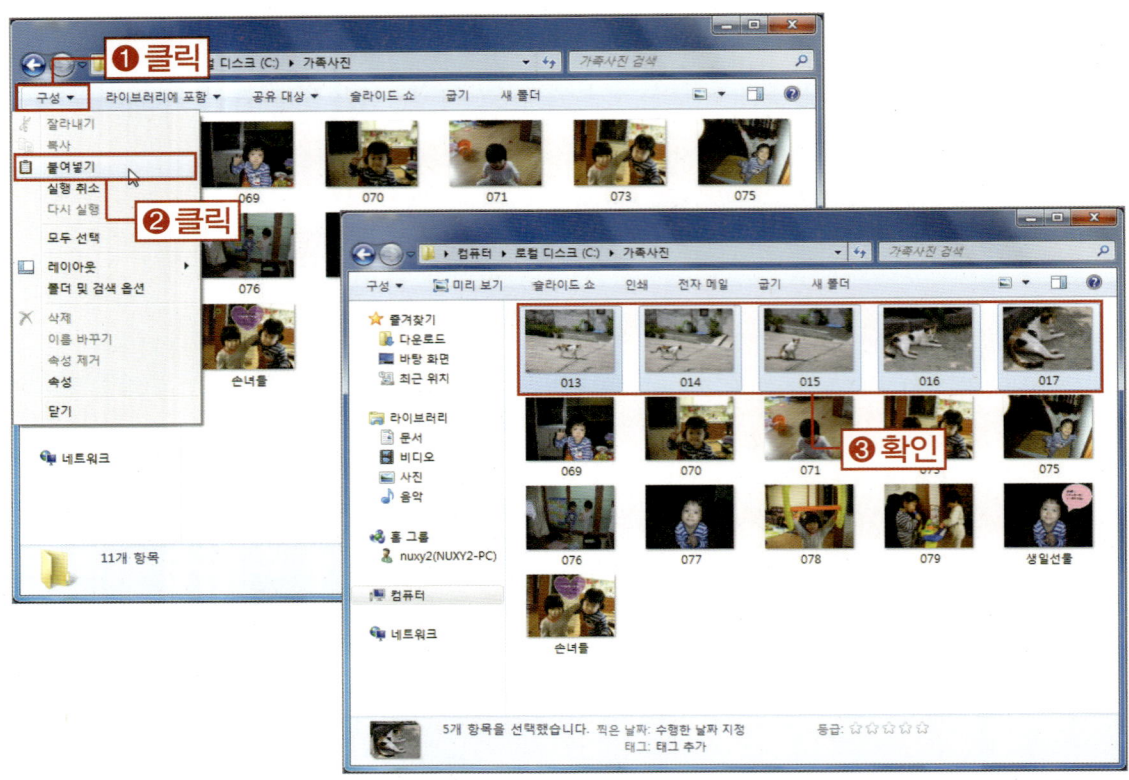

> **TIP** 복사는 원본 파일은 그대로 두고 파일을 하나 더 저장하는 것이지만, 잘라내기는 파일의 위치를 이동시키는 것입니다.

STEP 2 | 파일 삭제하기

04 필요 없는 파일을 삭제할 때는 키보드의 Delete 을 눌러 지웁니다. 파일을 선택한 후 Delete 을 누르면 선택한 파일을 휴지통에 버릴 것인지 묻는 대화 상자가 나타납니다.

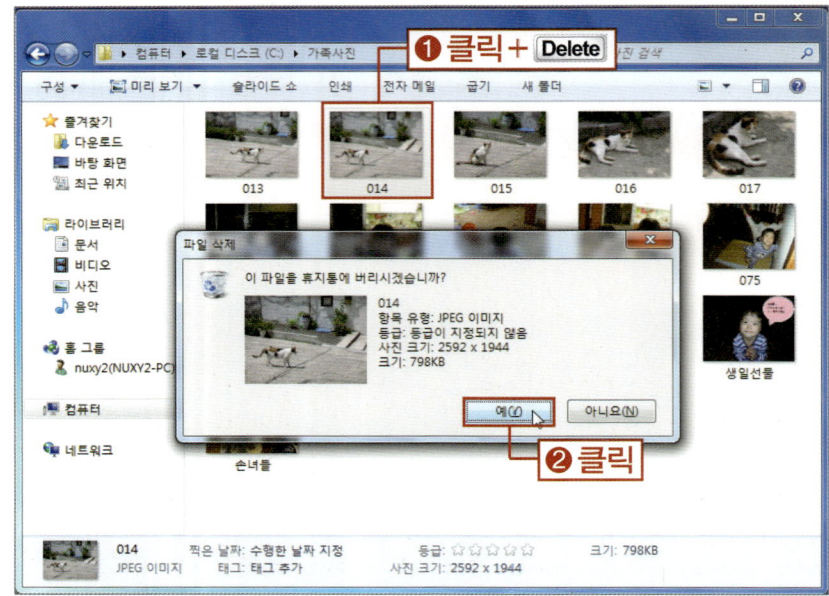

40 눈이 편한 **컴퓨터**

05 파일을 선택하고 Delete 를 누르면 파일을 완전히 삭제하기 전에 휴지통이라는 폴더에 보관됩니다. 바탕 화면의 [휴지통] 아이콘을 더블클릭하면 삭제되어 휴지통에 보관된 파일이 나타납니다.

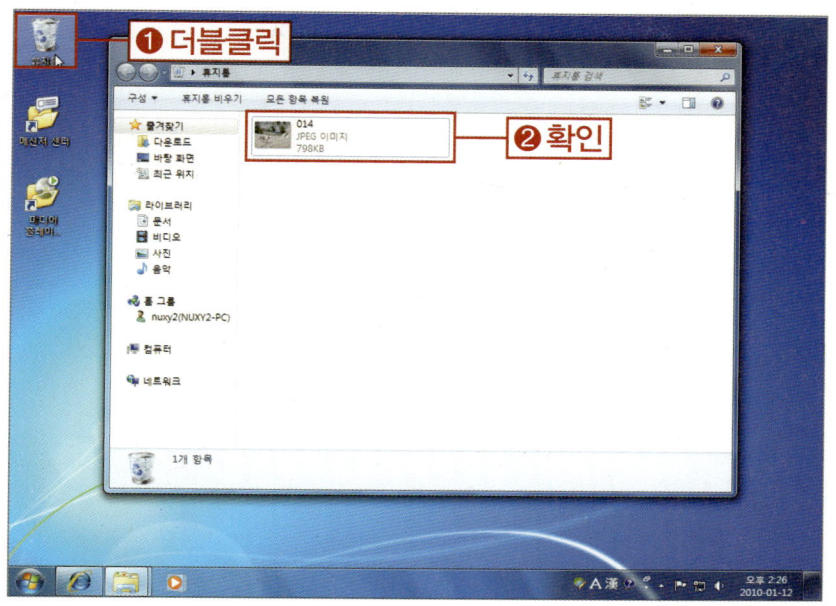

06 영구 삭제하려면 파일을 선택한 후 Delete 를 누르거나 [휴지통 비우기]를 클릭합니다. 파일을 영구적으로 삭제할 것인지 묻는 대화상자가 나타나면 [예]를 클릭합니다.

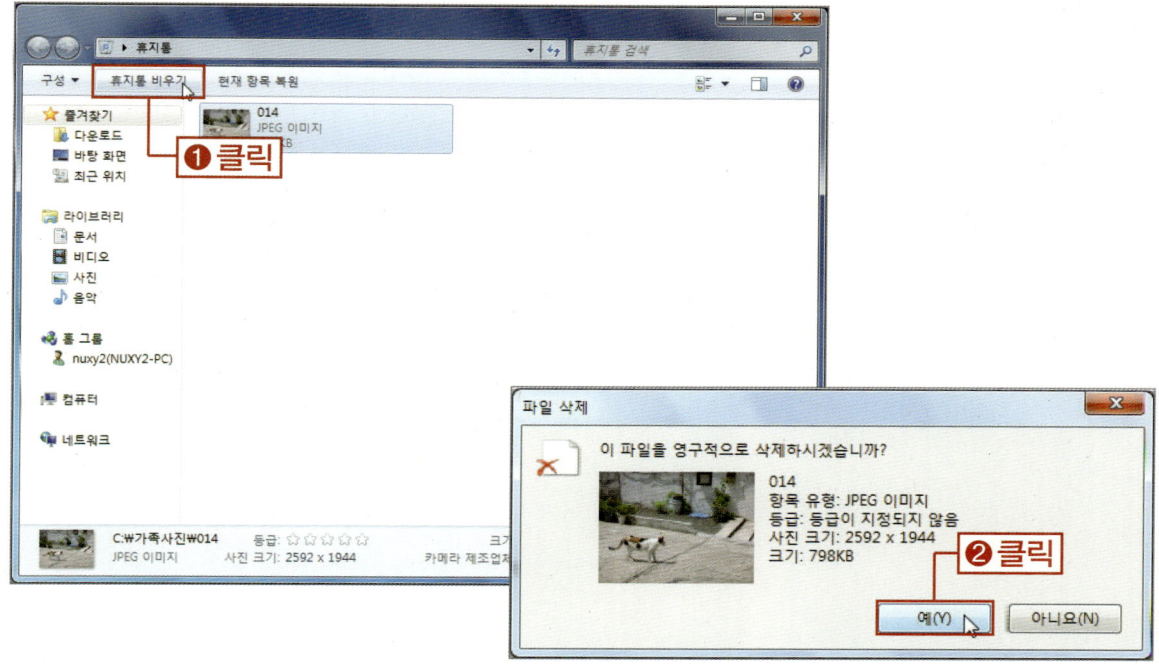

> **TIP**
> - [현재 항목 복원]을 클릭하면 휴지통에 보관하고 있던 삭제 파일을 원래 위치로 복원시킬 수 있습니다.
> - 휴지통에 보관된 파일을 삭제하면 복구할 수 없습니다. 휴지통에 보관되지 않고 한 번에 영구 삭제를 하려면 Shift 를 누른 상태에서 Delete 를 누릅니다.

09 그림판에서 디카 사진 꾸미기

윈도우에 기본적으로 포함되어 있는 그림판은 그림을 그리고 채색하고 편집하는 데 사용되는 그래픽 프로그램입니다. 디지털카메라로 찍은 사진을 그림판으로 불러와 귀여운 도형을 삽입하고 글자를 입력하여 재미있게 사진을 꾸며보도록 하겠습니다.

| 이런 걸 배워요! | 보조프로그램, 그림판

미리보기

STEP 1 그림판 실행하기

01 [시작]-[모든 프로그램]-[보조프로그램]-[그림판]을 차례로 클릭합니다.

02 [그림판]이 실행되면 ▼ 을 클릭한 후 [열기]를 클릭합니다.

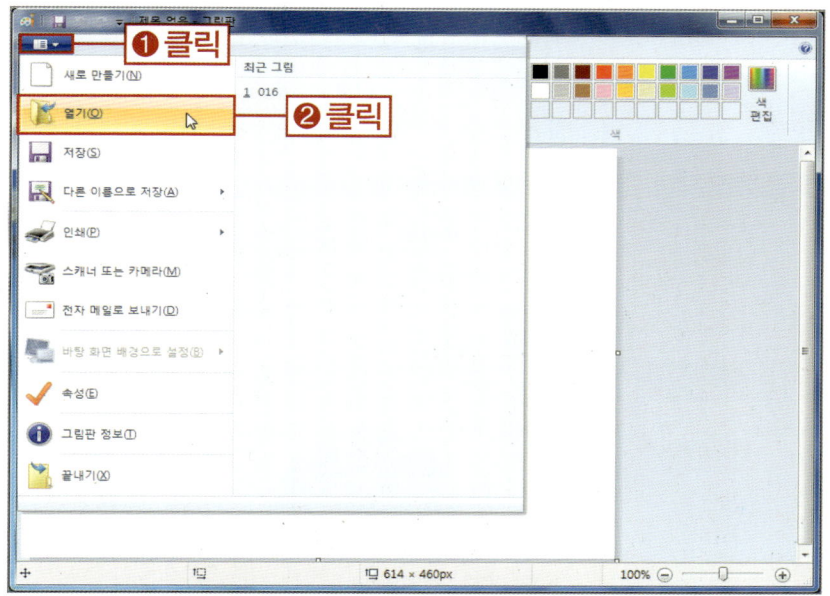

03 [열기] 대화상자가 나타나면 원하는 사진 파일을 선택한 후 [열기]를 클릭합니다.

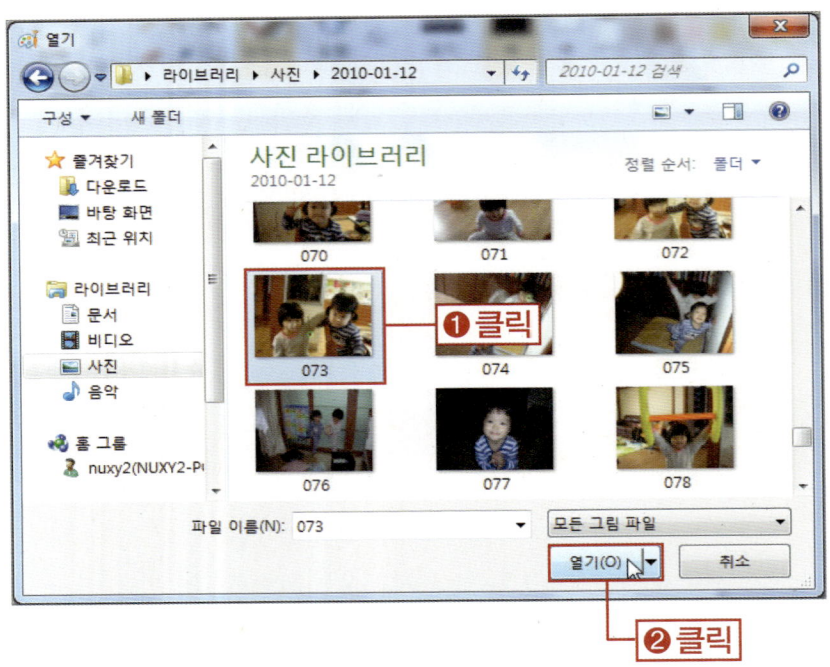

STEP 2 | 사진 꾸미기

04 [그림판]에 선택한 사진이 나타나면 그림판의 도구 상자에서 [도형](🔘)을 클릭한 후 도형 목록에서 [하트]를 선택합니다.

05 이번에는 [도형 채우기](아이콘)를 클릭한 후 채우기 목록에서 [크레용]을 선택합니다.

06 [색 1]을 클릭하고 오른쪽의 색상 팔레트에서 [연한 노랑]을 클릭합니다. 같은 방법으로 [색 2]를 클릭한 후 [연한 보라]를 클릭하여 색상을 지정합니다.

> **TIP 도형의 테두리와 색상**
> 마우스를 드래그하여 도형을 그릴 때 [색 1]에서 지정한 색상은 도형의 테두리 색상이 되고, [색 2]에서 지정한 색상은 도형 안에 채워지는 색상이 됩니다.

9장. 그림판에서 디카 사진 꾸미기 **45**

07 그림판의 사진 위에서 마우스를 드래그하면 [도형]( )에서 선택한 하트 도형에 [색 2]에서 지정한 색상이 [크레용] 채우기 형태로 그려집니다.

08 이번에는 그림판의 도구 모음에서 [텍스트](A) 도구를 선택한 후 하트 안을 클릭하여 '안녕! 할아버지'라고 입력합니다.

09 ▦▾을 클릭한 후 [다른 이름으로 저장]을 선택합니다.

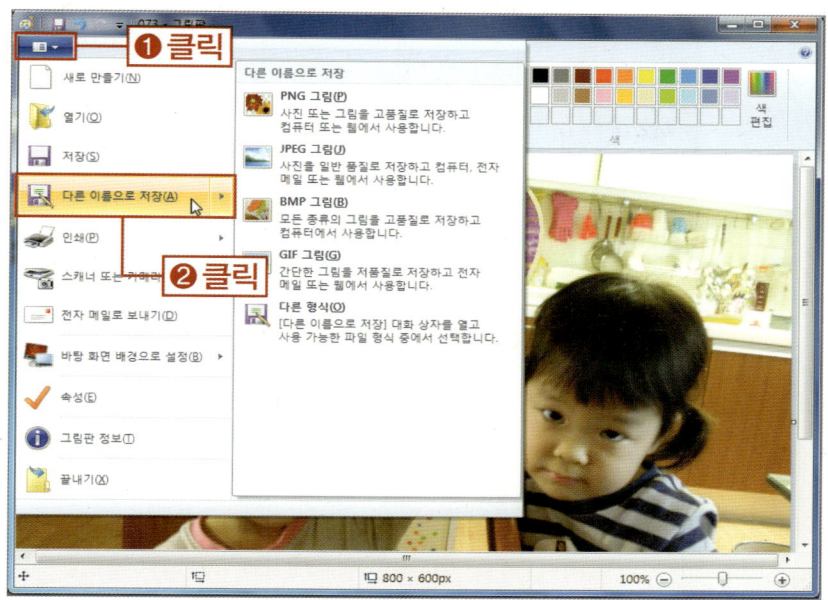

10 [다른 이름으로 저장] 대화상자가 나타나면 '파일 이름'을 입력한 후 [저장]을 클릭합니다.

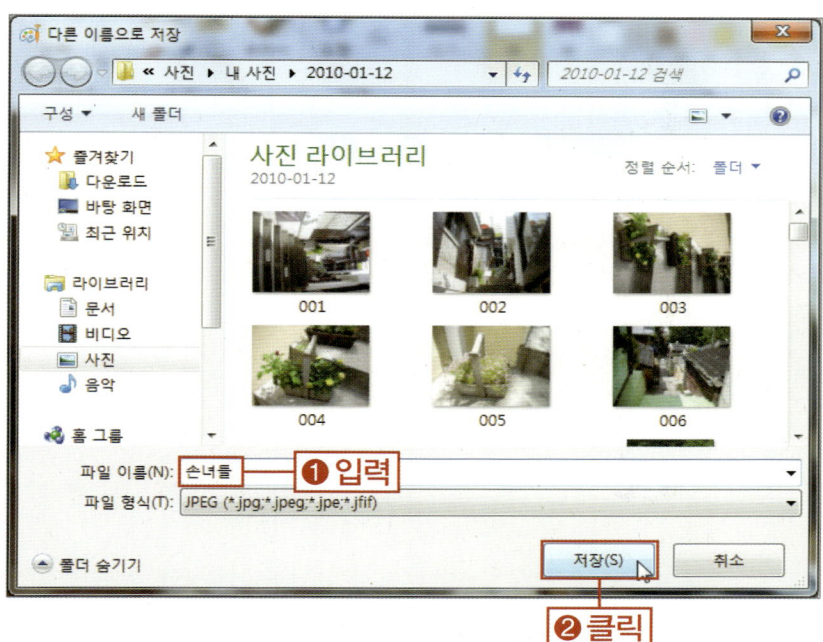

9장. 그림판에서 디카 사진 꾸미기 47

10 바이러스 백신 프로그램으로 컴퓨터 보호하기

컴퓨터 바이러스나 악성 코드는 컴퓨터에 몰래 침투하여 저장된 자료와 장치들을 파괴하는 나쁜 프로그램입니다. 바이러스나 악성 코드는 컴퓨터에 치명적인 문제를 일으킬 수 있으므로 백신 프로그램을 설치한 후 실시간 검사를 통해 항상 예방해야 합니다. 이번 시간에는 실시간 바이러스 검사 프로그램을 설치하고 사용하는 방법에 대해 알아보도록 하겠습니다.

| 이런 걸 배워요! | 컴퓨터 바이러스, 백신 프로그램, 실시간 바이러스 검사

미리보기

STEP 1 | V3 Lite 설치하기

01 포털 사이트에서 'v3 lite'를 입력하고 검색하면 어디서든 쉽게 V3 lite 백신 프로램을 다운로드 받을 수 있습니다.

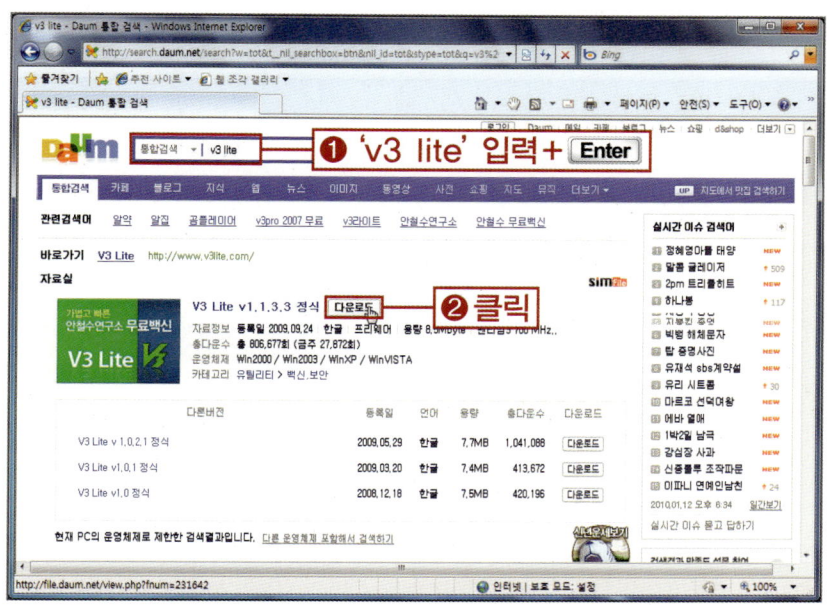

02 백신 프로그램을 다운로드 받았다면 다운로드 받은 폴더에서 V3LiteSG _Setup' 파일을 더블클릭하여 설치를 진행합니다. 프로그램 설치가 완료되면 업데이트가 자동으로 실행됩니다.

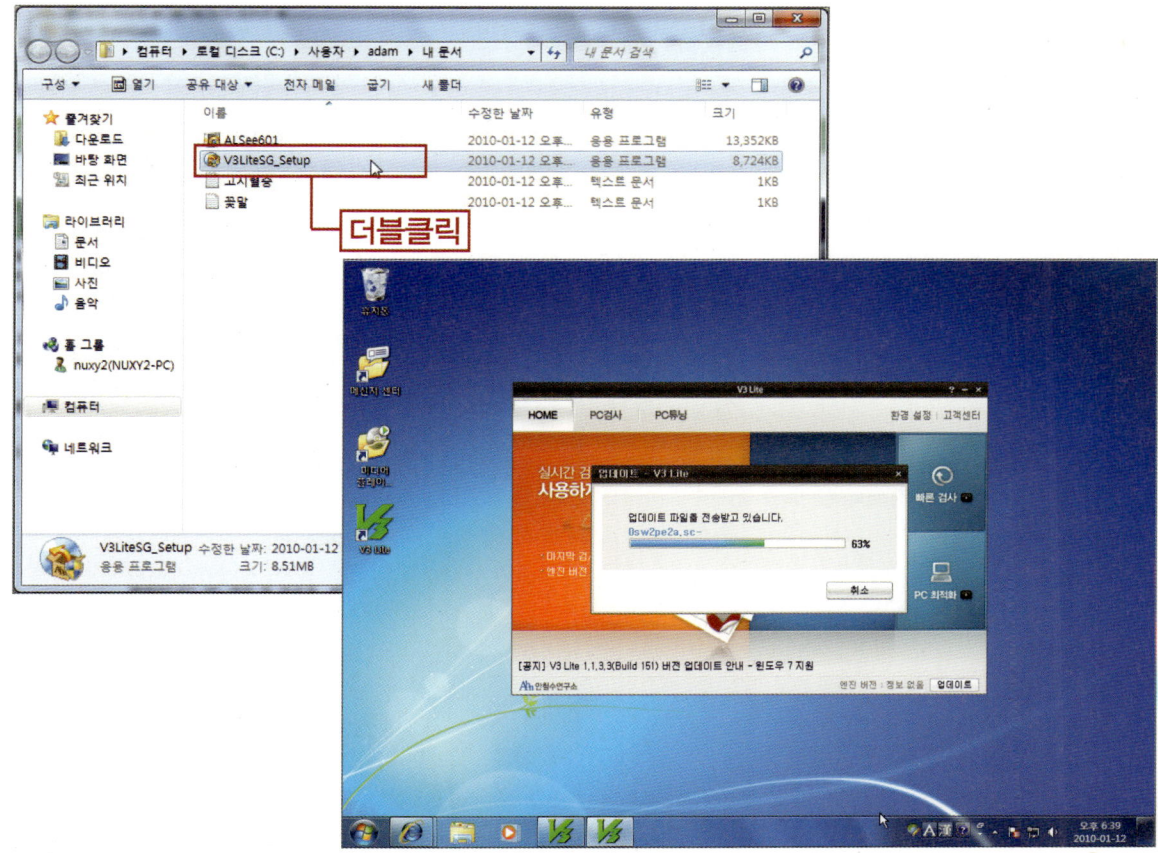

10장. 바이러스 백신 프로그램으로 컴퓨터 보호하기

STEP 2 | 바이러스 검사하기

03 설치가 완료되면 바탕 화면에 생긴 [V3 Lite] 단축 아이콘을 더블클릭합니다. [V3 Lite] 검사 창이 나타나면 [PC 검사] 탭을 클릭하여 바이러스 검사를 시작합니다.

04 [PC] 검사 창의 [정밀 검사]를 클릭합니다.

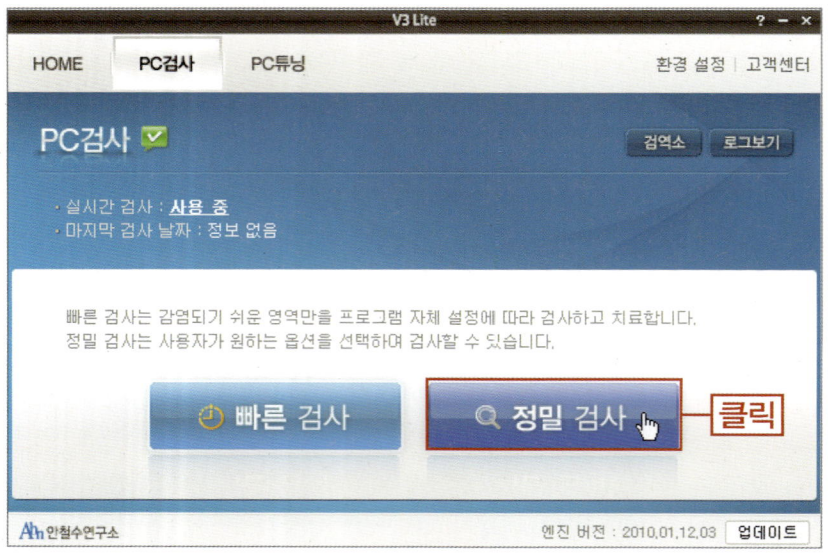

TIP [PC튜닝]은 컴퓨터나 인터넷을 사용하면서 쌓인 불필요한 파일을 제거할 때 사용합니다.

05 내 컴퓨터의 드라이브 목록이 표시되면 하드 디스크 드라이브를 선택한 후 [검사 시작]을 클릭합니다.

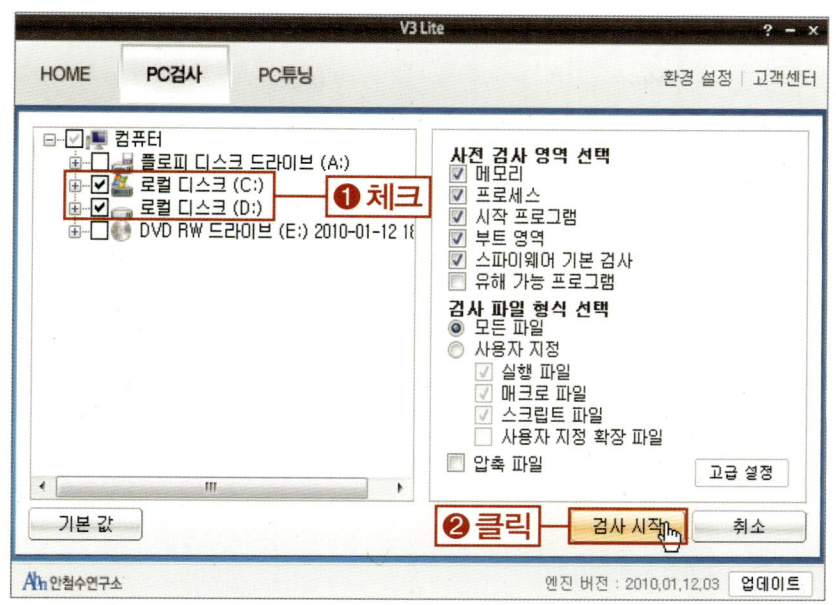

06 내 컴퓨터의 하드 디스크를 검사합니다.

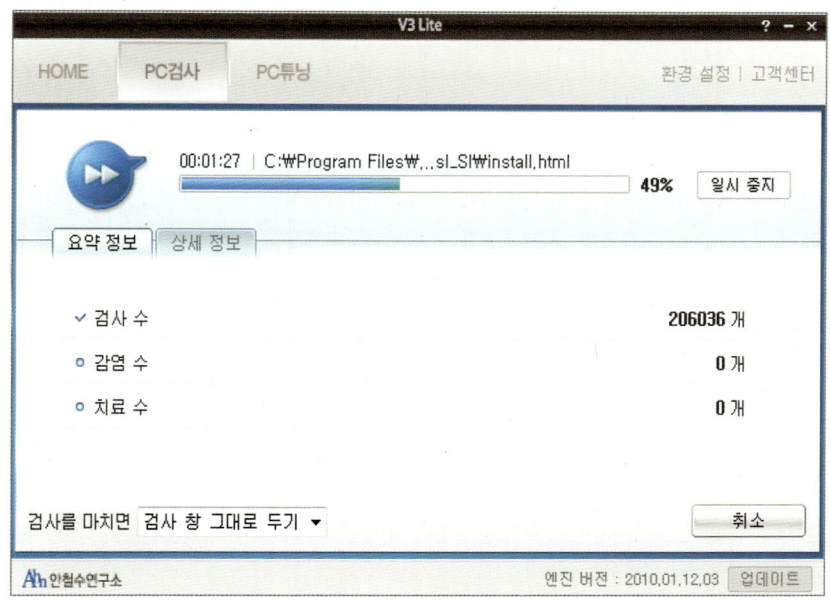

> **TIP** 작업 표시줄의 알림 영역에 [V3 Lite] 아이콘이 표시되어 있으면 바이러스를 실시간으로 검사합니다. 만약 내 컴퓨터에 바이러스가 침투하면 바이러스를 치료하라는 메시지 창이 뜨게 됩니다.

11 [접근성 센터]의 편리한 기능 알아보기

[제어판]의 [접근성 센터]에는 편리한 기능들이 많습니다. 컴퓨터의 화면을 크게 확대하거나 마우스 포인터를 크게 확대시키는 등의 확대 기능과 키보드가 고장났을 때 화면으로 키보드를 보여주며 마우스로 입력할 수 있도록 도와주는 화상 키보드 등 다양한 특수 기능이 제공됩니다. [접근성 센터]의 편리한 기능에 대해 알아보도록 하겠습니다.

| 이런 걸 배워요! | 접근성 센터, 돋보기 기능, 화상 키보드

미리보기

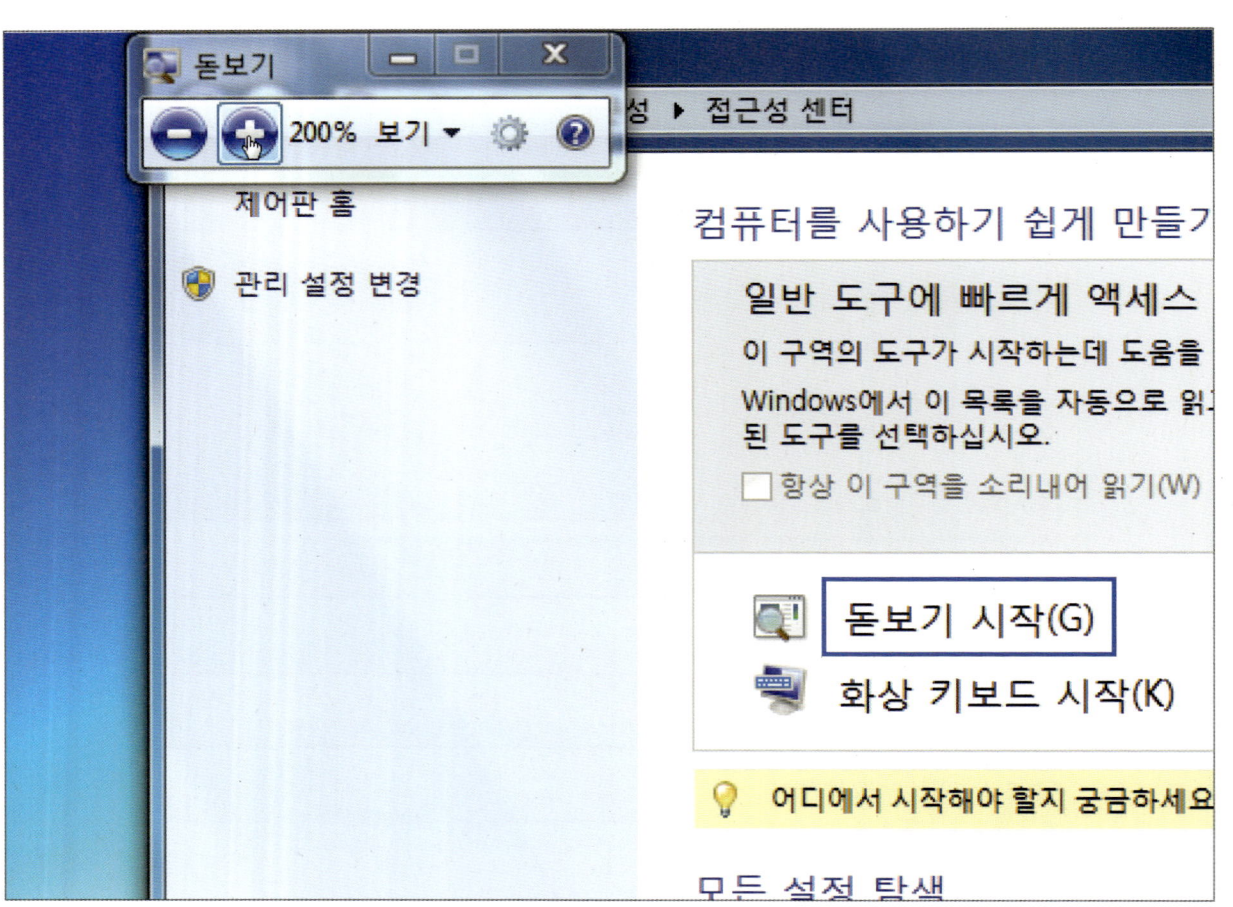

STEP 1 화면 확대해서 보기

01 바탕 화면에서 마우스 오른쪽 단추를 클릭한 후 [개인 설정]을 클릭하여 [개인 설정] 창이 나타나면 화면 오른쪽의 [접근성 센터]를 클릭합니다.

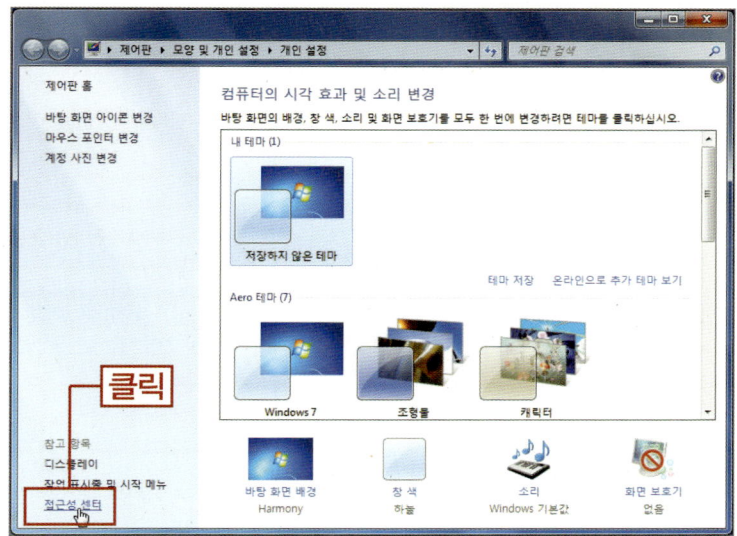

02 [접근성 센터] 창이 나타나면 [돋보기 시작]을 클릭합니다. [돋보기] 도구 상자가 바탕 화면의 위쪽에 표시되는데 여기서 ⊕ 단추를 클릭합니다.

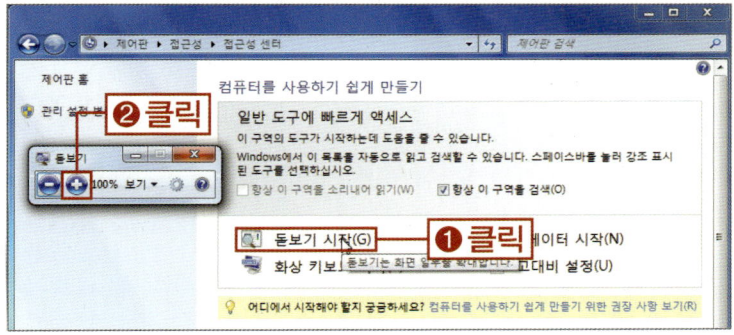

> **TIP** 키보드의 키캡를 누른 상태에서 ⊕를 누르거나 ⊖를 누르면 화면이 확대/축소됩니다.

03 ⊕ 단추를 클릭할 때마다 화면이 확대됩니다. 반대로 ⊖ 단추를 클릭할 때마다 확대된 화면이 축소됩니다.

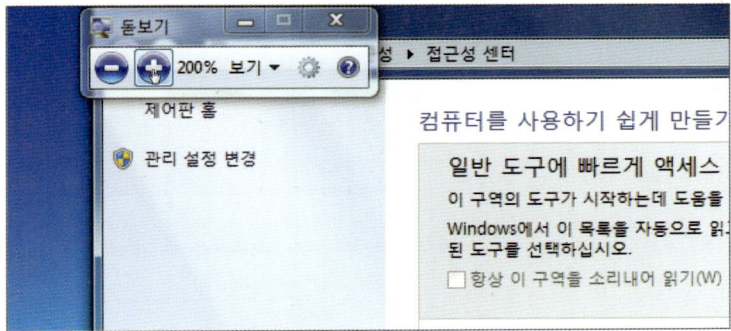

STEP 2 | 마우스 커서 변경하기

04 마우스나 커서의 크기가 작아서 보기 불편할 때는 [접근성 센터]의 [마우스를 사용하기 쉽게 설정]을 클릭합니다. [마우스 포인터] 모양 중에서 [반전 초대형]을 선택한 후 [확인]을 클릭합니다.

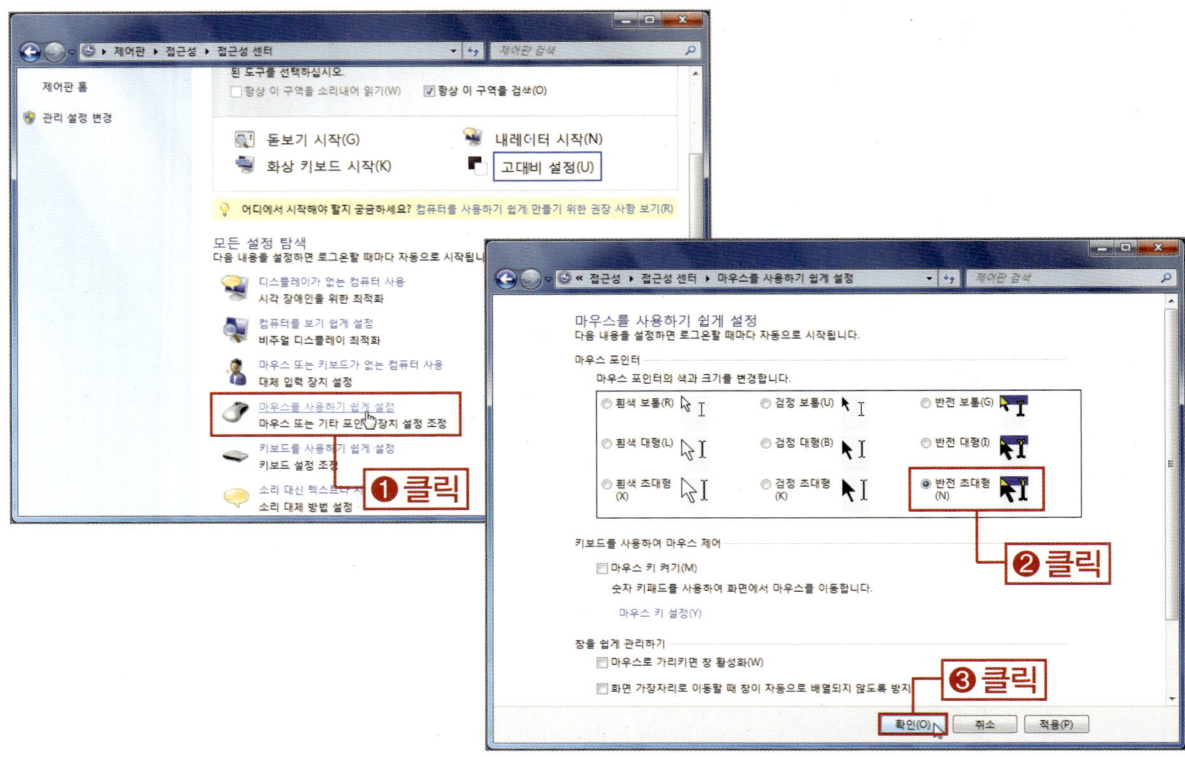

05 마우스 포인터와 커서의 색상이 흰색에서 검정색으로 변하고 크기도 가장 크게 변경되는 것을 확인할 수 있습니다.

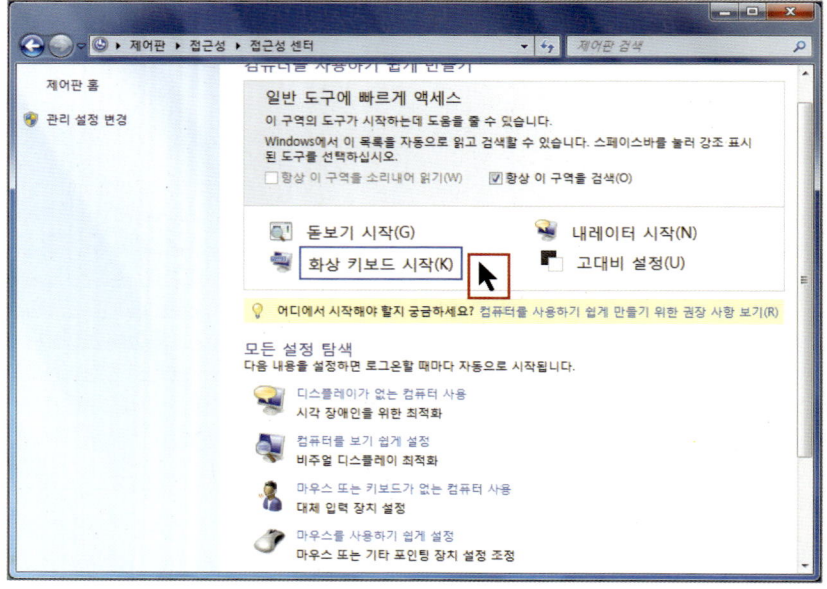

54 눈이 편한 **컴퓨터**

STEP 3 | 화상 키보드 표시하기

06 [접근선 센터]의 [화상 키보드 시작]을 클릭하면 화면에 키보드가 표시됩니다.

07 화상 키보드에서 각각의 키를 마우스로 클릭하면 키보드가 없어도 문자 입력이 가능합니다.

11장. [접근성 센터]의 편리한 기능 알아보기 55

WINDOWS

INTERNET

HANGUL

12장 | 인터넷 시작하기

13장 | 시작 페이지 설정하고 이메일 계정 만들기

14장 | 지인들과 이메일 주고받기

15장 | 파일 첨부해서 메일 주고받기

16장 | 내 주소록과 메일함 관리하기

17장 | 즐겨찾기 추가하고 관리하기

18장 | 인터넷의 글과 그림 내 컴퓨터에 저장하기

19장 | 웹 문서 프린터로 인쇄하기

20장 | 인터넷에서 음악 감상하기

21장 | 인터넷에서 TV 프로그램 즐기기

22장 | 문화/여행 정보로 여가생활하기

23장 | 자료실에서 알집 설치해 압축 풀기

02

인터넷 알아보기

12 인터넷 시작하기

인터넷은 우리에게 다양하고 방대한 정보를 제공하며, 영화 예약이나 은행 업무 등 소소한 일상생활에서부터 회사 내의 여러 가지 업무를 처리하고 물건을 사고파는 일에 이르기까지 우리 생활 전반에 걸쳐 밀접하게 연관되어 있습니다. 여기서는 컴퓨터를 이용해 인터넷을 활용할 수 있도록 먼저 인터넷을 실행하고 화면을 설정하는 기본적인 방법들을 알아보겠습니다.

| 이런 걸 배워요! | 인터넷 실행, 웹 브라우저 개념, 인터넷 익스플로러 화면 설정

미리보기

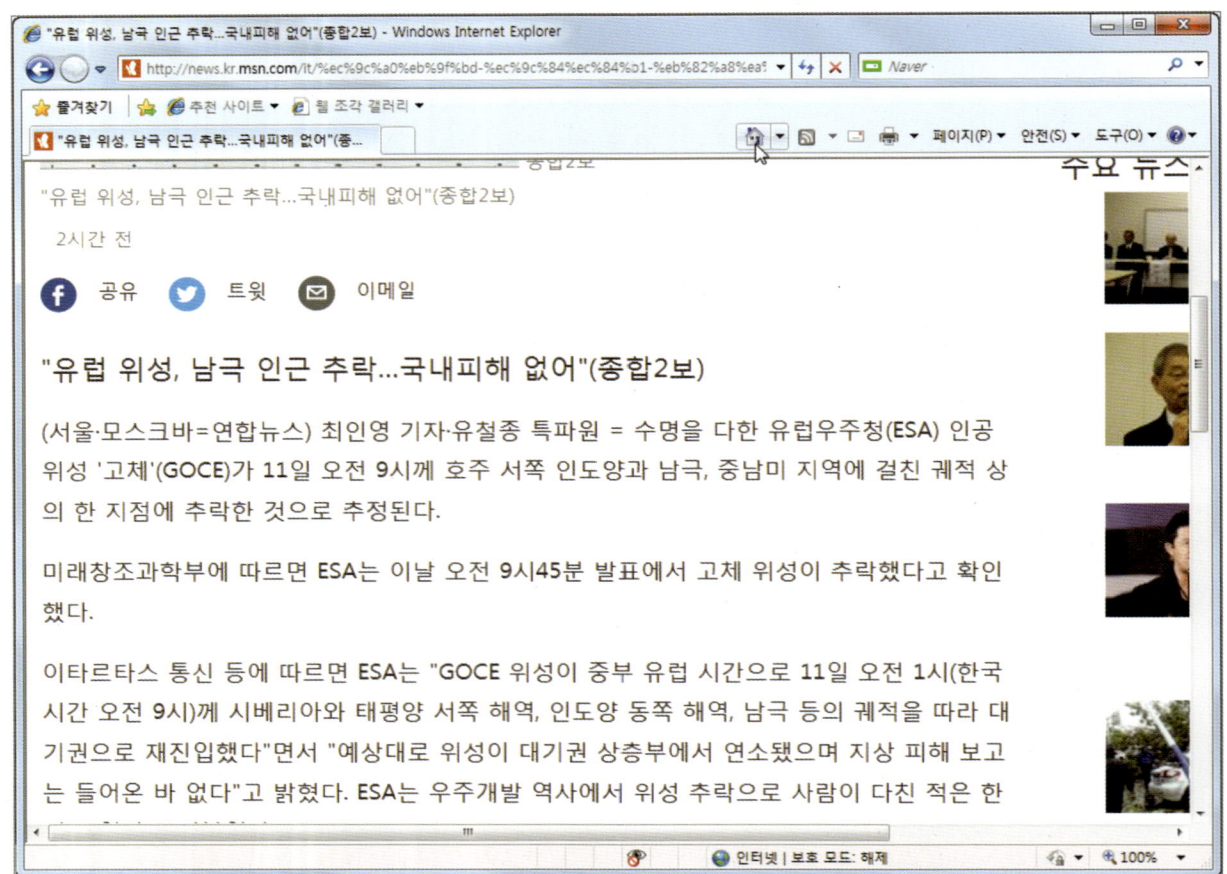

01 인터넷에 연결하기 위해 바탕 화면에서 [Internet Explorer]의 바로 가기 아이콘( )을 더블 클릭합니다. 또는 작업 표시줄에서 [인터넷 익스플로러]( )를 클릭합니다.

TIP 인터넷 익스플로러 아이콘을 찾을 수 없는 경우에는 [시작]( ) 단추를 클릭하고 [모든 프로그램]-[Internet Explorer] 순으로 클릭해 실행할 수도 있습니다.

02 [인터넷 익스플로러 8] 웹 브라우저가 실행됩니다. 다른 포털 사이트로 이동하기 위해 주소 표시줄에 'kr.msn.com'을 입력한 후 Enter 를 누릅니다.

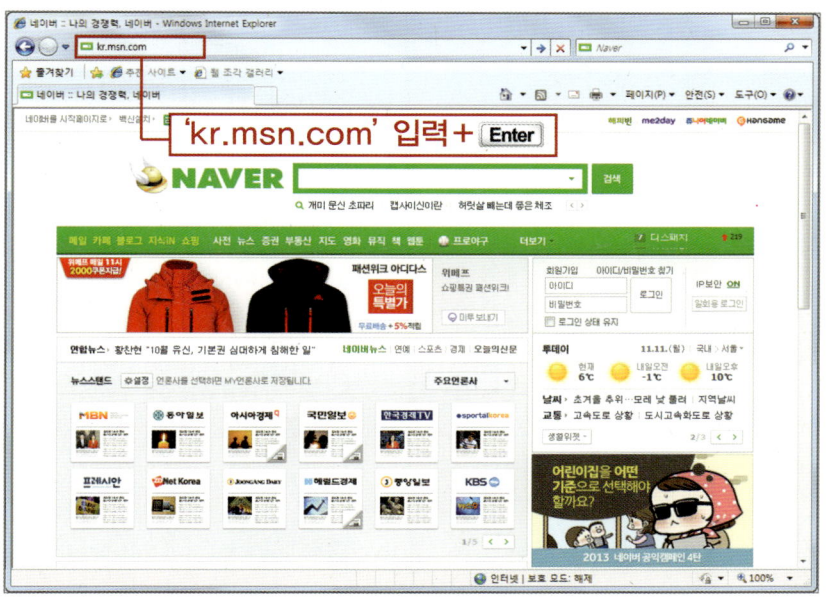

TIP 컴퓨터마다 홈페이지로 지정한 웹 사이트가 다르기 때문에 인터넷 익스플로러를 시작했을 때 나오는 첫 페이지는 다를 수 있습니다.
'웹 브라우저(Web browser)'란 인터넷에서 정보를 검색할 수 있도록 도와주는 응용 프로그램을 말합니다.

03 MSN 사이트가 나타납니다. 자세히 보고 싶은 그림이나 글을 클릭합니다

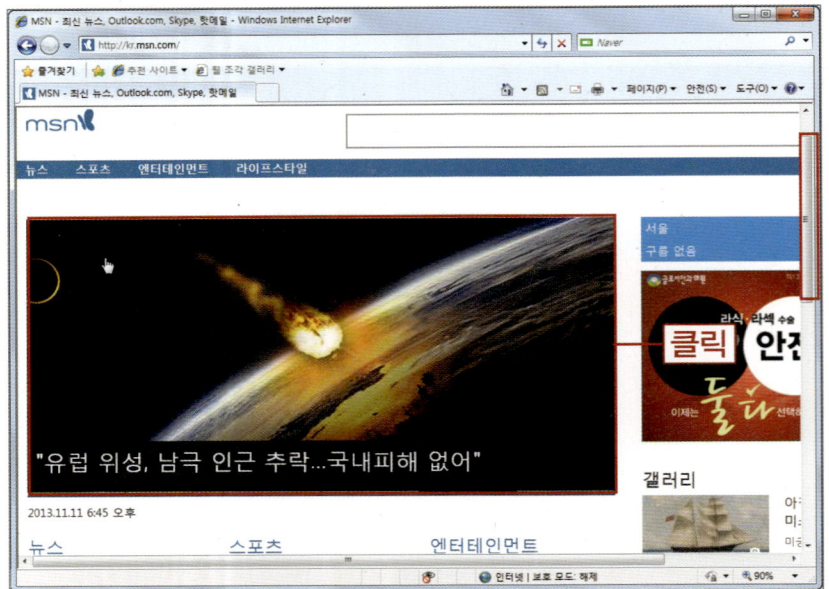

TIP 자세히 보고 싶은 부분에 마우스 포인터를 가져가서 마우스 포인터가 손 모양( )이 되었을 때 클릭합니다. 이동 막대를 아래로 드래그해 아래쪽에서 내용을 선택해도 됩니다.

04 선택한 내용이 표시된 웹 페이지가 나타납니다. 화면을 크게 보기 위해 상단의 도구 상자에서 [페이지]를 클릭하고 [확대/축소]-[150%]를 클릭합니다.

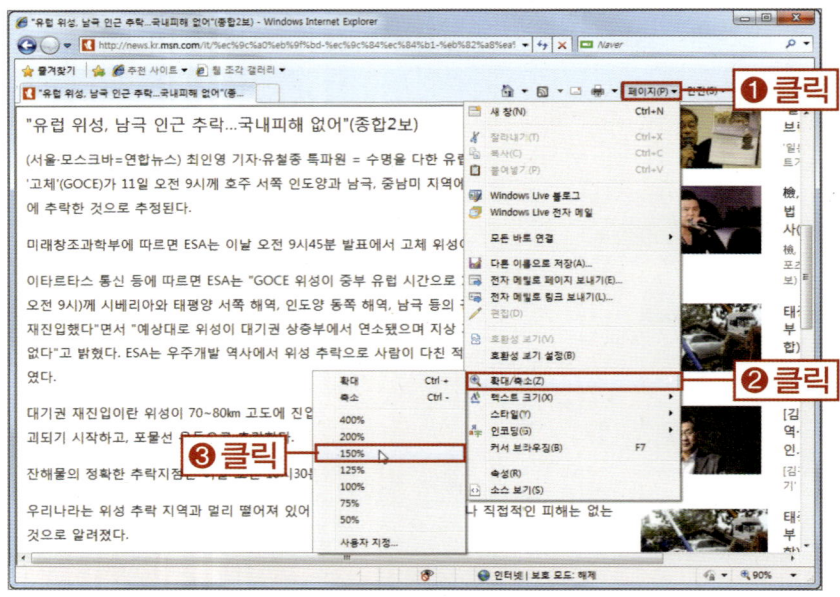

TIP 화면에서 도구 상자가 없어 [페이지] 단추가 보이지 않을 경우에는 도구 상자 위치인 위쪽 파란색 빈 부분에서 마우스의 오른쪽 단추를 클릭합니다. 바로 가기 메뉴가 나타나면 [명령 모음]을 클릭해 체크 표시가 메뉴 왼쪽에 나타나도록 합니다.

05 화면이 확대되어 크게 보입니다. 다시 원래의 상태로 변경하기 위해 [페이지]를 클릭하고 [확대/축소]-[100%]을 클릭합니다.

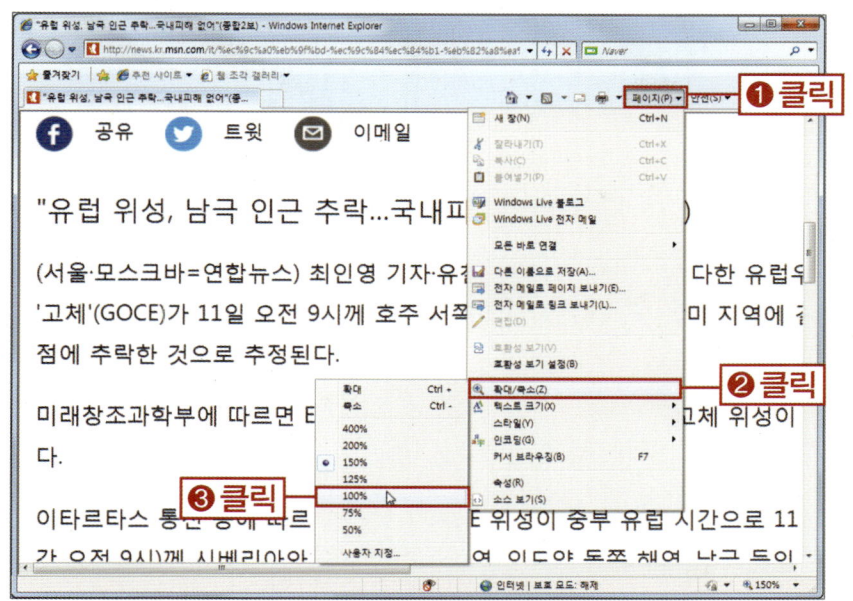

06 화면이 축소되어 원래의 크기로 보입니다. 홈페이지로 이동하기 위해 도구 상자에서 [홈](   )을 클릭합니다.

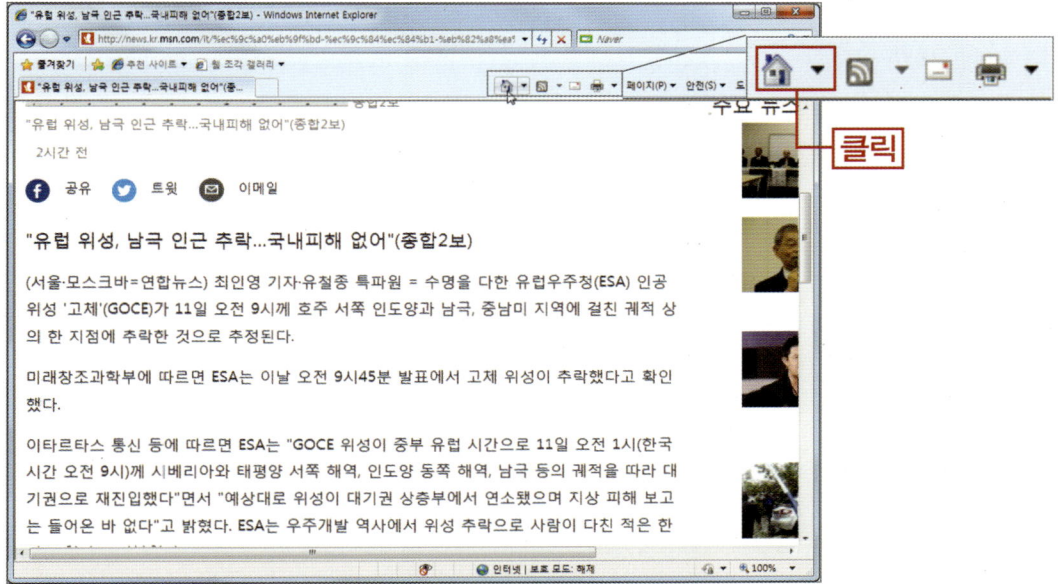

> **TIP** 현재 홈페이지로 지정되어 있는 웹 페이지가 나타납니다. [닫기](x)를 클릭하면 인터넷 익스플로러 창이 닫힙니다.

12장. 인터넷 시작하기 61

13 시작 페이지 설정하고 이메일 계정 만들기

자주 사용하는 포털 사이트를 시작 페이지로 설정해두면 인터넷을 실행했을 때 지정한 시작 페이지로 연결되므로 편리하게 이용할 수 있습니다. 여기서는 네이버 사이트를 시작 페이지로 설정한 후 이메일을 주고받기 위해 아이디를 만들어 회원으로 가입해 봅니다.

| 이런 걸 배워요! | 시작 페이지 설정하기, 이메일 계정 만들기

미리보기

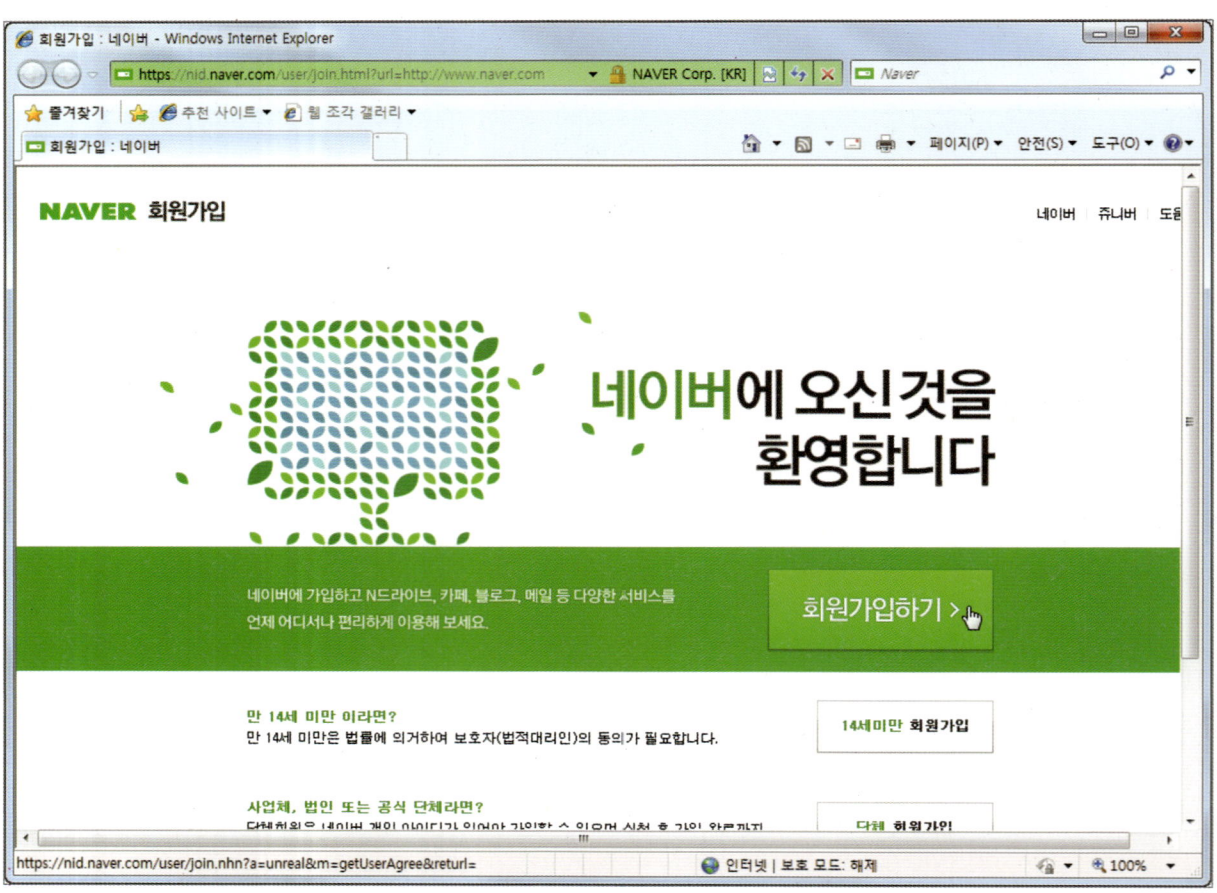

STEP 1 | 시작 페이지 설정하기

01 작업 표시줄에서 [인터넷 익스플로러](❷)를 클릭해 인터넷에 연결한 후 '네이버' 사이트 주소인 'www.naver.com'을 입력해 이동합니다.

> **TIP** 인터넷에 연결했을 때 네이버 사이트가 바로 나타나면 현재 네이버가 시작 페이지로 지정되어 있다는 뜻입니다.

02 도구 상자에서 [도구]를 클릭하고 메뉴에서 [인터넷 옵션]을 클릭합니다.

13장. 시작 페이지 설정하고 이메일 계정 만들기

03 [인터넷 옵션] 대화상자가 나타나면 [일반] 탭의 [홈페이지]에서 상자 안에 네이버의 웹 주소인 'http://www.naver.com'을 입력하고 [확인]을 클릭합니다.

TIP 현재 연결된 웹 페이지를 홈페이지로 지정하려면 주소를 일일이 입력하지 않고 [현재 페이지]를 클릭하면 됩니다. 또한 한 줄에 하나씩 두 줄에 두 개의 주소를 입력해도 됩니다.

STEP 2 | 포털 사이트 회원 가입하기

04 지정이 완료되고 대화상자 닫힙니다. [홈]( )을 클릭하면 지정된 홈페이지로 연결됩니다. 네이버에 회원 가입을 하기 위해 [회원가입]을 클릭합니다.

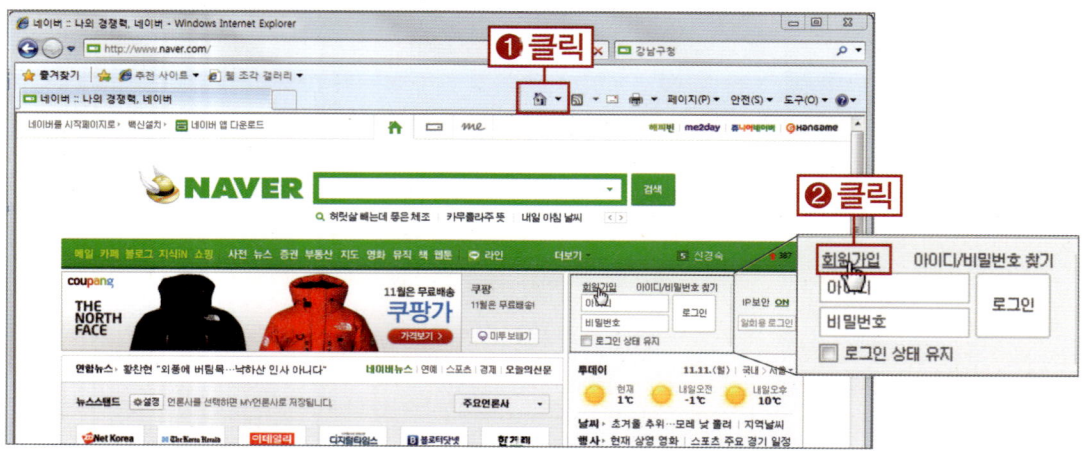

TIP 네이버 이외의 다른 포털 사이트도 비슷한 방법으로 회원에 가입할 수 있으며, 회원에게는 무료로 이메일 주소가 제공됩니다.

05 회원 가입 페이지가 나타나면 [회원가입하기]를 클릭합니다.

TIP 만 14세 미만의 어린이는 [14세미만 회원가입]을 클릭합니다.

06 개인정보의 수집을 위한 동의 상자를 클릭해 모두 동의한 후 [동의]를 클릭합니다.

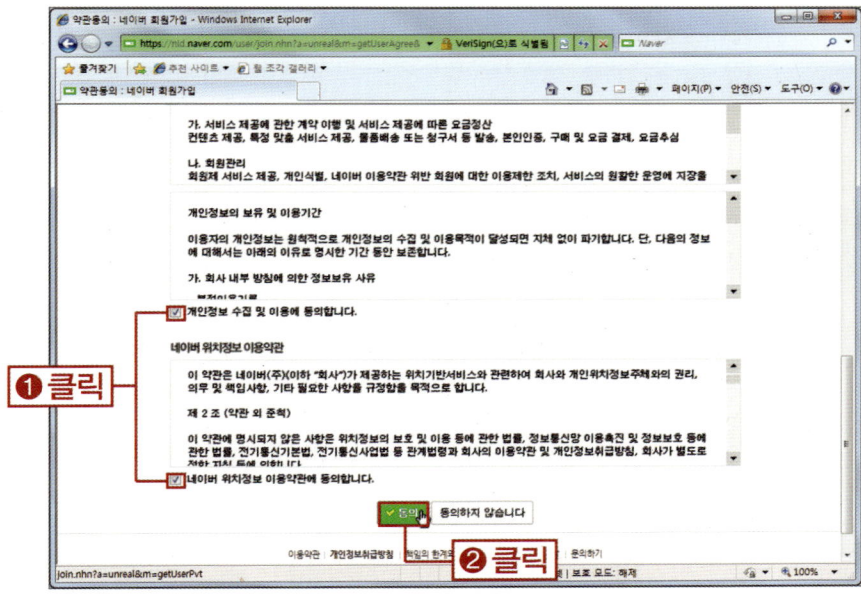

07 회원의 실명 확인을 위해 이름과 생년월일, 성별을 입력한 후 [확인]을 클릭합니다.

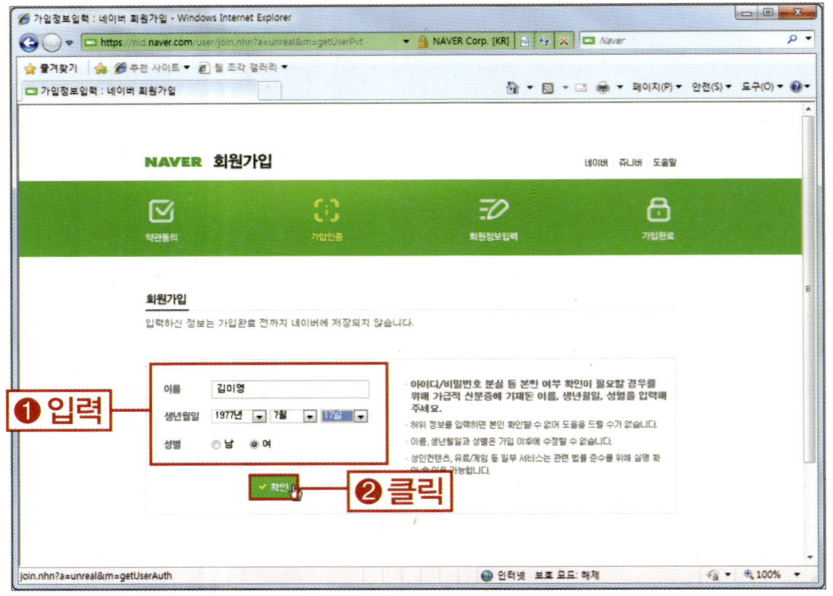

08 본인 인증을 위해 휴대폰 인증 창이 나타나면 [인증하기]를 선택하여 본인의 휴대폰 번호를 입력한 후 [확인]을 클릭합니다. 자신의 휴대폰으로 인증번호가 담긴 문자가 오면 '인증번호' 란에 입력한 후 [확인]을 클릭합니다. 이후 인증 확인 메시지가 나타나면 다시 [확인]을 클릭합니다.

09 [회원정보입력] 단계에서 개인 정보와 아이디, 비밀번호 등을 입력하고 [확인]을 클릭합니다.

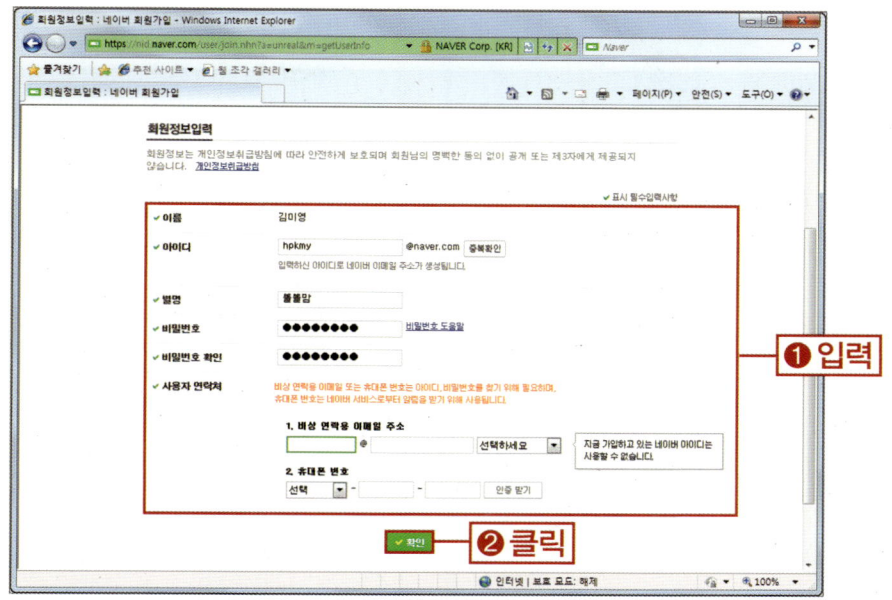

TIP 별명과 아이디, 비밀번호는 사용자가 만들어 입력합니다. 이 때 아이디는 [중복확인]을 클릭해 이미 사용 중인지 반드시 확인합니다. [비상 연락용 이메일 주소]는 현재 만드는 이메일 주소를 사용할 수 없을 경우를 대비한 것이므로 다른 곳에서 가입한 이메일 주소를 입력합니다. 또 휴대폰 번호를 입력한 후 [인증 받기]를 클릭해 사용 중인 휴대폰 번호의 문자 메시지로 인증 번호가 수신되면 입력해 인증해야 합니다.

10 현재 입력한 정보가 맞는 지 확인한 후 자동 가입방지를 위해 곡선 모양으로 보이는 알파벳을 입력 상자 안에 그대로 입력하고 [확인]을 클릭합니다.

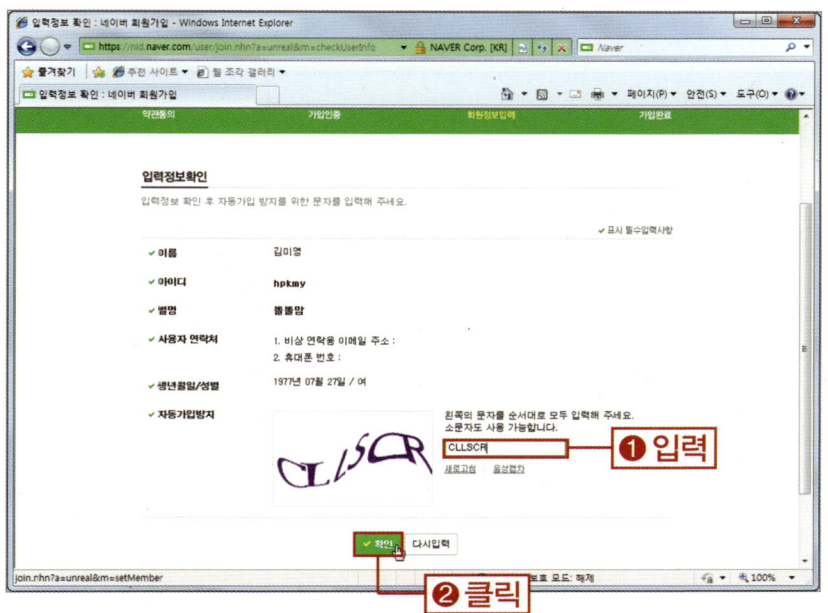

TIP 가입이 완료되었다는 메시지가 나타납니다. 지금은 네이버에 회원 가입을 하고 아이디를 만들었으므로 네이버에서만 만든 아이디를 사용할 수 있습니다.

14 지인들과 이메일 주고받기

네이버와 같은 포털 사이트에 회원으로 가입을 하면 아이디가 생기고 이메일을 보관할 수 있도록 일정 용량의 저장 공간이 제공됩니다. 따라서 다른 사람에게 이메일을 보내거나 받을 수 있습니다. 이메일은 거리에 상관없이 짧은 시간에 무료로 소식을 주고받을 수 있으므로 해외나 지방에 있는 지인들과도 연락하기 좋습니다. 이메일을 보내고, 받은 메일의 내용을 확인해 봅니다.

| 이런 걸 배워요! | 이메일 보내기, 이메일 받기

미리보기

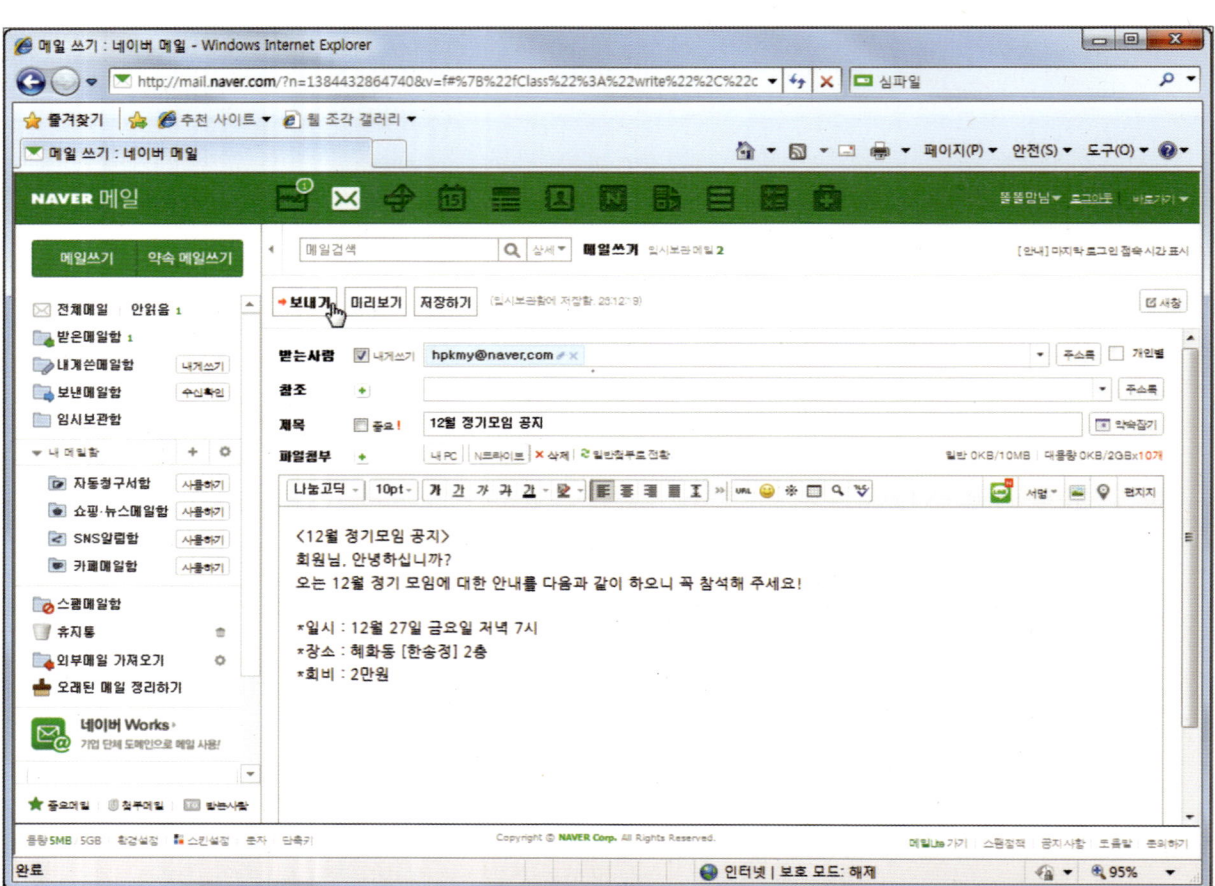

STEP 1 이메일 보내기

01 네이버 사이트로 이동한 후 아이디와 비밀번호를 입력하고 [로그인]을 클릭합니다. 로그인이 완료되면 [메일]을 클릭합니다.

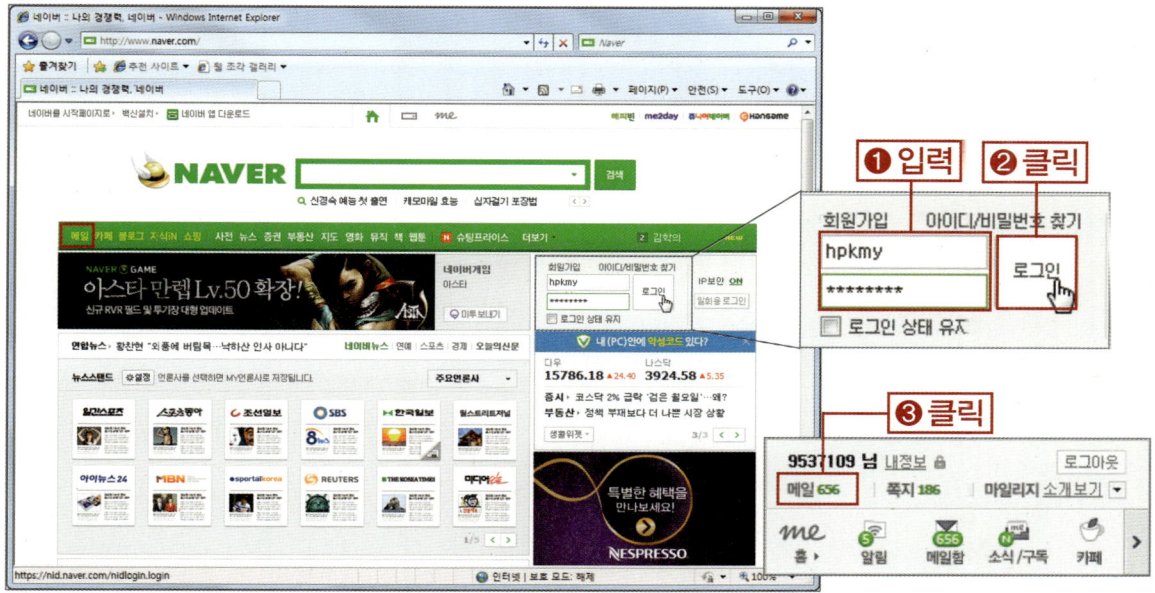

> **TIP** 로그인된 후 메뉴 바에 있는 [메일]을 클릭해도 됩니다.

02 메일 페이지가 나타나면 이메일을 보내기 위해 [메일쓰기]를 클릭합니다.

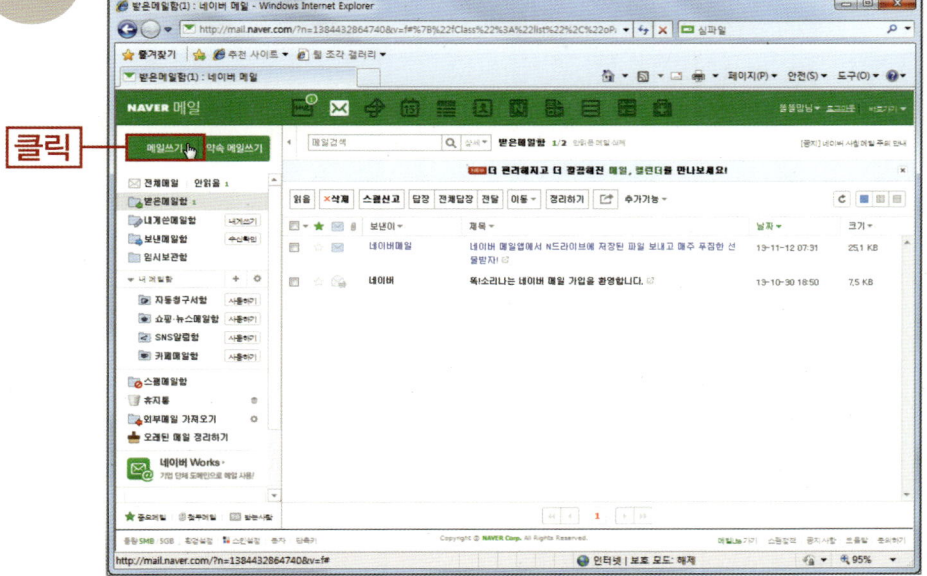

> **TIP** 네이버에 새로 가입하였으므로 네이버로부터 가입 환영 메시지가 와 있는 것을 알 수 있습니다.

03 [받는 사람]에 이메일을 받을 사람의 메일 주소를 입력합니다. 여기서는 연습을 위해서 [내게쓰기]를 클릭하여 자신에게 메일을 보내겠습니다. 자신의 메일 주소가 나타나면 제목을 입력합니다.

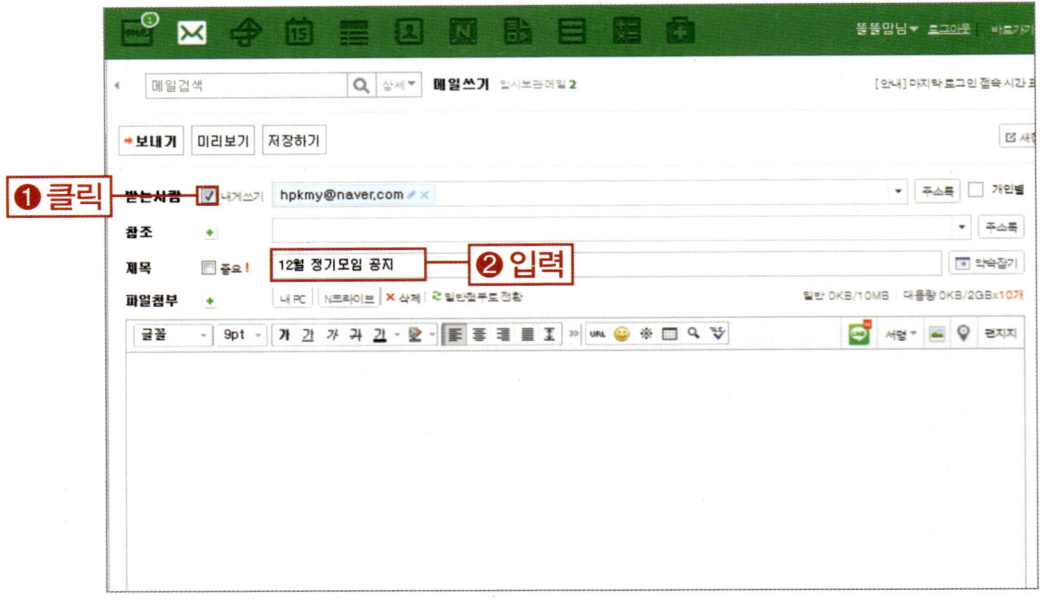

> **TIP** '내게 쓰기 모드로 전환하시겠습니까?' 라는 메시지가 나타나면 [확인]을 클릭합니다.

04 메일의 내용을 입력한 후 [보내기]를 클릭합니다.

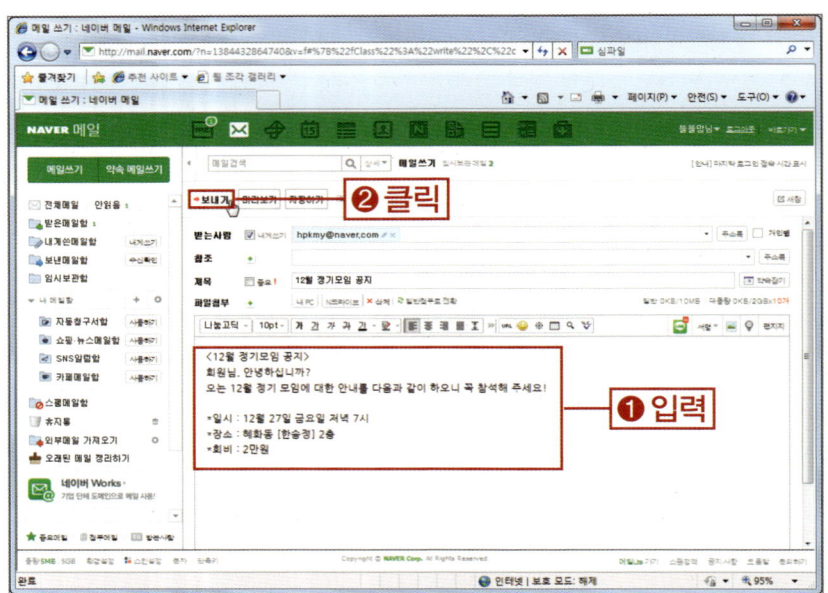

> **TIP** 내용에 범위를 지정한 후 글꼴이나 글자 크기, 글자 색 등을 변경할 수 있습니다.

STEP 2 | 받은 메일 확인하기

05 받은 편지 목록을 확인하기 위해 [내게쓴메일함]을 클릭합니다. 받은 메일의 목록이 나타나면 메일의 제목을 클릭합니다.

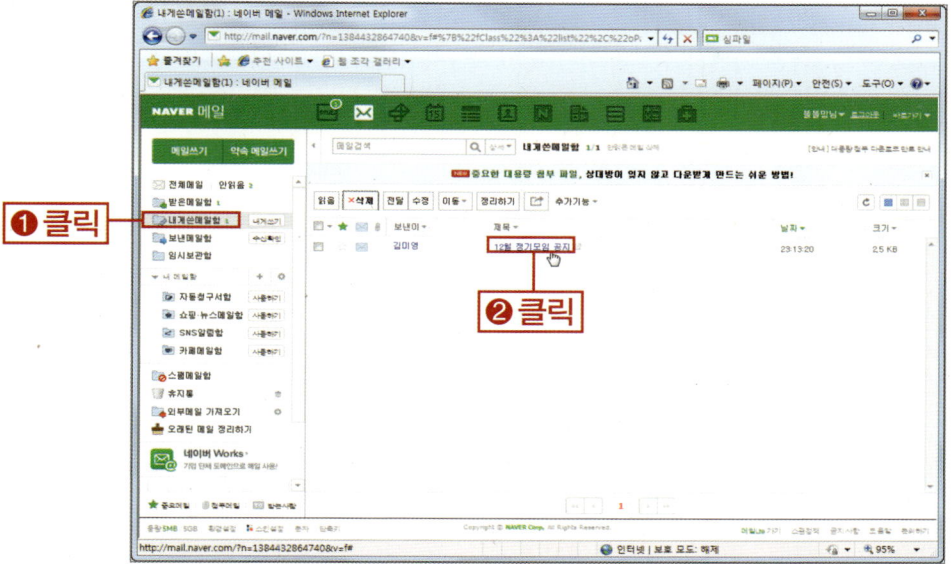

> TIP
> 다른 사람이 보낸 메일은 [받은메일함]에 보관됩니다. 여기서는 연습을 위해 자신에게 보낸 편지이므로 [내게쓴메일함]을 클릭하였습니다.

06 메일의 내용과 함께 보낸 일시가 나타납니다.

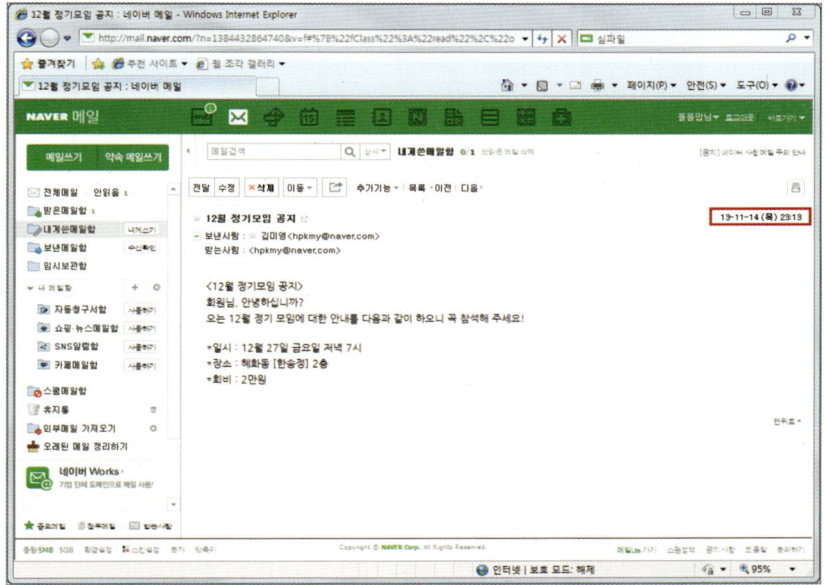

> TIP
> 왼쪽 상단의 [삭제]를 클릭하면 현재 편지가 삭제됩니다. 오른쪽 상단의 인쇄 아이콘(🖨)을 클릭하면 내용을 연결된 프린터로 인쇄할 수 있습니다.

14장. 지인들과 이메일 주고받기

15 파일 첨부해서 메일 주고받기

이메일을 보낼 때 작성한 문서나 컴퓨터에 있는 사진, 음악 파일 등을 함께 첨부해서 보내고 받을 수 있습니다. 첨부되는 파일은 사용하는 사이트에 따라 조금씩 용량의 제한이 있으므로 첨부할 파일의 용량을 미리 확인하는 것이 좋습니다. 이메일에 사진 파일을 첨부해 보내봅니다.

| 이런 걸 배워요! | 파일 첨부해서 이메일 보내기, 첨부 파일 받기

미리보기

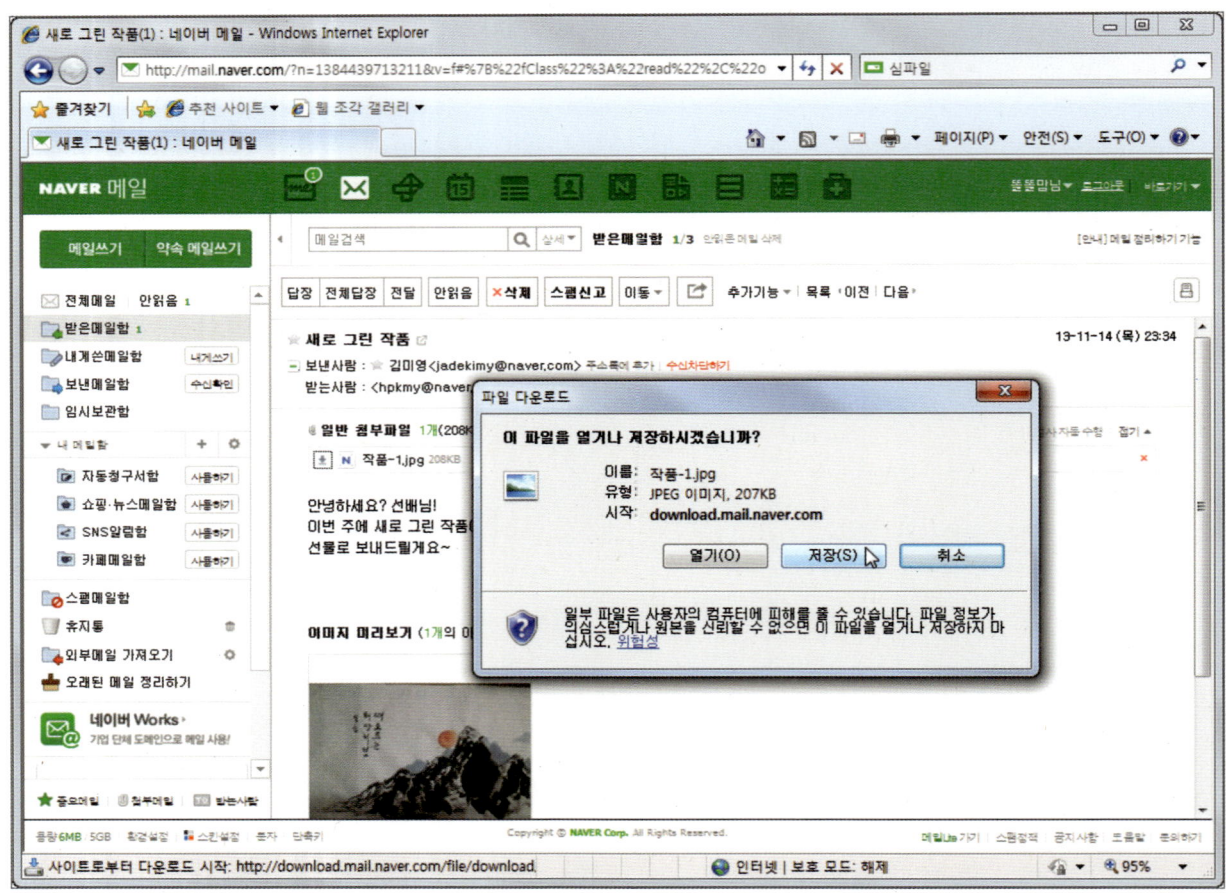

STEP 1 파일 첨부해서 이메일 보내기

01 네이버 사이트에서 아이디와 비밀번호를 입력해 로그인합니다. [메일]을 클릭해 [메일] 창으로 이동한 후 [메일쓰기]를 클릭해 이동합니다.

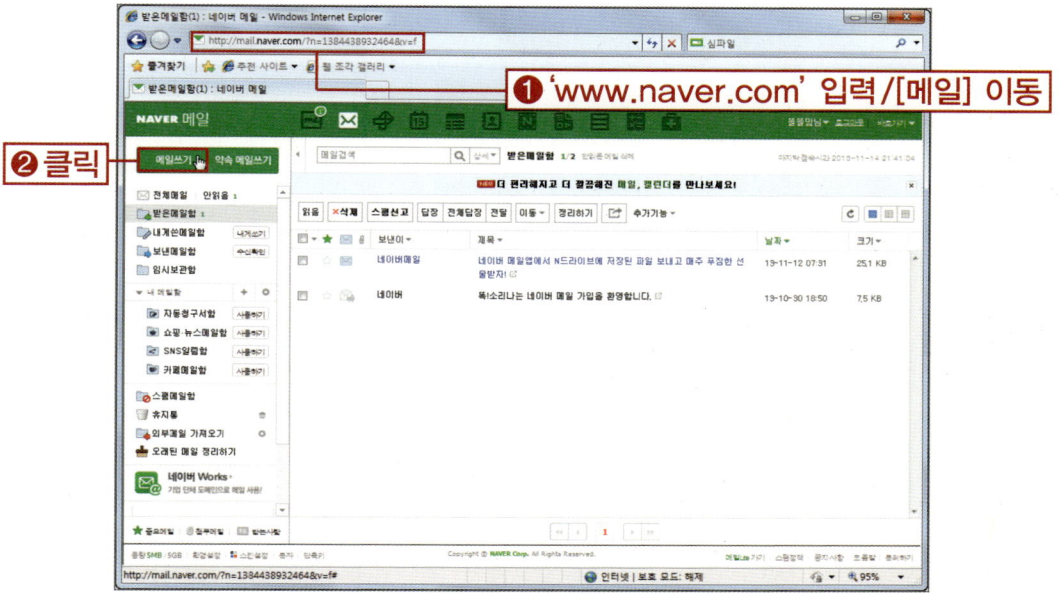

02 받는 사람과 제목, 내용을 각각 입력하고 [파일첨부]에서 [내 PC]를 클릭합니다.

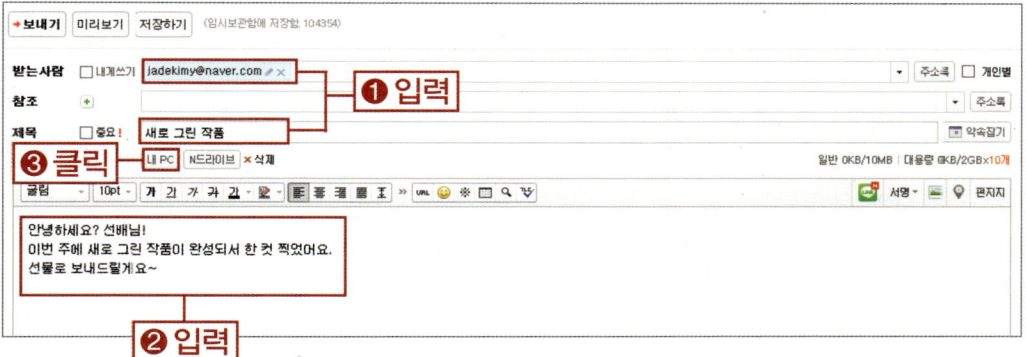

> **TIP** [내 PC]는 사용자 컴퓨터에 있는 파일을 선택하고자 할 때 사용하며, [N드라이브]는 인터넷 상에서 일정 공간을 사용하는 [N드라이브] 기능을 사용하는 경우 인터넷에 올려놓은 파일을 선택할 때 사용합니다.

15장. 파일 첨부해서 메일 주고받기

03 [업로드할 파일 선택] 대화상자가 나타나면 왼쪽 항목에서 [컴퓨터] 아래의 드라이브를 선택합니다. 다시 오른쪽 항목에서 첨부 파일이 있는 폴더를 찾아 더블 클릭합니다. 폴더가 선택되고 폴더 안의 파일들이 보이면 첨부할 파일을 클릭해 선택하고 [열기]를 클릭합니다.

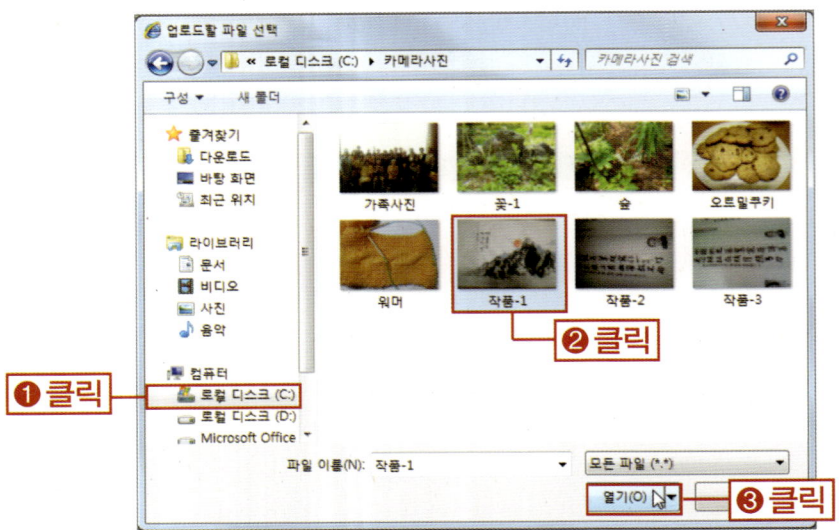

> TIP 파일의 위치는 컴퓨터마다 다를 수 있으므로 첨부할 파일이 실제로 위치하고 있는 드라이브와 폴더를 선택해야 합니다.

04 선택한 파일의 이름이 [파일첨부] 항목에 보이면 [보내기]를 클릭해 작성한 이메일을 발송합니다.

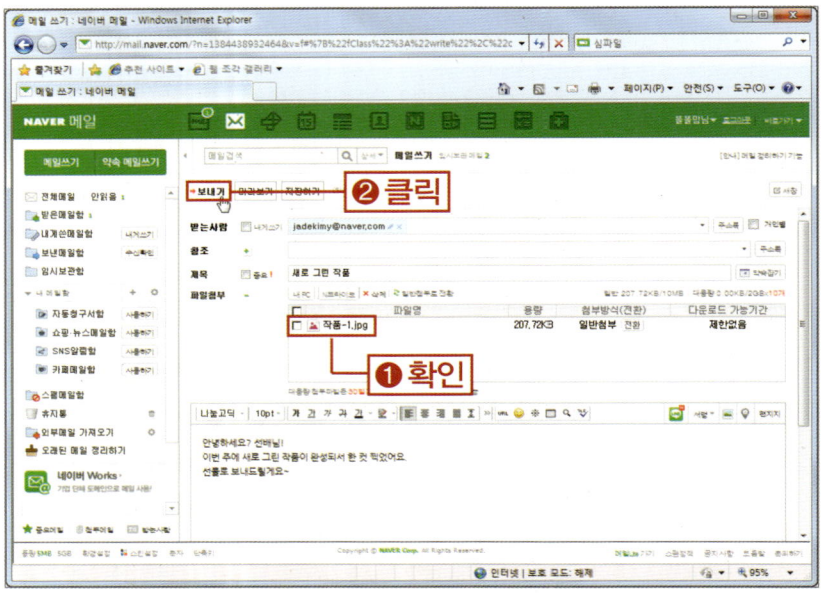

> TIP 다른 사람이 보낸 메일은 [받은메일함]에 보관됩니다.

STEP 2 파일이 첨부된 이메일 받기

05 파일이 첨부된 이메일을 확인하기 위해 [받은메일함]을 클릭해 이동합니다. 첨부 파일이 있는 메일은 이름 앞에 클립 모양(📎)이 표시됩니다. 첨부 파일이 있는 메일의 제목을 클릭합니다.

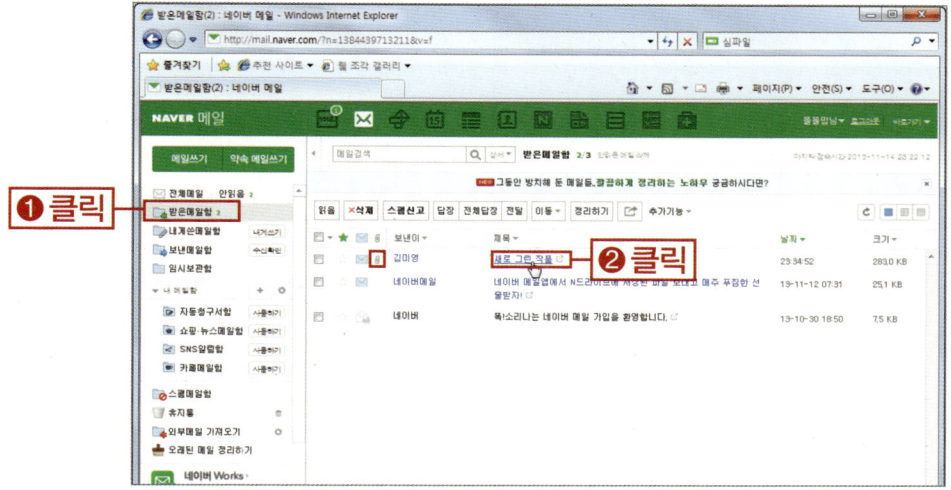

> **TIP** 만약 연습을 위해 자신에게 메일을 보냈다면 [내게쓴메일함]을 클릭해 받은 메일 내용을 확인합니다.

06 메일 내용과 함께 첨부된 파일 이름이 보이고 아래쪽에는 작은 그림으로 파일 내용이 보입니다. 사진을 내 컴퓨터에 저장하기 위해 [PC 저장](⬇)을 클릭하고 [파일 다운로드] 대화상자가 나타나면 [저장]을 클릭합니다. [다른 이름으로 저장] 대화상자가 나타나면 그림을 저장할 폴더를 선택하고 [저장]을 클릭해 저장합니다.

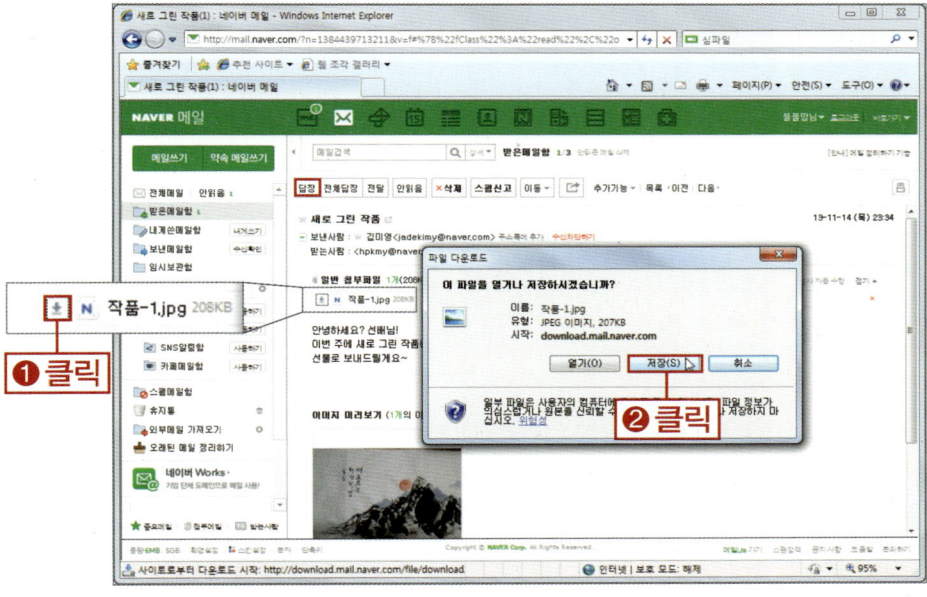

> **TIP** 보낸 사람에게 답장을 보내려면 [답장]을 클릭한 후 답장의 내용을 입력합니다.

15장. 파일 첨부해서 메일 주고받기

16 내 주소록과 메일함 관리하기

이메일 기능을 자주 사용하다 보면 받은 메일, 보낸 메일, 지운 메일 등 메일들이 많아져서 관리가 필요합니다. 또 자주 사용하는 메일 주소는 주소록에 등록해 놓으면 보낼 때마다 입력하거나 잊어버려 찾는 일 없이 편리하게 이용할 수 있습니다. 메일 관리 방법과 주소록 등록 방법을 알아봅니다.

| 이런 걸 배워요! | 주소록 관리, 메일함 관리

미리보기

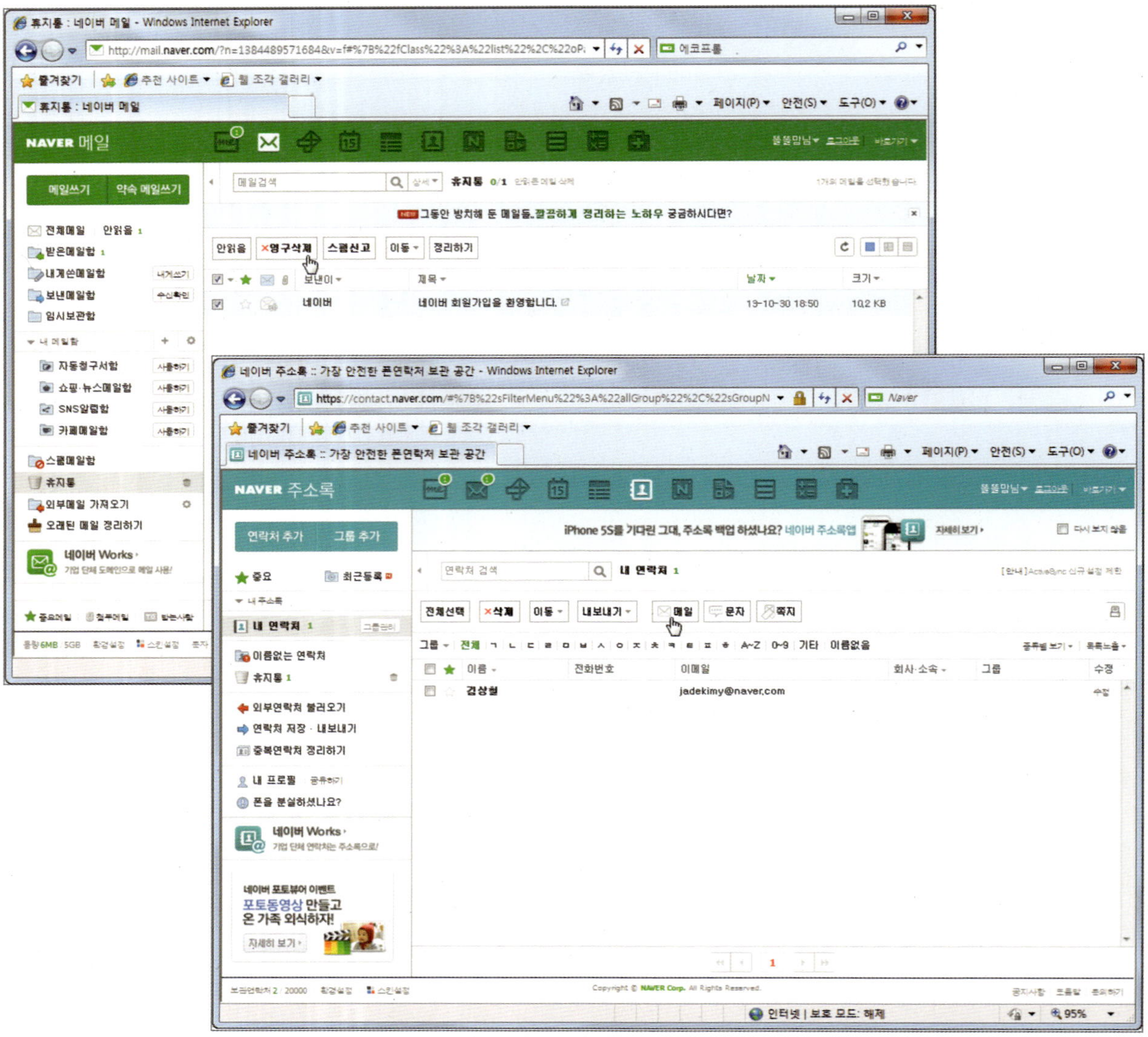

STEP 1 | 메일함 관리하기

01 네이버 사이트에서 로그인한 후 [메일]로 이동합니다. 왼쪽 목록에서 [보낸메일함]을 클릭하고 오른쪽의 [수신확인]을 클릭합니다. 받는 사람이 읽지 않은 메일의 제목을 클릭합니다.

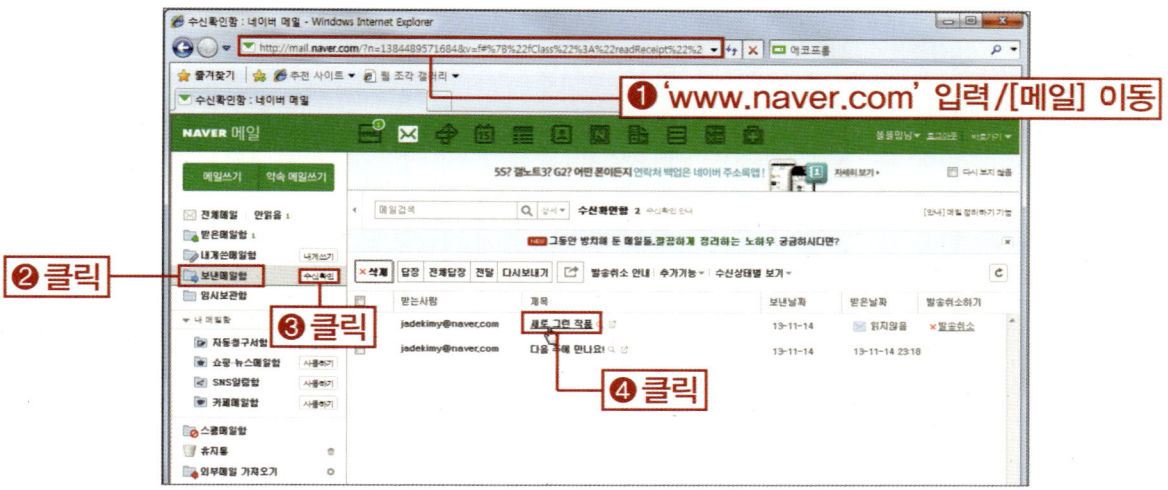

> TIP
> [보낸메일함]은 사용자가 발송한 메일을 저장해두는 곳입니다. 읽지 않은 메일이 없으면 읽은 메일을 클릭해도 됩니다.

02 받는 사람이 아직 메일을 확인하지 않았거나 다시 한 번 보내고 싶은 경우 [다시 보내기]를 클릭하고 메일 쓰기 창이 나타나면 [보내기]를 클릭해 같은 내용을 다시 발송합니다.

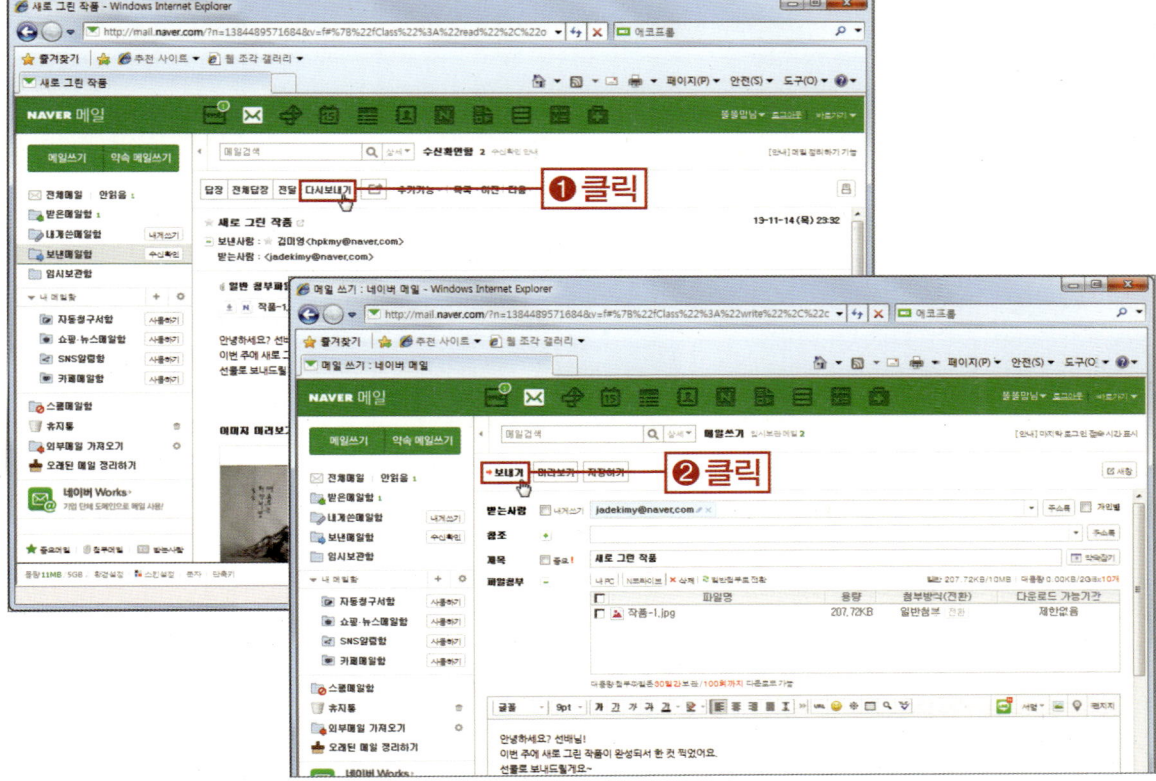

16장. 내 주소록과 메일함 관리하기 77

03 [휴지통]을 클릭합니다. 목록에는 [메일함]에서 [삭제]를 클릭했던 메일들이 나타납니다. 선택 상자를 클릭해 메일을 선택하고 [영구삭제]를 클릭한 후 [메일을 삭제하시겠습니까?]라는 대화창이 나타나면 [확인]을 클릭합니다. 메일이 영구 삭제됩니다.

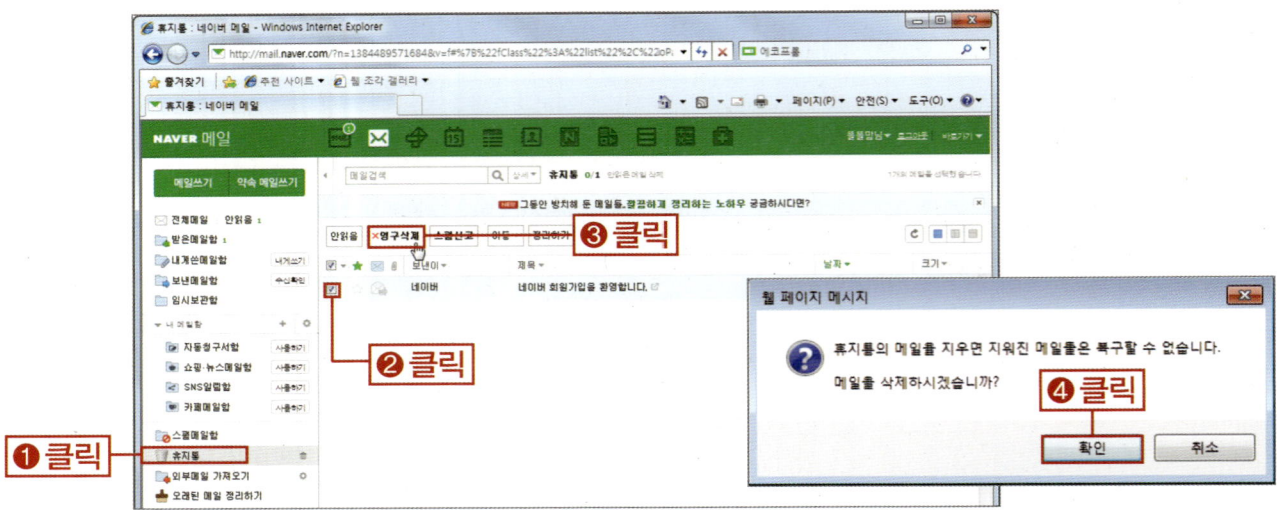

TIP 휴지통 메뉴 옆의 [비우기](🗑)를 클릭하면 휴지통의 모든 메일이 한 번에 영구 삭제됩니다. 또 [받은 메일함]이나 [휴지통]의 메일 중 광고 목적으로 보내는 스팸메일에 대해서는 선택한 후 [스팸신고]를 클릭하면 [스팸메일함]으로 메일이 이동하면서 자동으로 메일 수신이 차단됩니다.

04 [임시보관함]을 클릭합니다. 임시로 보관된 메일 목록이 나타납니다. 보낼 메일의 제목을 클릭해 열고 [보내기]를 클릭하면 메일이 발송됩니다.

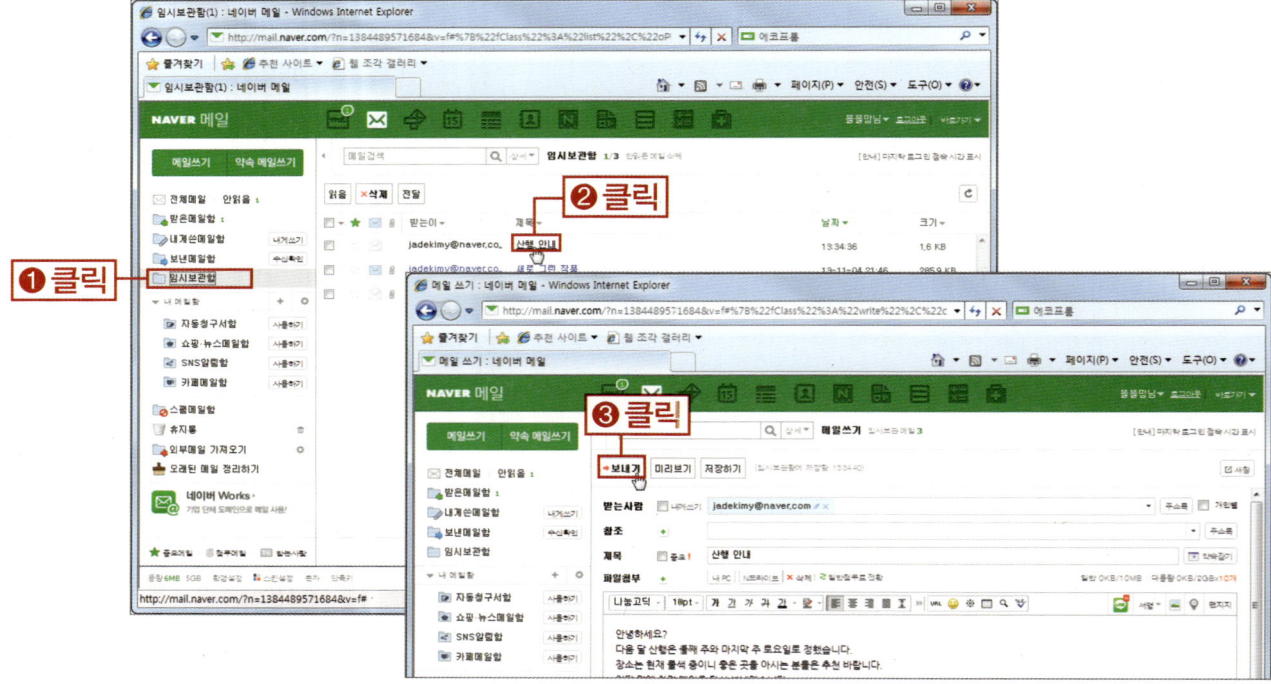

TIP [임시보관함]은 메일을 작성한 후 [보내기]를 클릭하지 않고 [저장하기]를 클릭한 경우, 발송되지 않은 메일이 임시로 모여 있는 보관함입니다. 이외에도 [내 메일함]에서 새 메일함을 추가할 수도 있습니다.

STEP 2 | 주소록 관리하기

05 상단의 [주소록](📧)을 클릭한 후 연락처 창이 열리면 [연락처 추가]를 클릭합니다. 연락처 추가 대화상자가 나타나면 이름과 이메일 주소를 입력하고 [저장]을 클릭합니다.

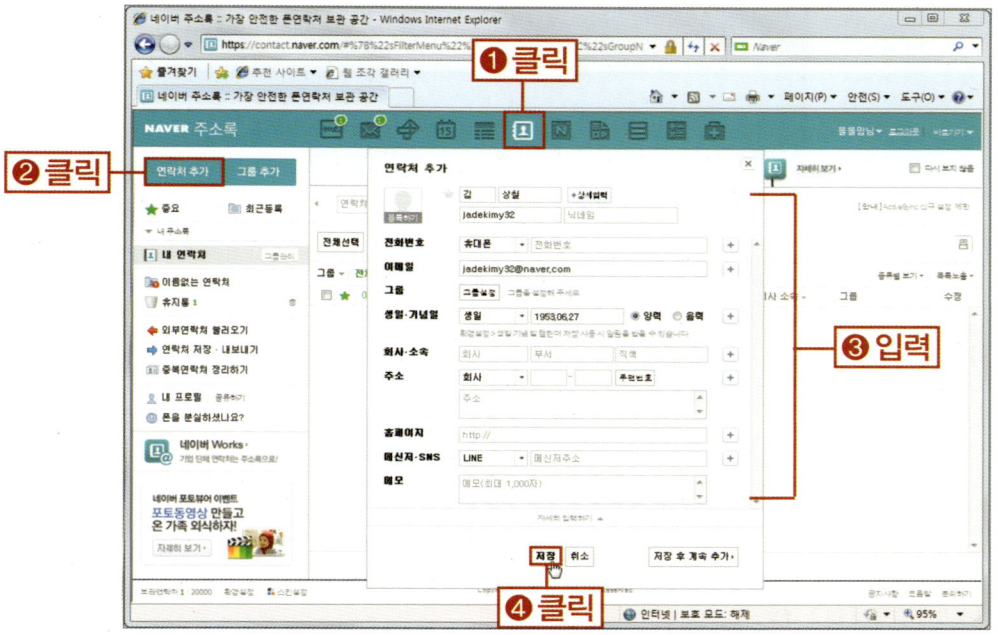

> TIP 항목에 있는 모든 내용을 입력하지 않아도 등록할 수 있습니다.

06 목록에 새 이메일 주소가 등록됩니다. 체크 상자를 클릭해 선택한 후 [메일]을 클릭하면 [메일 쓰기] 창이 열려 이메일을 보낼 수 있습니다.

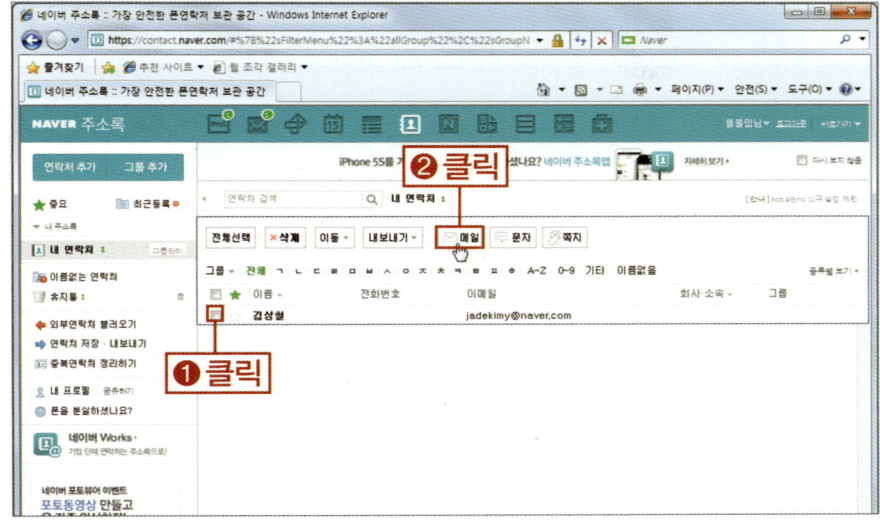

> TIP 체크 상자를 클릭하지 않고 이메일 주소를 바로 클릭해도 [메일쓰기] 창을 열 수 있습니다. 주소록을 수정할 경우에는 목록에서 이름을 클릭합니다.

16장. 내 주소록과 메일함 관리하기 **79**

17 즐겨찾기 추가하고 관리하기

자주 사용하는 웹 사이트를 [즐겨찾기]에 등록해두면 일일이 웹 주소를 입력하지 않아도 클릭만으로 손쉽게 연결할 수 있습니다. 필요한 웹 사이트를 손쉽게 찾기 위해서는 분류별로 폴더를 만들어 등록하는 것이 좋습니다. 또 즐겨찾기 관리 기능을 이용해 이동, 삭제 등이 가능합니다. 즐겨찾기 기능에 대해 알아봅니다.

| 이런 걸 배워요! | 즐겨찾기에 추가하기, 즐겨찾기 관리

미리보기

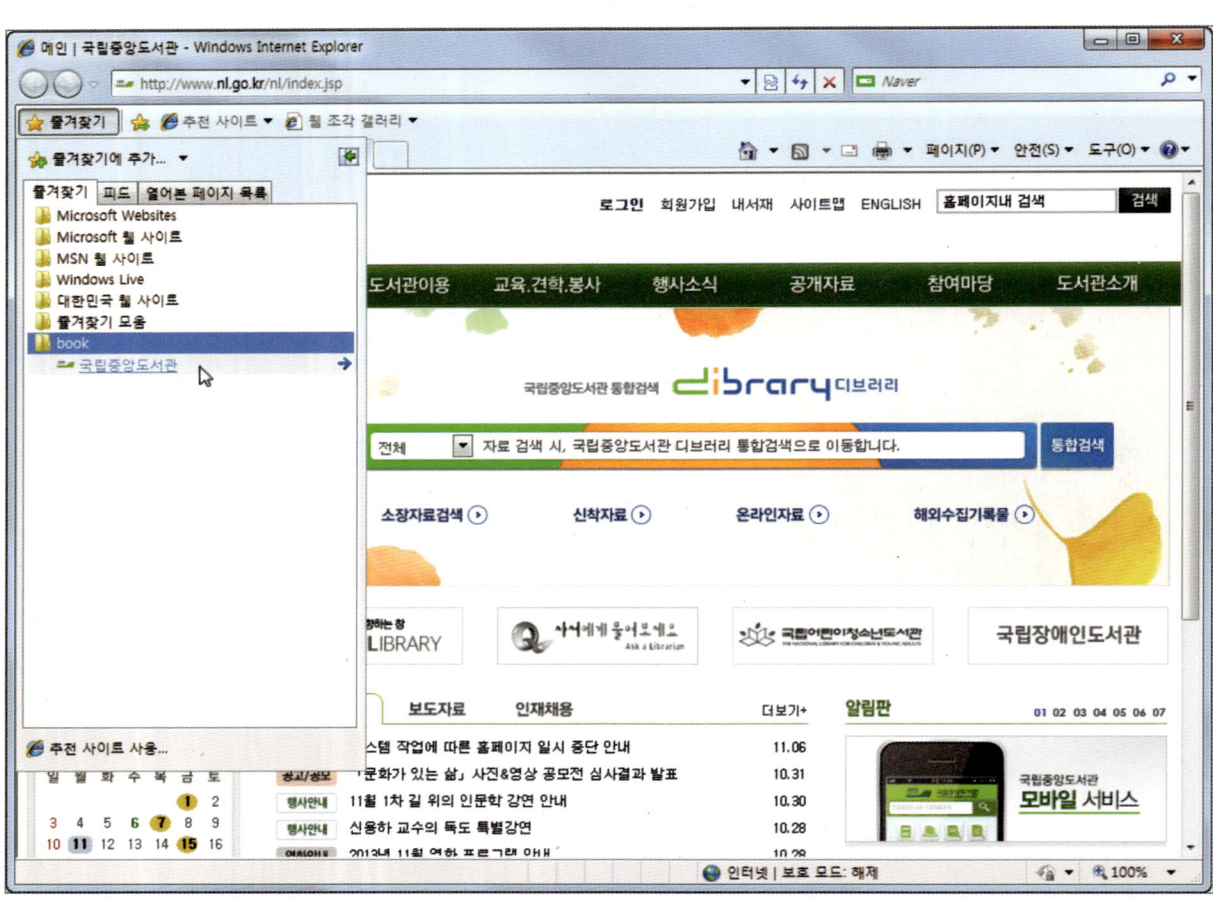

STEP 1 즐겨찾기 추가하기

01 인터넷에 연결한 후 주소 표시줄에 '국립중앙도서관' 사이트인 'www.nl.go.kr'을 입력해 이동합니다. (⭐즐겨찾기)를 클릭한 후 [즐겨찾기에 추가]를 클릭합니다.

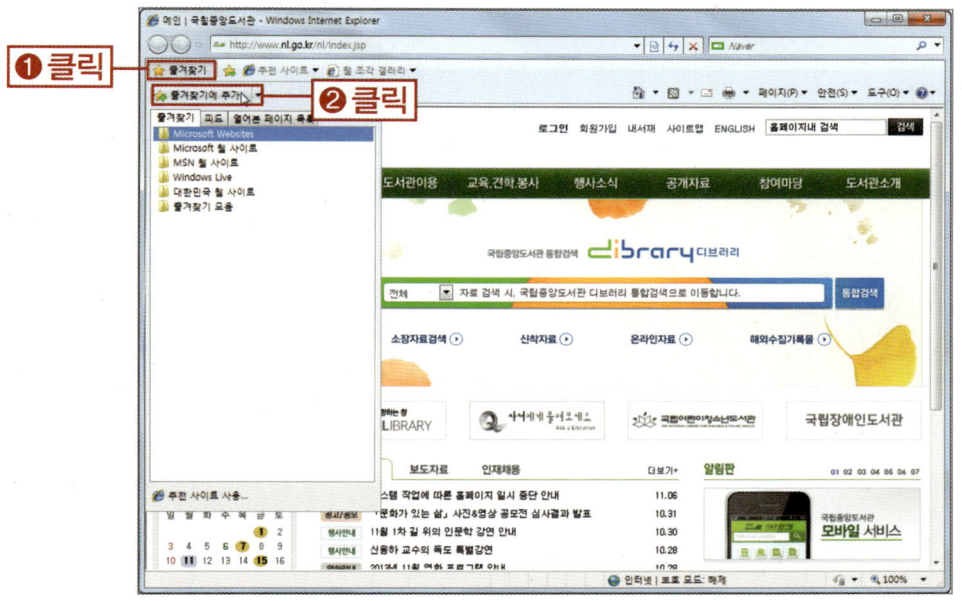

> **TIP** 여기서는 인터넷 익스플로러 8 버전 기준으로 진행되었습니다. 인터넷 익스플로러 버전에 따라 버튼 위치나 버튼명이 다를 수 있으니 참고하시기 바랍니다.

02 [즐겨찾기 추가] 대화상자가 나타나면 [새 폴더]를 클릭합니다. [폴더 만들기] 대화상자에서 'book'을 입력한 후 [만들기]를 클릭합니다.

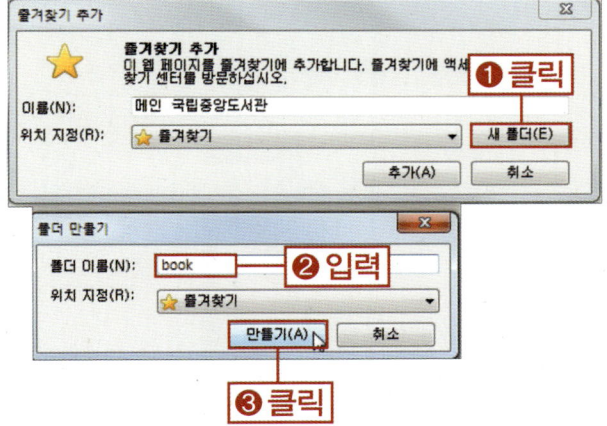

> **TIP** 이미 있는 폴더 안에 즐겨찾기 등록을 하려면 [위치 지정]의 목록 단추(▼)를 클릭해 해당 폴더를 선택합니다.

03 [즐겨찾기 추가] 대화상자의 [위치 지정]에 [book]이 나타나면 [이름]에 '국립중앙도서관'을 입력하고 [추가]를 클릭합니다. (⭐즐겨찾기)를 클릭하면 새 폴더인 [book]이 보이고 [book]을 클릭하면 폴더 안에 등록된 사이트의 목록이 나타납니다. 이제 [국립중앙도서관]을 클릭하면 국립중앙도서관의 홈페이지로 바로 연결됩니다.

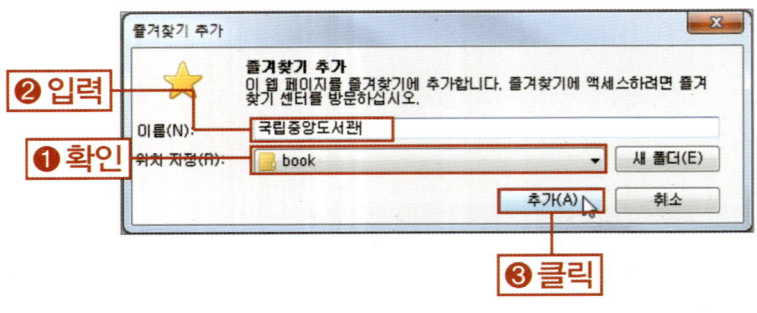
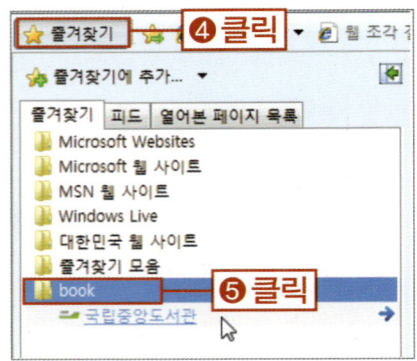

STEP 2 | 즐겨찾기 관리하기

04 주소 표시줄에 'KBS' 사이트인 'www.kbs.co.kr'을 입력해 이동합니다. (⭐즐겨찾기)를 클릭하고 [즐겨찾기에 추가]를 클릭한 후 [새 폴더]를 클릭합니다. [폴더 만들기] 대화상자에서 '미디어'를 입력하고 [만들기]를 클릭합니다. [이름]을 'KBS'로 수정한 후 [추가]를 클릭합니다.

> **TIP** 즐겨찾기 관리 연습을 위해 [미디어] 폴더를 하나 더 만들고 그 안에 'KBS' 사이트를 등록하였습니다.

05 (★ 즐겨찾기)를 클릭하고 [즐겨찾기에 추가]의 목록 단추(▼)를 클릭한 후 [즐겨찾기 관리]를 선택합니다. 이후 [즐겨찾기 관리] 대화상자가 나오면 [book]을 클릭하고 [이름 바꾸기]를 클릭합니다. 커서가 생기면 폴더 이름을 대문자인 'BOOK'으로 변경하고 Enter 를 누릅니다.

06 [미디어] 폴더를 클릭한 후 [삭제]를 클릭합니다. [폴더 삭제] 대화상자가 나타나면 [예]를 클릭합니다.

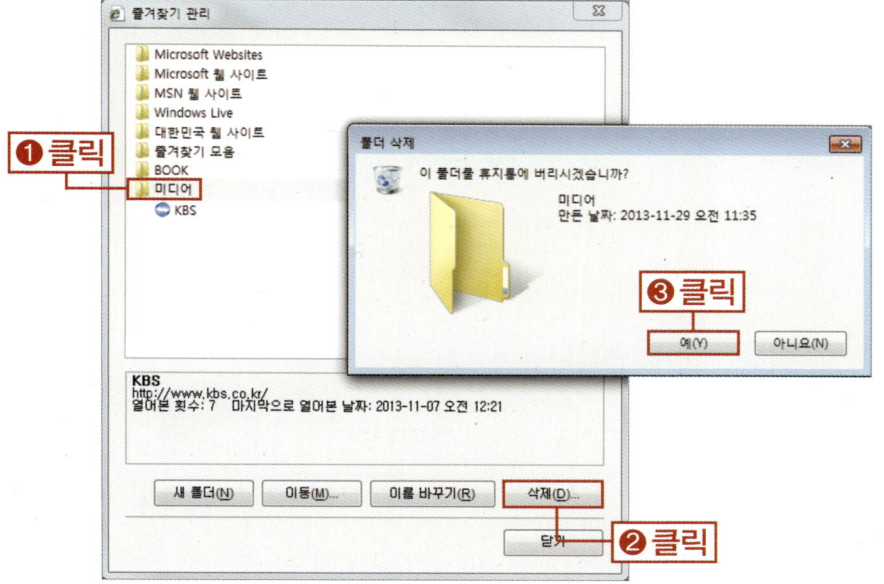

> **TIP** [새 폴더]를 클릭하면 선택한 위치 아래에 새로운 폴더를 생성할 수 있으며 특정 폴더나 사이트를 선택한 후 [이동]을 클릭하고 이동할 위치를 지정하면 해당 폴더나 사이트의 위치를 변경할 수 있습니다.

17장. 즐겨찾기 추가하고 관리하기 83

18 인터넷의 글과 그림 내 컴퓨터에 저장하기

인터넷에서 검색한 자료들 중에는 내 컴퓨터에 저장해 사용하고 싶은 내용도 있습니다. 일반적으로 텍스트 데이터와 그림으로 구분할 수 있는데 필요한 부분만 복사해서 붙이거나 내 컴퓨터에 글 또는 그림 파일로 저장한 후 사용할 수 있습니다. 원하는 정보를 내 컴퓨터로 가져오는 방법에 대해 알아봅니다.

| 이런 걸 배워요! | 인터넷의 글 복사해 붙이기, 인터넷의 그림 저장하기

미리보기

84 눈이 편한 컴퓨터

STEP 1 | 텍스트 복사하기

01 인터넷에 연결한 후 주소 표시줄에 'http://jiri.knps.or.kr'을 입력하여 '지리산 국립공원' 사이트로 이동합니다. [코스별 난이도]를 클릭한 후 아래쪽으로 이동합니다.

> **TIP** 웹 사이트에 연결했을 때 노란 알림줄이 나타나는 경우가 있습니다. 이는 해당 웹 사이트에서 제공하는 멀티미디어 등 서비스의 실행을 위해 추가 기능을 설치하라는 알림인데 신뢰할 수 있는 사이트에서는 클릭해 설치하면 됩니다.

02 관심 있는 코스를 선택한 후 코스에 대한 설명 부분을 드래그해 범위로 지정합니다. 범위 안에서 마우스 오른쪽 단추를 클릭하고 바로 가기 메뉴가 나타나면 [복사]를 선택합니다.

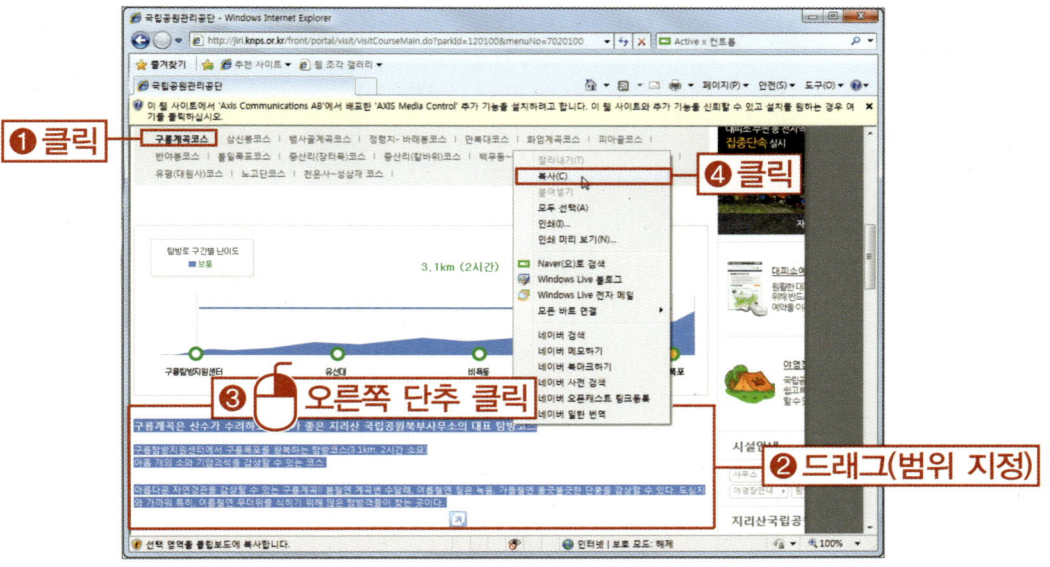

> **TIP** 지정된 범위 부분 중 파란색 부분에 마우스 포인터를 놓고 마우스 오른쪽 단추를 클릭해야 바로 가기 메뉴가 나타납니다.

03 [시작]( ) 단추를 클릭하고 [모든 프로그램]-[보조프로그램]-[워드패드] 순으로 선택해 워드패드를 실행합니다. 도구 상자에서 [붙여넣기]를 클릭해 복사했던 내용을 워드패드에 붙입니다.

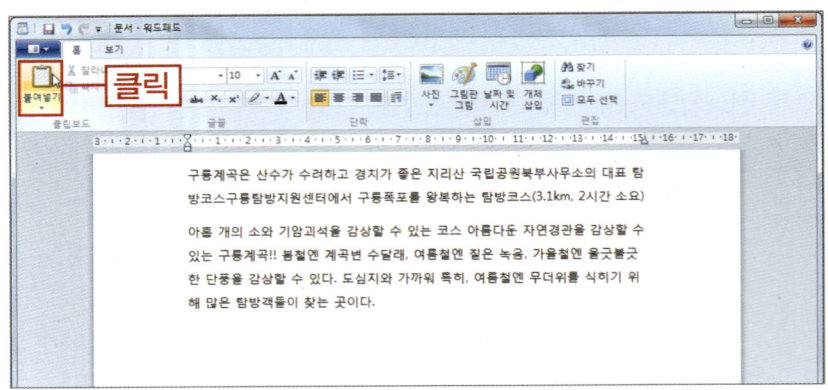

TIP 워드패드 외에도 메모장이나 한글, MS워드 등 자주 사용하는 다른 문서 편집용 프로그램을 실행해도 됩니다. 편집 공간에서 마우스 오른쪽 단추를 클릭하고 바로 가기 메뉴에서 [붙여넣기]를 선택해도 복사한 내용을 붙일 수 있습니다.

STEP 2 | 그림 저장하기

04 웹 사이트의 아래쪽으로 이동해 저장하고 싶은 그림을 고르고 그림 위에 마우스 오른쪽 단추로 클릭한 후 바로 가기 메뉴에서 [복사]를 선택합니다.

TIP 인터넷의 글이나 그림은 작성해서 올린 사람에게 권리가 있으므로 상업적인 용도로 사용하거나 자신의 글이나 그림인 것처럼 사용해서는 안됩니다. 또한 복사를 방지하기 위해 마우스의 오른쪽 단추 클릭이 안 되도록 설정된 웹 페이지도 있습니다.

05 워드패드로 이동한 후 도구 상자에서 [붙여넣기]를 클릭해 사진을 삽입합니다.

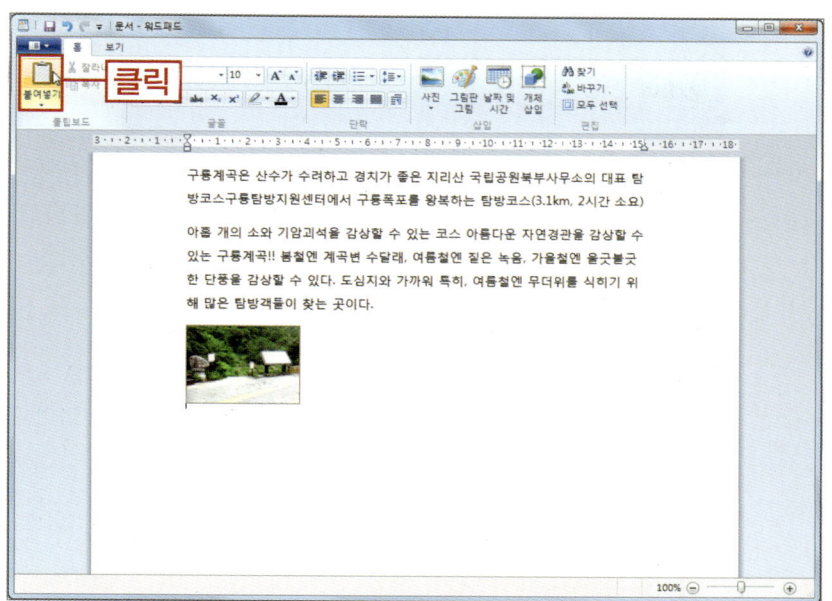

> TIP 사진을 선택하면 조절점이 생기므로 크기를 조절할 수 있습니다.

06 다시 저장하고 싶은 그림을 골라 마우스 오른쪽 단추로 클릭한 후 바로 가기 메뉴에서 [다른 이름으로 사진 저장]을 선택합니다. [사진 저장] 대화상자가 나타나면 저장할 경로를 선택한 후 파일 이름을 입력하고 [저장]을 클릭합니다.

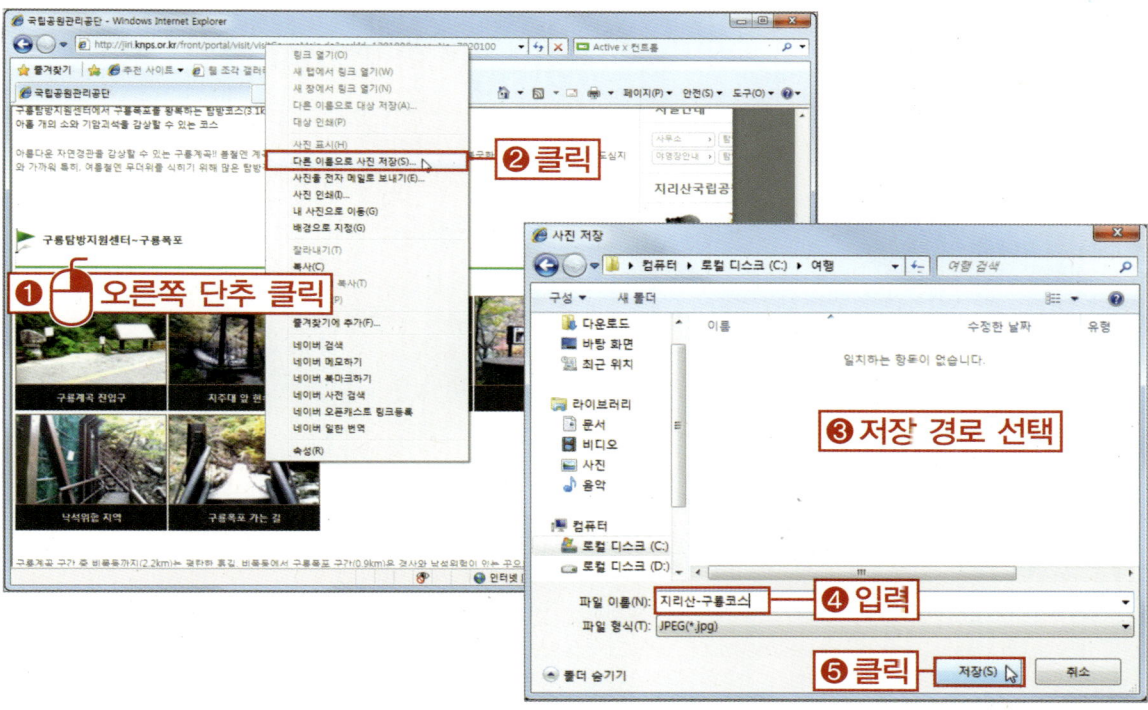

> TIP 저장된 그림 파일은 워드패드나 한글, MS워드 등의 문서 작성 시에 삽입해 사용할 수 있으며, 윈도우 탐색기에서 확대해 보거나 인쇄할 수도 있습니다.

19 웹 문서 프린터로 인쇄하기

인터넷에서 검색한 정보를 별도로 저장하거나 복사하지 않고 그대로 인쇄해 내용을 참고하는 경우가 있습니다. 인터넷 익스플로러의 인쇄와 인쇄 미리 보기 기능을 이용하면 문서가 인쇄될 모양을 미리 확인하고 연결된 프린터로 인쇄해 사용할 수 있습니다. 웹 문서를 인쇄하는 방법에 대해 알아봅니다.

| 이런 걸 배워요! | 웹 페이지 인쇄 미리 보기, 웹 페이지 인쇄

미리보기

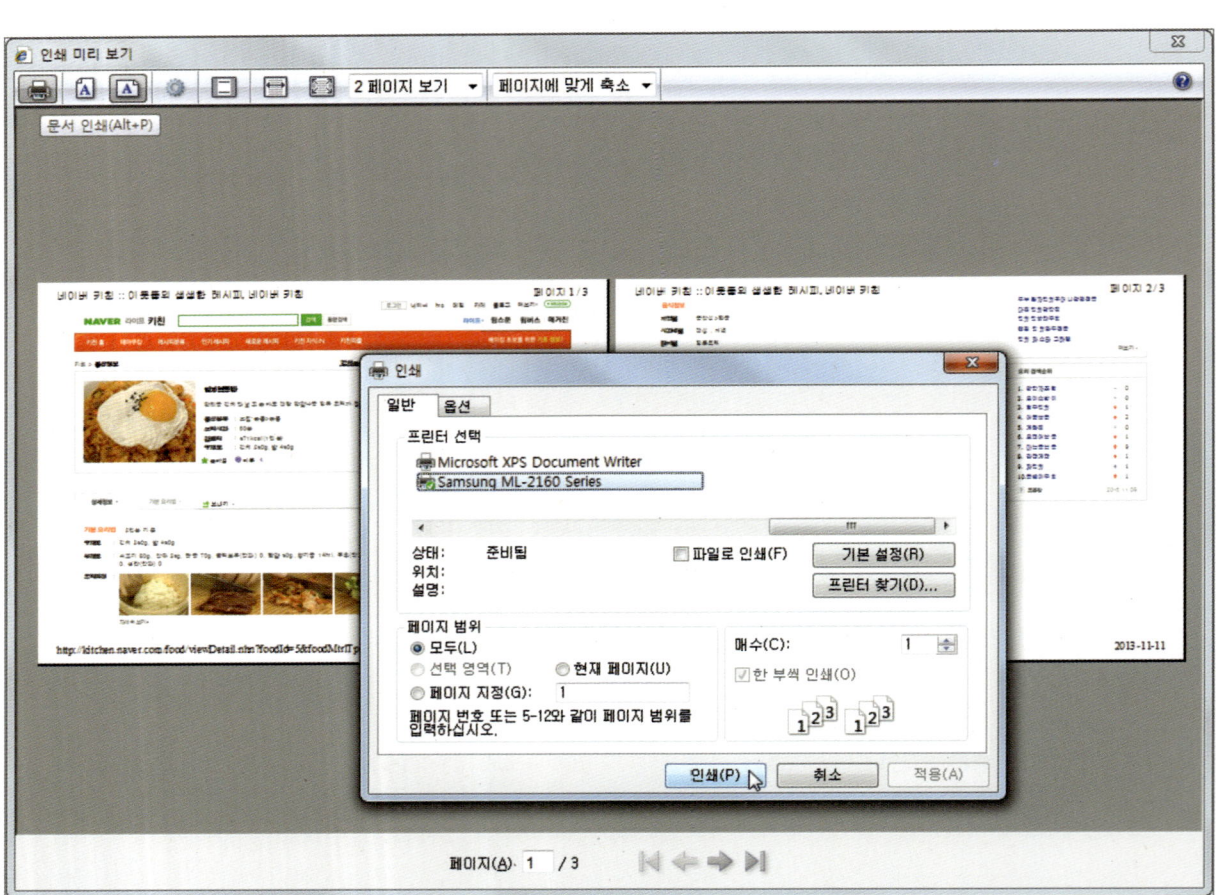

STEP 1   인쇄 미리 보기

01 포털 사이트의 검색 상자에서 '김치볶음밥'을 입력하고 Enter 를 눌러 요리 정보를 검색합니다. 다양한 요리 정보 목록에서 마음에 드는 정보를 클릭하면 자세한 설명 페이지로 이동합니다.

02 요리에 관한 자세한 설명이 나오면 도구 상자에서 [인쇄](🖨▼)의 목록 단추(▼)를 클릭하고 [인쇄 미리 보기]를 선택합니다.

03 인쇄될 모양이 나타나면 도구 상자에서 [전체 너비 보기](□)를 클릭합니다.

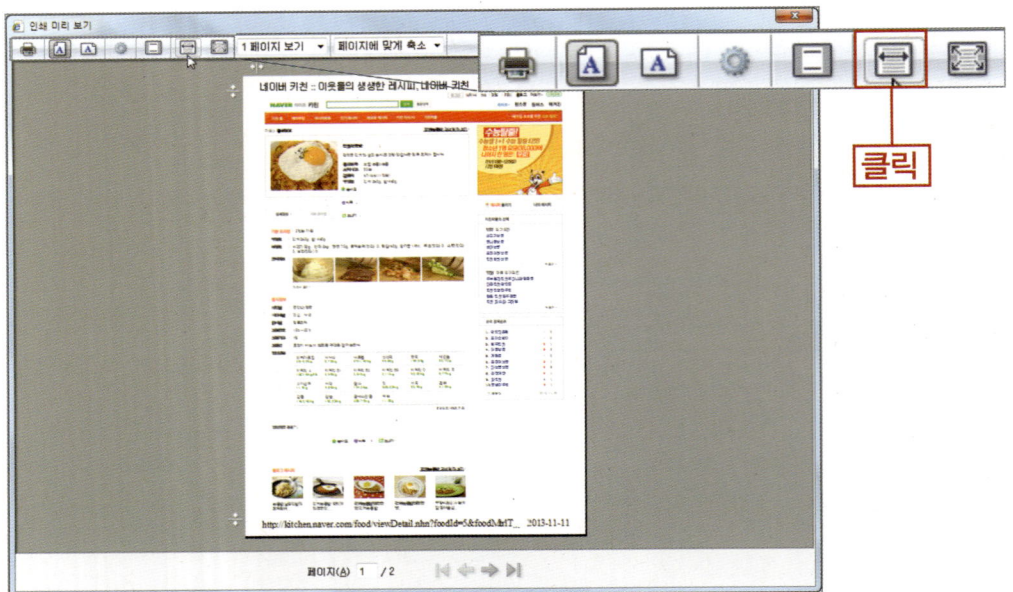

> **TIP** 현재는 [전체 페이지 보기] 상태로 설정되어 있습니다.

04 다시 도구 상자에서 [1 페이지 보기]의 목록 단추(▼)를 클릭하고 [2 페이지 보기]를 선택합니다.

> **TIP** 도구 상자에서 [전체 페이지 보기](□)를 클릭하면 전체 페이지 보기 상태로 되돌아갑니다.

05 두 쪽이 한 화면에 나타납니다. 다시 가로 방향으로 인쇄하기 위해 도구 상자에서 [가로](📄)를 클릭합니다.

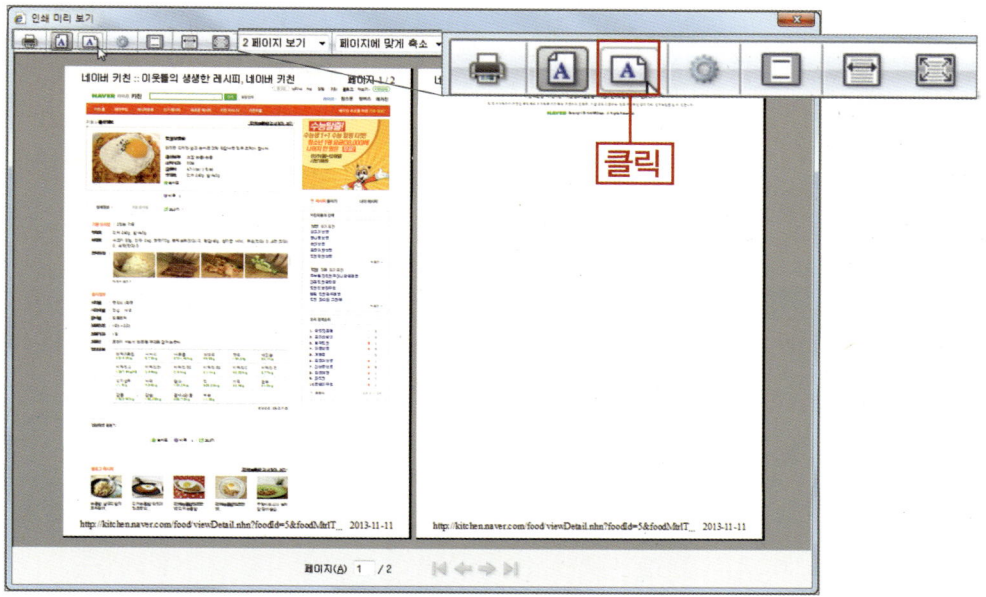

> **TIP** 현재 인쇄 크기가 [페이지에 맞게 축소]로 선택된 상태이므로 용지 방향을 가로로 변경하면 내용이 확대되어 보입니다.

06 용지가 가로 방향으로 변경됩니다. 내용을 인쇄하기 위해 [문서 인쇄](🖨)를 클릭하고 [인쇄] 대화상자가 나타나면 [인쇄]를 클릭합니다.

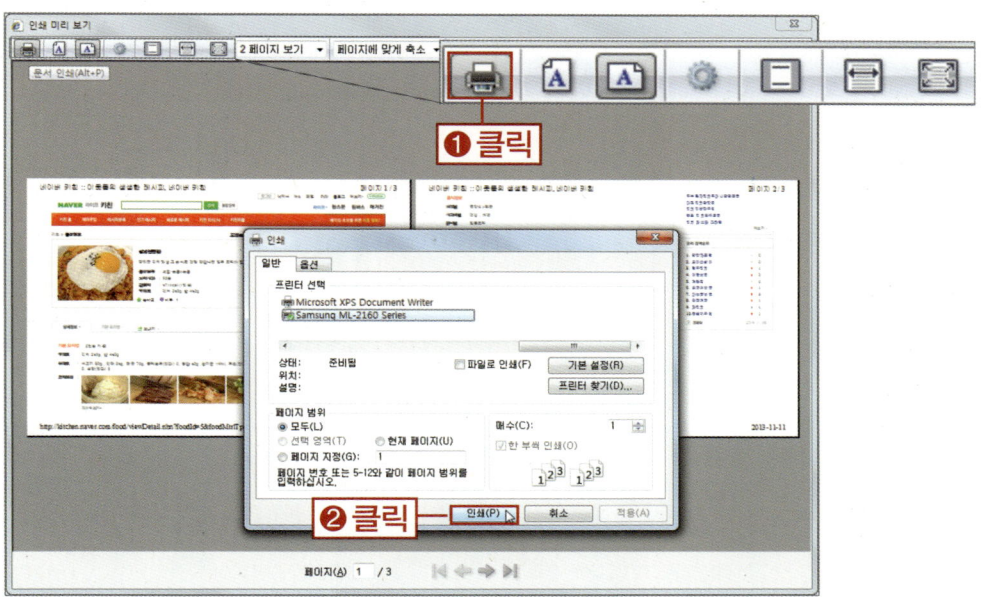

> **TIP** [인쇄] 대화상자에서 연결된 프린터의 상태가 [준비됨]으로 나타나는 지 확인합니다. 또 페이지 범위와 인쇄 매수 등을 지정한 후 인쇄할 수도 있습니다.

20 인터넷에서 음악 감상하기

인터넷에는 음악을 감상할 수 있는 사이트가 많이 있습니다. 해당 사이트에서 원하는 음악을 검색해 감상할 수 있고, 음악을 구매한 후 내 컴퓨터나 MP3 플레이어 등으로 옮겨 감상할 수도 있습니다. 또 휴대폰 배경 음악이나 연결음 등을 다운로드받을 수 있는 서비스를 제공하는 사이트도 있습니다. 음악 관련 사이트를 이용해 봅니다.

| 이런 걸 배워요! | 음악 감상 사이트 검색, 음악 감상하기

미리보기

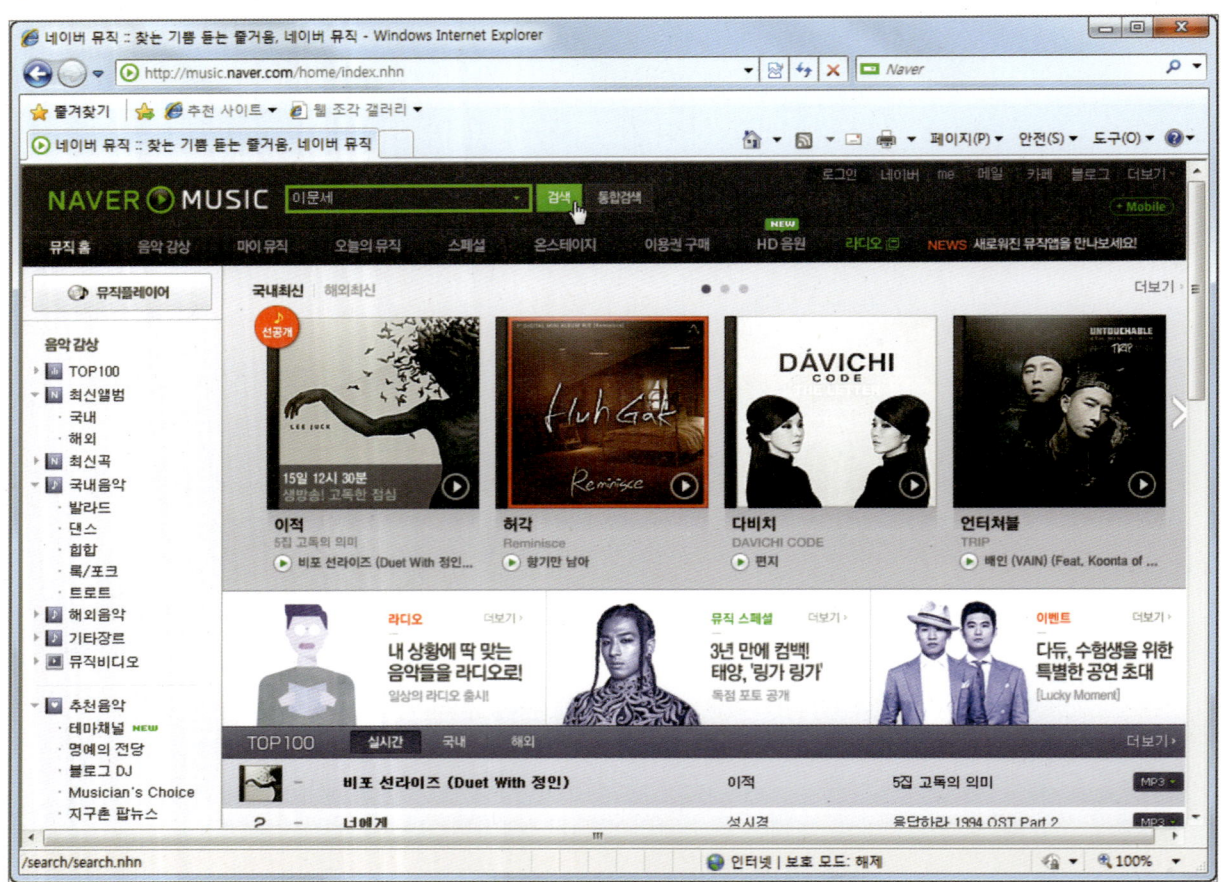

STEP 1 | 음악 감상 사이트 찾기

01 포털 사이트의 검색 상자에서 '음악감상'을 입력하고 [검색]을 클릭합니다.

> TIP 네이버 이외의 다른 포털 사이트에서 검색해도 됩니다.

02 검색 결과 창에서 이동 막대를 아래로 드래그한 후 목록 중 [네이버 뮤직]을 클릭합니다.

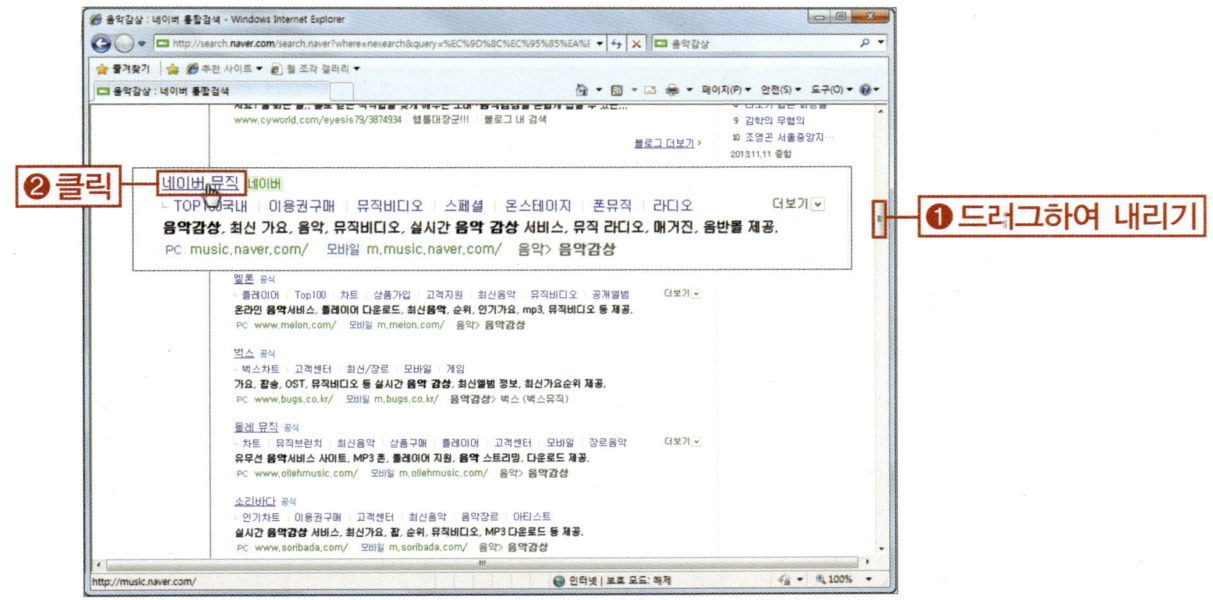

> TIP 목록에서 다른 사이트를 선택해도 됩니다.

20장. 인터넷에서 음악 감상하기

STEP 2 : 음악 감상하기

03 '네이버 뮤직' 페이지가 나타나면 검색 상자에 듣고 싶은 가수의 이름이나 곡을 입력한 후 [검색]을 클릭합니다.

> **TIP** 왼쪽 메뉴에서 음악 장르를 선택해 목록을 보면서 곡을 선택할 수도 있습니다.

04 곡 목록이 나타나면 듣고 싶은 음악을 골라 [듣기](▶) 아이콘을 클릭합니다.

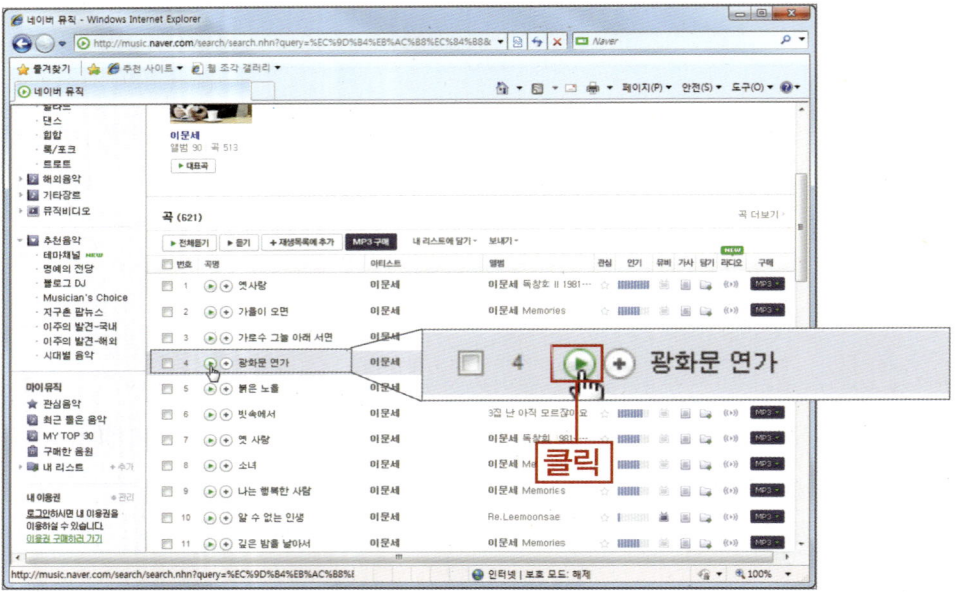

> **TIP** 팝업이 차단되었다는 알림 줄이 화면 위쪽에 나타나면 클릭한 후 바로 가기 메뉴에서 [현재 사이트의 팝업을 항상 허용]을 클릭합니다. 팝업은 현재 창 말고 추가적인 내용을 표시하기 위해 열리는 새 창을 의미합니다.

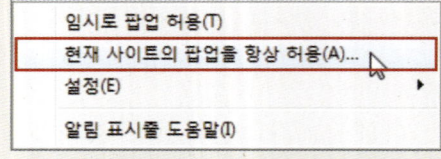

05 새 창이 열리고 음악이 1분 정도 재생됩니다.

> **TIP** 음악의 전곡을 감상하려면 하단의 [이용권 구매] 메뉴를 클릭해 자신에게 맞는 이용권을 구매한 후 재생해야 합니다.

06 [가사](📄) 아이콘을 클릭하면 가사 창이 나타나고 선택한 곡의 가사가 보입니다.

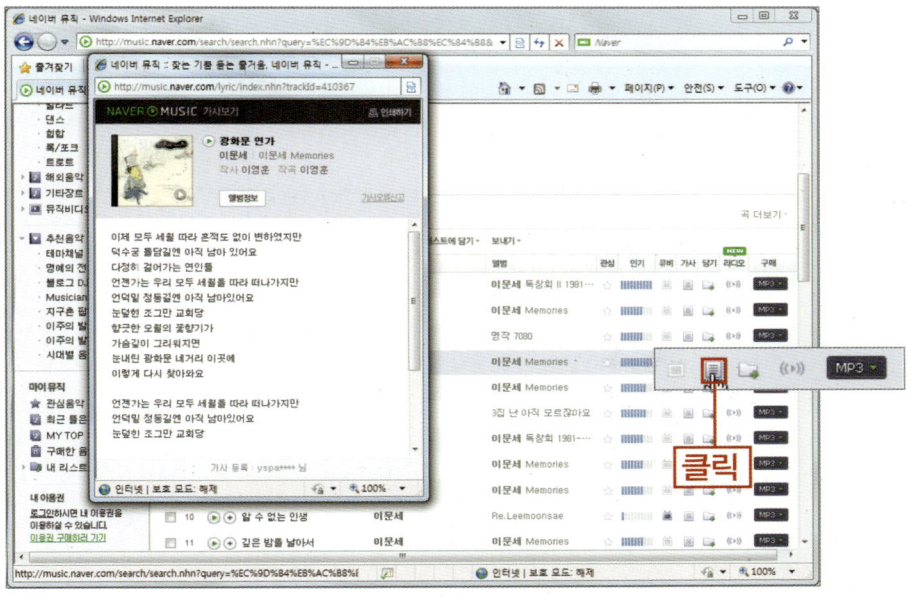

> **TIP** 음악이 재생되는 도중에도 [가사보기]를 클릭해 가사를 보면서 들을 수 있습니다.

20장. 인터넷에서 음악 감상하기

21 인터넷에서 TV 프로그램 즐기기

TV 프로그램을 컴퓨터로도 즐길 수 있습니다. 인터넷으로 방송국 사이트에 연결하면 실시간으로 방송 중인 프로그램을 볼 수 있으며, 지나간 프로그램을 다시 볼 수도 있습니다. 또 즐겨 보는 드라마의 다음 회 예고편을 보거나 시청자 게시판에 글을 올릴 수도 있습니다. 방송국 사이트를 활용해 봅니다.

| 이런 걸 배워요! | TV 프로그램 실시간 보기, 지난 프로그램 보기

미리보기

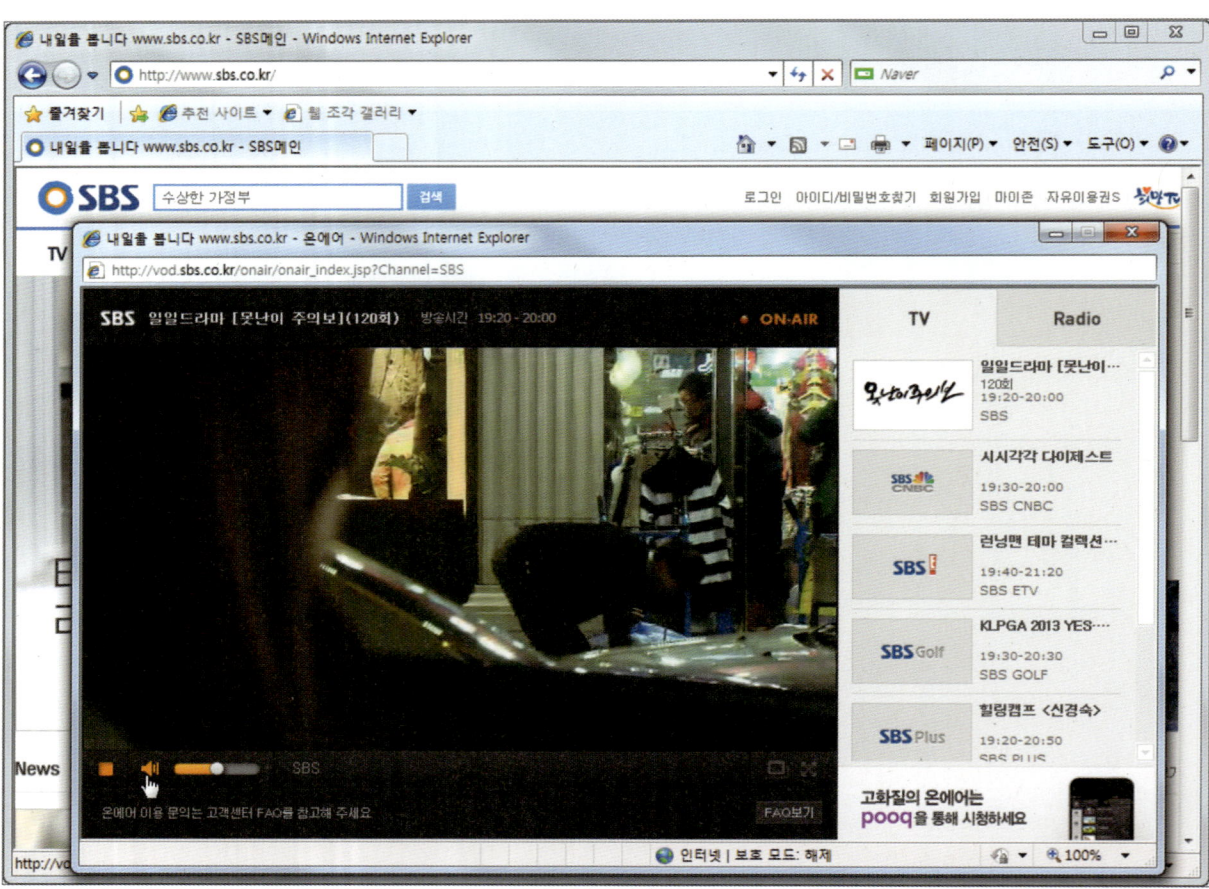

STEP 1 | 실시간으로 TV 프로그램 보기

01 주소 표시줄에 'SBS' 방송국 사이트의 주소인 'www.sbs.co.kr'를 입력해 연결한 후 [온에어]를 클릭합니다.

02 새 창이 열리면서 현재 SBS에서 방송 중인 프로그램이 실시간으로 방송됩니다. 볼륨 막대를 좌우로 드래그해 볼륨을 조절한 후 방송을 시청합니다.

> **TIP** 화면 오른쪽 아래의 전체 화면 아이콘(■)을 클릭하면 전체 화면 크기로 방송을 볼 수 있습니다. Esc 를 누르면 원래 크기로 축소됩니다.

21장. 인터넷에서 TV 프로그램 즐기기 97

STEP 2 | 지난 방송 찾아보기

03 [닫기](❌)를 클릭해 온에어 창을 닫고 [다시보기] 메뉴를 클릭합니다.

> TIP 다시 보기 서비스는 회원에게만 제공되므로 회원인 경우에는 상단의 [로그인]을 클릭하고 회원이 아닌 경우에는 [회원가입]을 클릭해 회원으로 가입합니다.

04 [무료VOD] 항목에서 보고 싶은 프로그램을 선택합니다.

> TIP 현재 방영 중인 프로그램이나 종영된 지 얼마 되지 않은 프로그램은 대부분 유료서비스이므로 결재 후 이용할 수 있습니다.

05 프로그램의 회차별 목록이 나타나면 보고 싶은 회차의 [일반]을 클릭합니다.

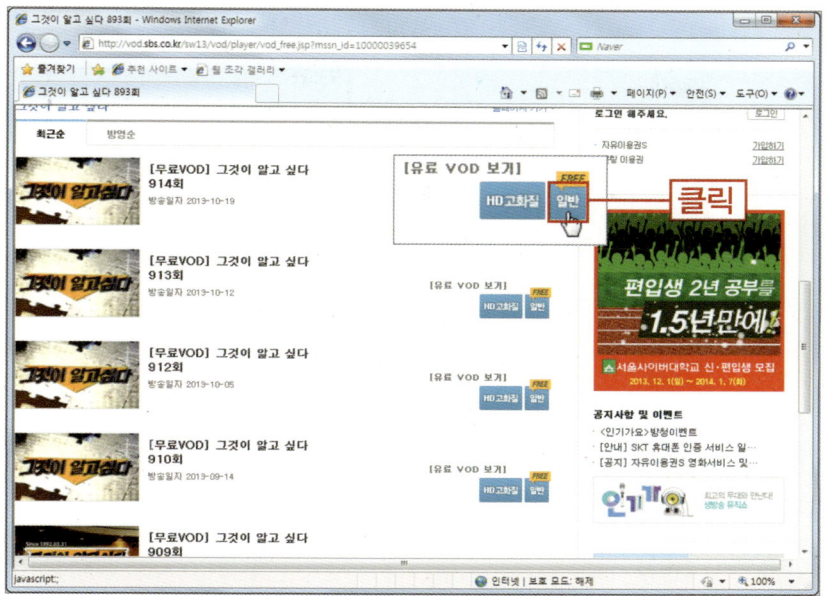

06 프로그램이 실행됩니다. 화면 크기와 볼륨을 조절해 시청합니다.

22 문화/여행 정보로 여가생활하기

인터넷을 활용하면 보다 편리하게 여가 생활을 즐길 수 있습니다. 보고 싶은 영화나 공연을 검색해 예매할 수 있고 읽고 싶은 책을 사서 배달 받을 수 있으며, 가고 싶은 여행지와 관련된 다양한 정보를 찾아 보다 풍성한 여행이 될 수 있습니다. 여가 생활을 위한 사이트들을 방문하고 이용 방법을 알아봅니다.

| 이런 걸 배워요! | 인터넷 서점 이용, 상영 영화 정보 검색, 여행 정보 검색

미리보기

STEP 1 | 인터넷 서점 이용하기

01 주소 표시줄에 'YES24' 사이트의 주소인 'www.yes24.com'를 입력해 연결한 후 검색 상자에 읽고 싶은 책의 이름을 입력합니다. 여기서는 '눈이편한'을 입력한 후 [검색]을 클릭합니다.

> **TIP** 책 이름의 일부분을 입력하면 관련된 책 목록이 나타나므로 목록에서 원하는 책을 직접 클릭해도 됩니다. 책 이름을 알지 못할 경우에는 지은이나 출판사를 입력해도 되고 메뉴에서 선택해 관련 도서를 구경할 수도 있습니다.

02 입력한 내용이 포함된 책의 목록이 나타나면 자세히 볼 책을 골라 제목을 클릭합니다.

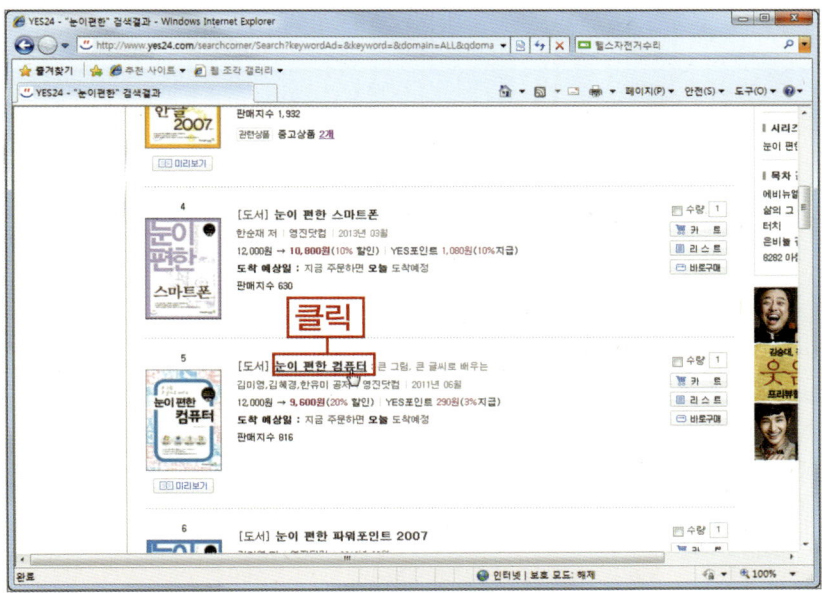

03 책에 대한 정보가 나타납니다. 내용과 가격, 쿠폰, 배송 등 관련 정보를 꼼꼼히 확인한 후 [바로 구매하기] 또는 [카트에 넣기]를 클릭해 구매합니다.

TIP [미리보기]를 클릭하면 책 안의 내용 일부를 미리 확인할 수 있으며, [크게보기]를 클릭하면 책 표지를 큰 그림으로 볼 수 있습니다. 회원으로 가입하지 않아도 구매가 가능하며 회원 가입 시에는 포인트를 적립하는 등의 추가 서비스가 제공됩니다.

STEP 2 상영 영화 확인하고 예매하기

04 주소 표시줄에 'CGV' 사이트의 주소인 'www.cgv.co.kr'를 입력해 연결합니다. 아이디와 비밀번호를 입력하여 [로그인]을 클릭한 후 메뉴에서 [영화]를 클릭합니다.

TIP 회원이 아닐 경우 [회원 가입]을 클릭해서 가입하거나 [비회원 예매]를 클릭해서 진행합니다. [극장]을 클릭하면 극장별로 상영하는 영화가 나타나고 [예매]를 클릭하면 영화, 극장, 일시, 좌석, 결재 등을 순차적으로 선택하면서 예매를 진행할 수 있습니다.

05 현재 상영 영화의 목록이 나타납니다. 내용을 확인하고 싶은 영화의 마우스 포인터를 갖다 댄 후 [상세]를 클릭합니다.

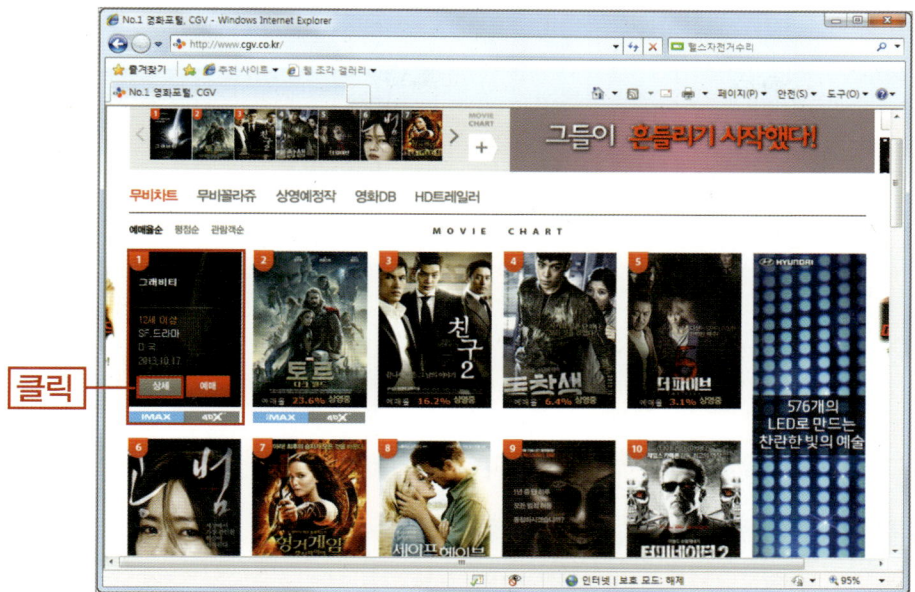

TIP [상영예정작]을 선택하면 개봉 전인 영화 목록이 나타납니다.

06 영화에 관한 자세한 정보가 나타납니다. 예매를 원할 경우 [예매하기]를 클릭하면 예매가 진행됩니다.

07 영화 예매 창이 나타나면 상영관, 날짜, 시간 순으로 선택한 후 [좌석선택]을 클릭합니다.

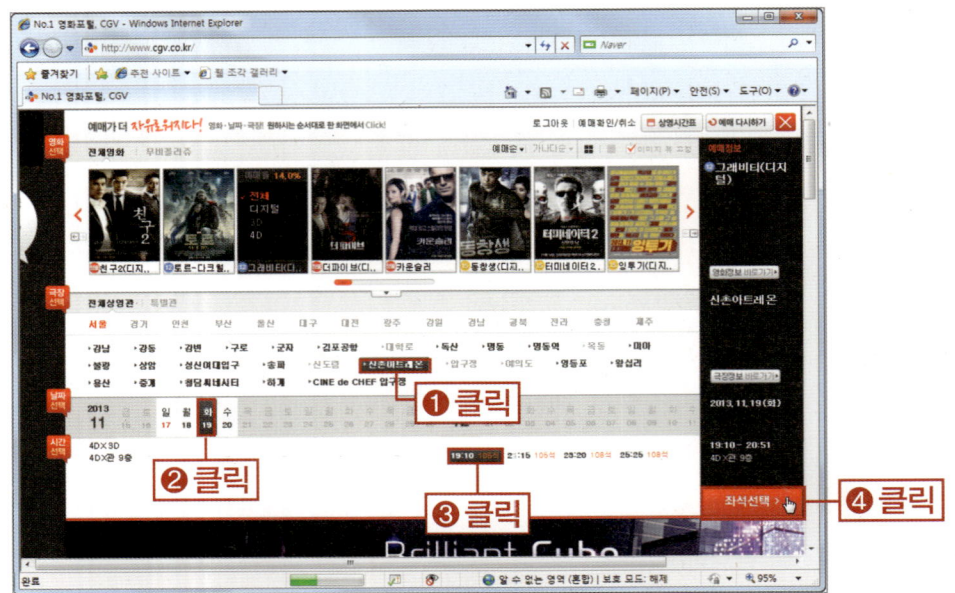

TIP 메인 메뉴에서 [예매]를 클릭해도 같은 창이 열립니다.

08 현재 잔여석이 그림으로 나타납니다. 예매할 인원을 지정한 후 앉고 싶은 좌석을 클릭해 선택하고 [다음]을 클릭합니다. 결제 수단을 선택하면 예매 내역이 나타나고 [결제하기]를 클릭하면 결제와 함께 예매가 완료됩니다.

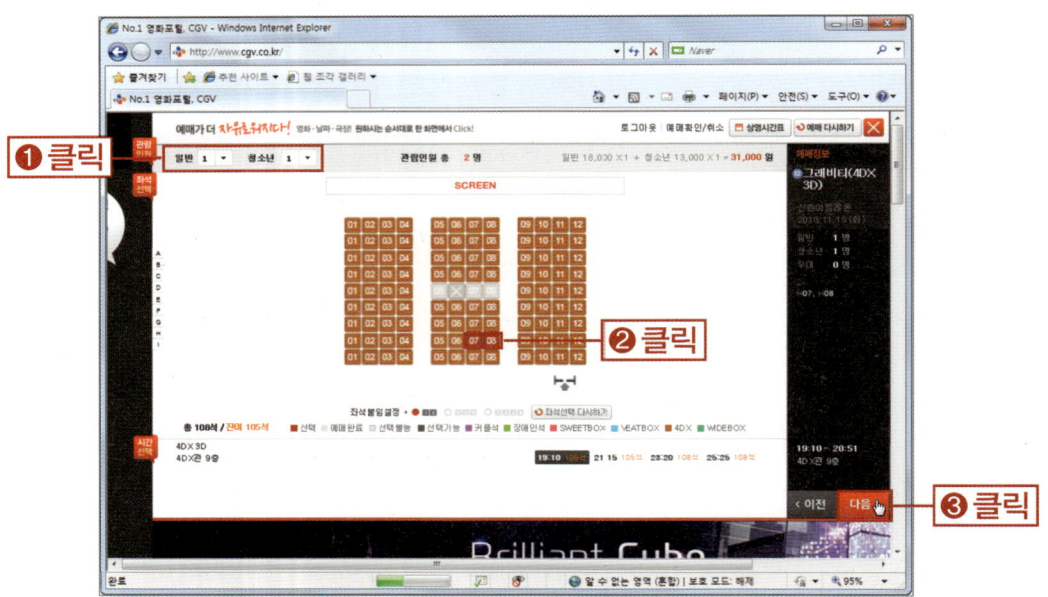

TIP 흐린 회색으로 된 부분의 좌석은 이미 예매가 완료되어 선택할 수 없습니다.

STEP 3 | 여행 정보 검색하기

09 네이버에서 검색 상자에 '강원도여행'을 입력하고 [검색]을 클릭합니다. 결과 목록에서 관련 사이트를 골라 클릭합니다. 여기서는 'CYBER 강원관광정보(www.gangwon.to)' 사이트를 선택하였습니다.

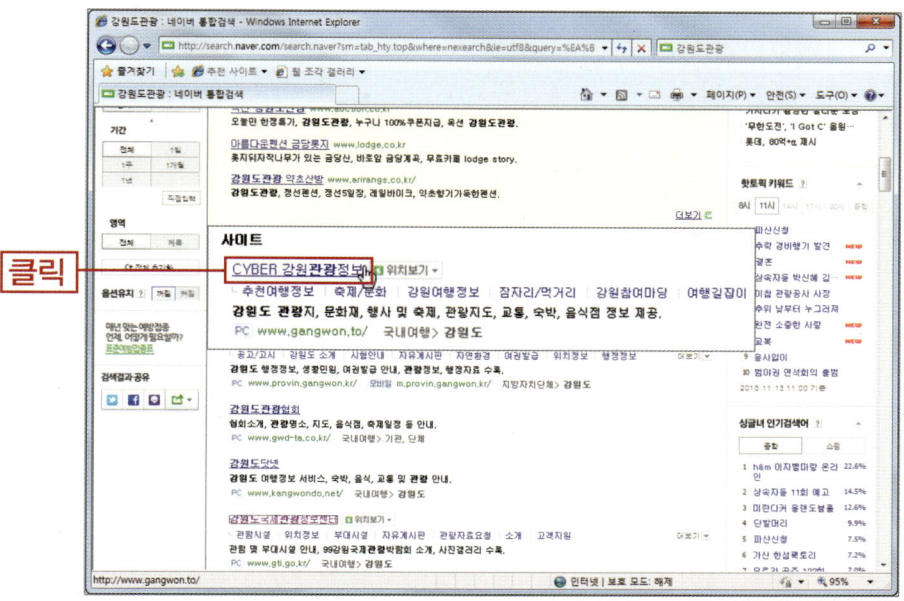

> **TIP** 여행 정보를 모으기 위해서는 관광회사 사이트에서 정보를 검색하는 방법과 가고 싶은 지역에서 운영하는 사이트를 직접 방문하는 방법, 코레일이나 항공사 등 교통편 제공사 홈페이지에 직접 방문하는 방법 등 여러 가지가 있습니다. 대부분은 홈페이지에서 직접 예약을 할 수 있습니다.

10 관심 있는 관광 정보를 골라 클릭해 내용을 살펴봅니다.

> **TIP** 약도나 연락처, 일정 등 메모해 둘 내용은 복사해 한글이나 워드패드 등에 붙인 후 저장해둘 수 있습니다.

22장. 문화/여행 정보로 여가생활하기

23 자료실에서 알집 설치해 압축 풀기

메일로 첨부하는 파일이나 보관용 파일의 용량을 줄이기 위해서 사용하는 것이 압축 프로그램입니다. 압축 프로그램은 여러 가지 종류가 있는데 그중 많이 사용되는 '알집(ALZip)' 프로그램을 자료실에서 다운로드 받아 설치하고 프로그램을 이용해 자료를 압축하고 압축을 풀어봅니다.

| 이런 걸 배워요! | 자료실에서 프로그램 다운로드, 압축 프로그램 활용

미리보기

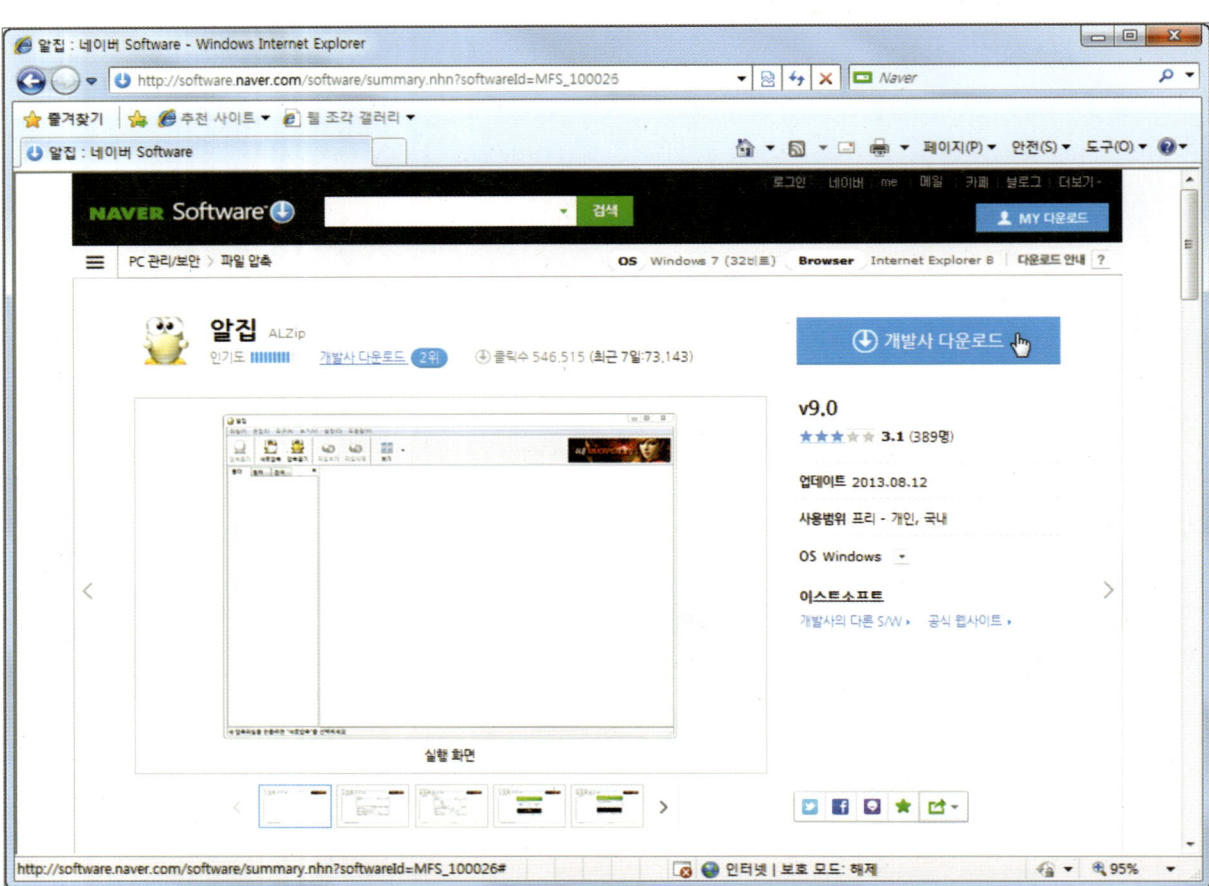

STEP 1 : 자료실에서 '알집' 프로그램 다운로드 받기

01 네이버 자료실의 주소인 'http://software.naver.com'에 연결한 후 검색 상자에 '알집'을 입력하고 [검색]을 클릭합니다. 목록에 해당 프로그램이 나오면 [알집]을 클릭합니다.

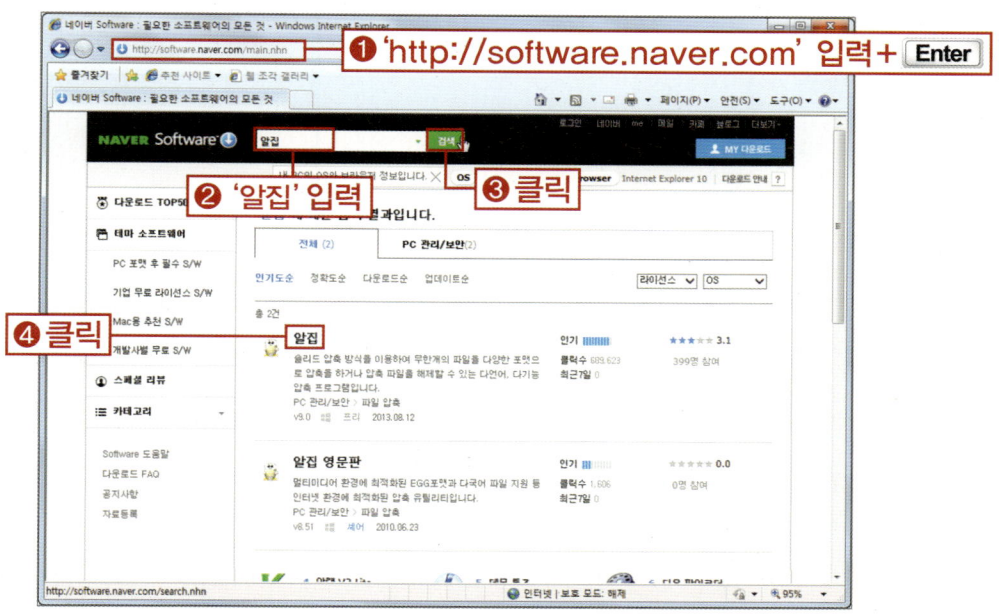

02 알집 프로그램에 대한 정보를 읽어본 후 [개발사 다운로드]를 클릭합니다.

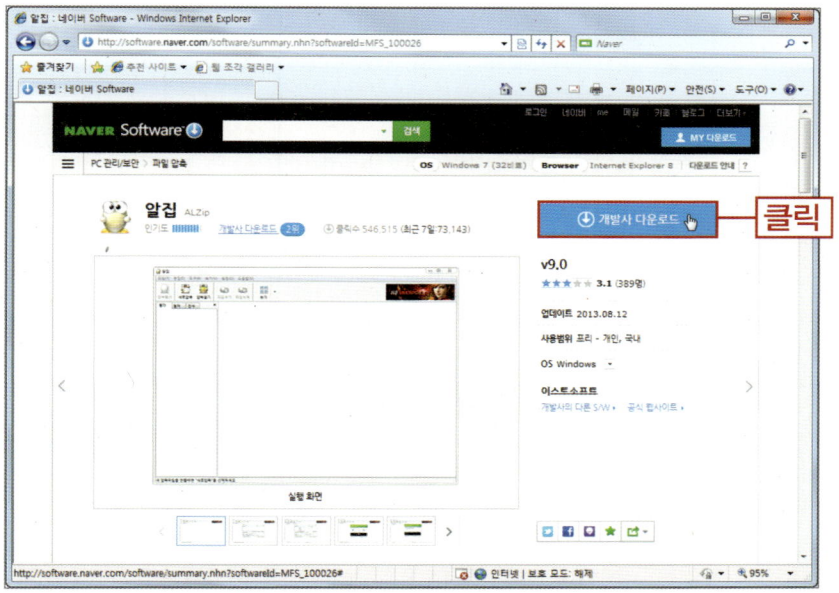

TIP 개발사로 연결해서 다운로드 하지 않고 자료실에서 바로 다운로드 하는 경우도 있습니다.

23장. 자료실에서 알집 설치해 압축 풀기 **107**

03 프로그램 개발사의 사이트에 연결되면 프로그램 정보를 다시 확인하고 [다운로드]를 클릭합니다.

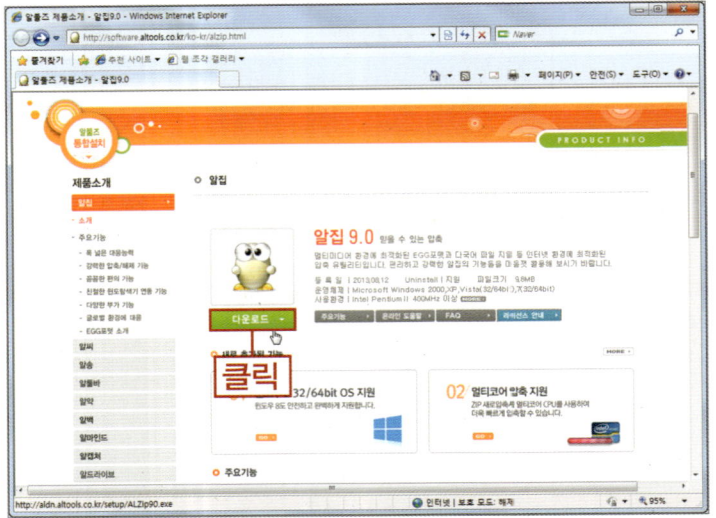

04 프로그램을 실행 또는 저장할 지 물으면 [실행]을 클릭합니다.

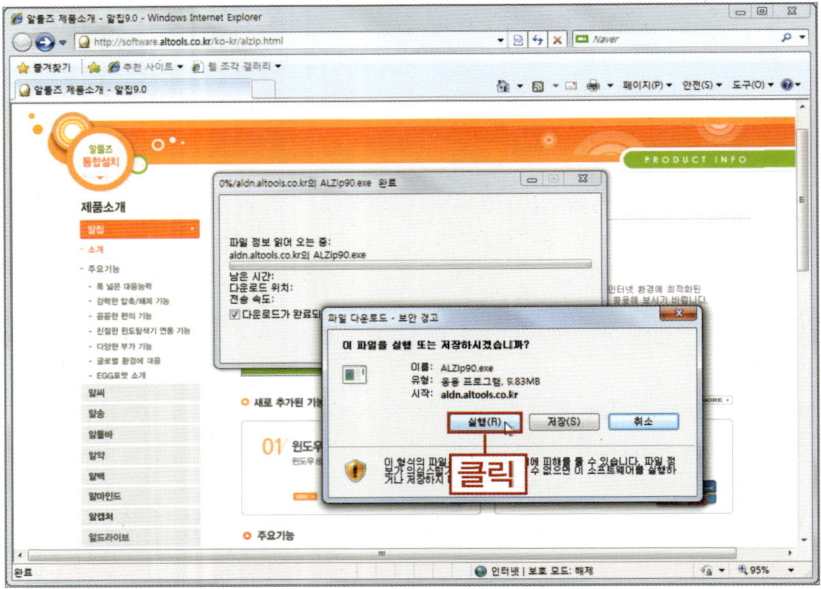

TIP [저장]을 클릭하면 [다른 이름으로 저장] 대화상자가 열리는데 저장할 경로를 선택한 후 [저장]을 클릭하면 저장이 완료됩니다. 탐색기에서 저장된 프로그램을 더블 클릭해 실행하면 설치가 진행됩니다.

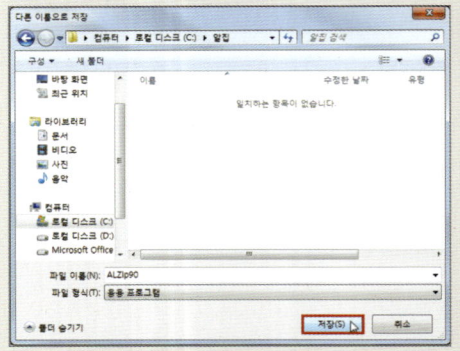 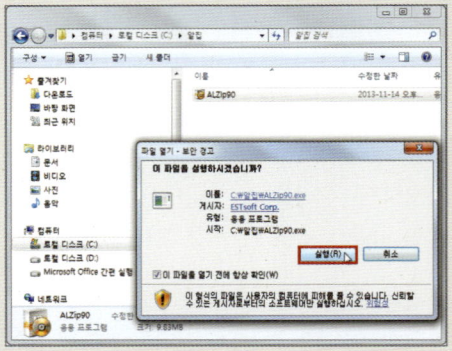

 **05** 프로그램 설치가 진행되면 다음과 같은 순서로 선택해 설치를 마무리합니다.

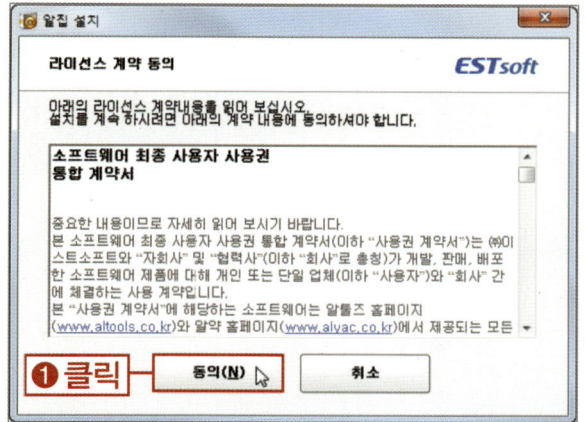
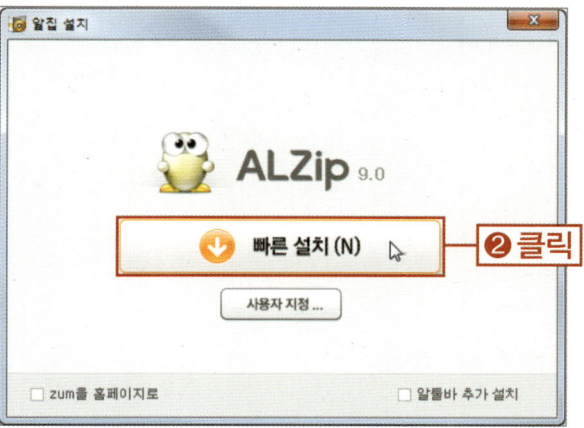
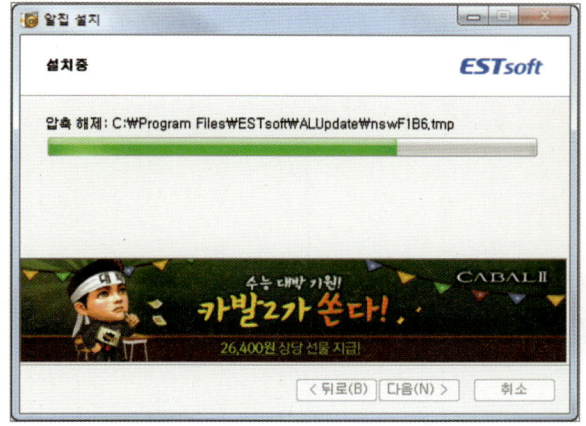
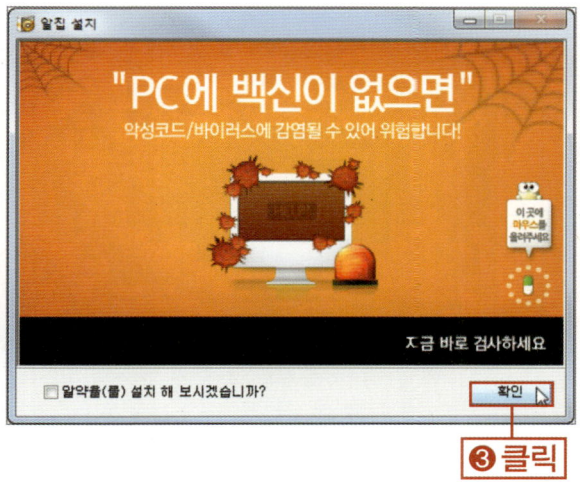

STEP 2 | 알집으로 압축하기

06 작업 표시줄에서 [Windows 탐색기](📁)를 클릭해 실행한 후 왼쪽 항목에서 압축할 파일이 있는 폴더를 선택합니다. 오른쪽에 파일이 보이면 압축할 파일들을 드래그해 선택한 후 마우스 오른쪽 단추를 클릭해 [알집으로 압축하기]를 클릭합니다.

> **TIP** [시작](🪟) 단추를 클릭하고 [모든 프로그램]-[보조프로그램]-[Windows 탐색기]를 클릭해도 실행됩니다.

07 [새로압축] 대화상자가 나타나면 압축 파일명을 지정한 후 [압축]을 클릭해 압축을 실행합니다.

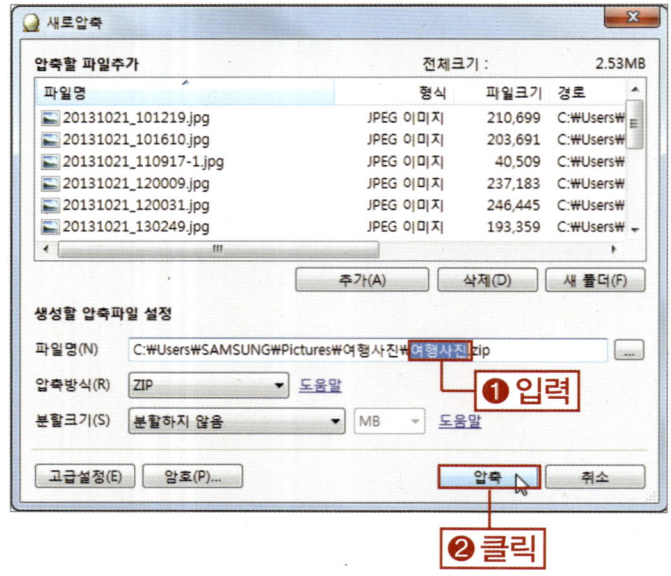

STEP 3 | 알집으로 압축 풀기

08 압축된 파일에서 마우스의 오른쪽 단추를 클릭하고 바로 가기 메뉴에서 ["여행사진"에 압축풀기]를 클릭합니다.

TIP ["여행사진"에 압축풀기]를 클릭하면 현재 폴더 이름인 '여행사진'과 같은 이름의 하위 폴더를 만들고 그 안에 압축을 풉니다. [여기에 압축풀기]를 선택하면 현재 폴더 안에 압축을 풉니다.

09 [여행사진] 폴더가 새로 생기고 그 안에 파일이 들어간 것을 확인할 수 있습니다.

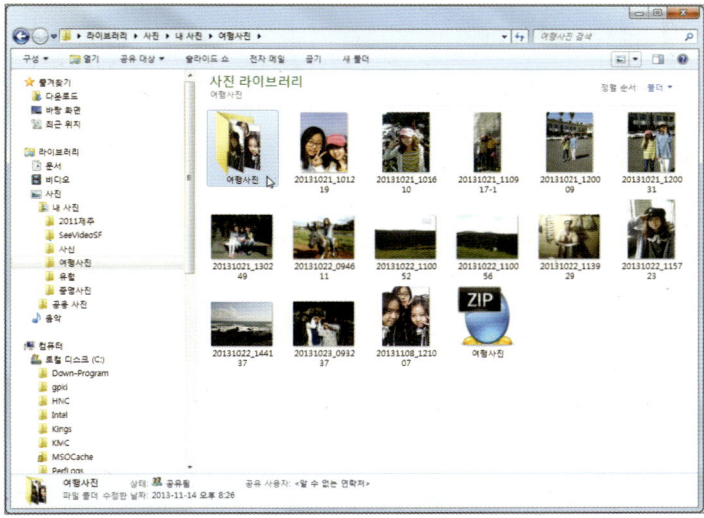

23장. 자료실에서 알집 설치해 압축 풀기

WINDOWS

INTERNET

HANGUL

24장 | 한글 2007과 인사하기

25장 | 큰 글씨로 문서 작성하고 저장하기

26장 | 입력된 문서 세련되게 꾸미기

27장 | 복사, 정렬 기능으로 문서 편집 박사 되기

28장 | 그림에 멋진 효과 넣어 배치하기

29장 | 내 글에 맵시내기

30장 | 문서에 한자와 기호 넣기

31장 | 척척! 요일별 스케줄표 만들기

32장 | 다양한 크기와 색으로 표 꾸미기

33장 | 나누고 합치고 복잡한 표 완성하기

34장 | 글상자와 쪽 테두리로 내 명함 만들기

35장 | 쪽 번호와 머리말 넣어 긴 문서 관리하기

36장 | 한글로 계산도 척척!

37장 | 다단 문서 만들기

38장 | 도형 안에 사진 넣어 액자 만들기

39장 | 문단 번호와 글머리표로 체계적인 문서 만들기

40장 | 원하는 자료만 콕콕 찾아 바꾸기

03

한글 2007 알아보기

24 한글 2007과 인사하기

문서 편집을 위한 다양하고 강력한 기능을 가진 한글 2007을 실행해 보고 화면 구성 요소들에 대해 알아봅니다. 또 텍스트 데이터를 입력하고 삭제하는 기초 입력 기능을 연습해 봅니다.

| 이런 걸 배워요! | 한글 2007 실행/종료, 데이터 입력

미리보기

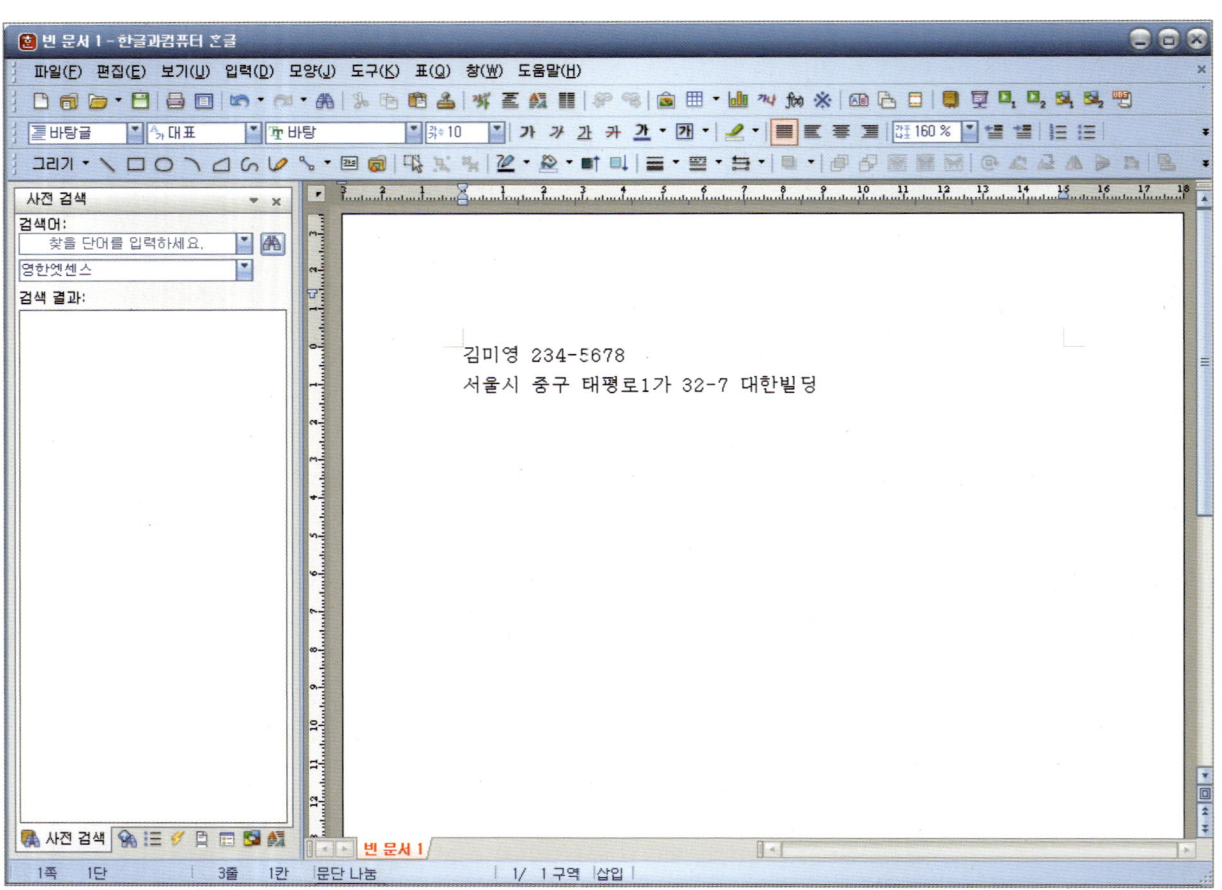

STEP 1 | 한글 2007 실행하기

01 [시작] 단추를 클릭한 후 [모든 프로그램]-[한글과컴퓨터 한글 2007]을 클릭합니다.

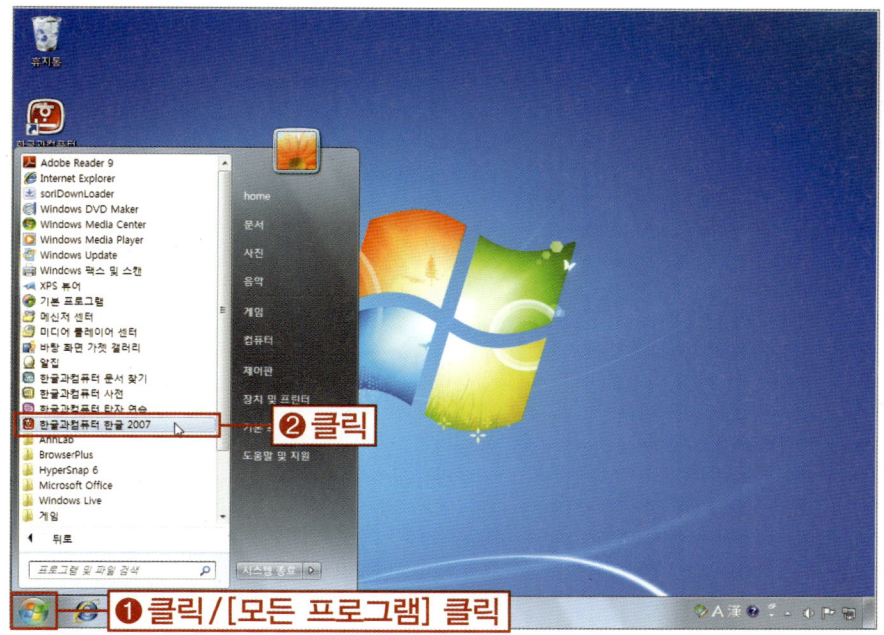

> TIP 바탕 화면에 한글 2007의 바로 가기 아이콘( )이 있으면 더블클릭해 실행하도록 합니다.

02 한글 2007 프로그램이 실행됩니다.

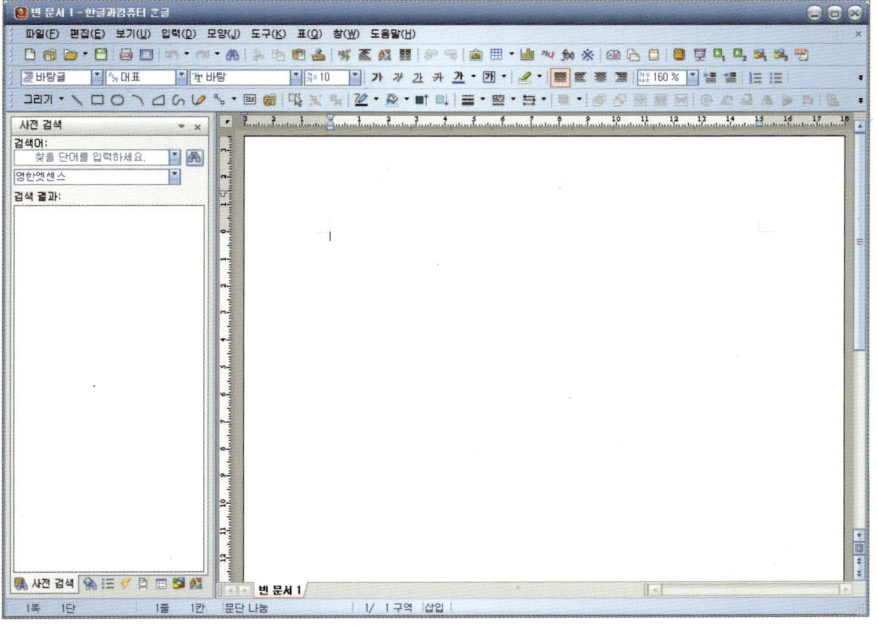

> TIP 작업 창이나 쪽 윤곽 등의 모양은 설정에 따라 다르게 보일 수 있습니다.

24장. 한글 2007과 인사하기 115

STEP 2 | 내용 입력하기

03 첫 줄에 이름과 전화번호를 입력하고 Enter 를 누릅니다. 둘째 줄에 주소를 입력합니다.

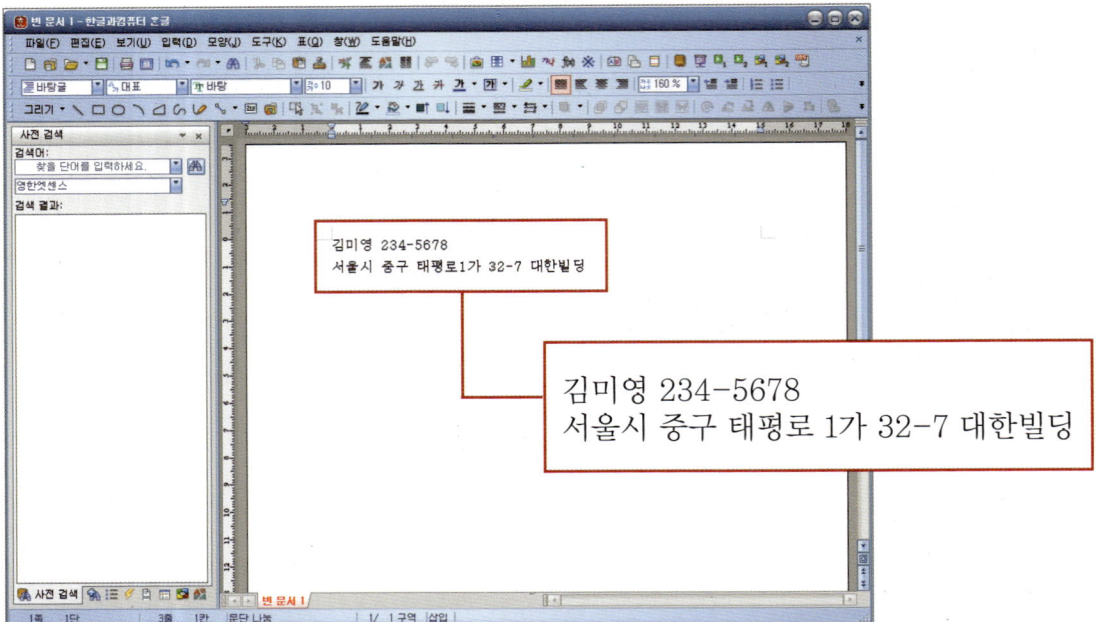

TIP 입력 도중에 잘못 입력하였을 경우에는 키보드의 백스페이스(←)를 누르면 커서 왼쪽으로 한 글자씩 삭제됩니다.

04 전화번호 첫 글자를 클릭해 커서를 놓습니다. 키보드의 Insert 를 누른 후 숫자를 바꾸어 입력합니다.

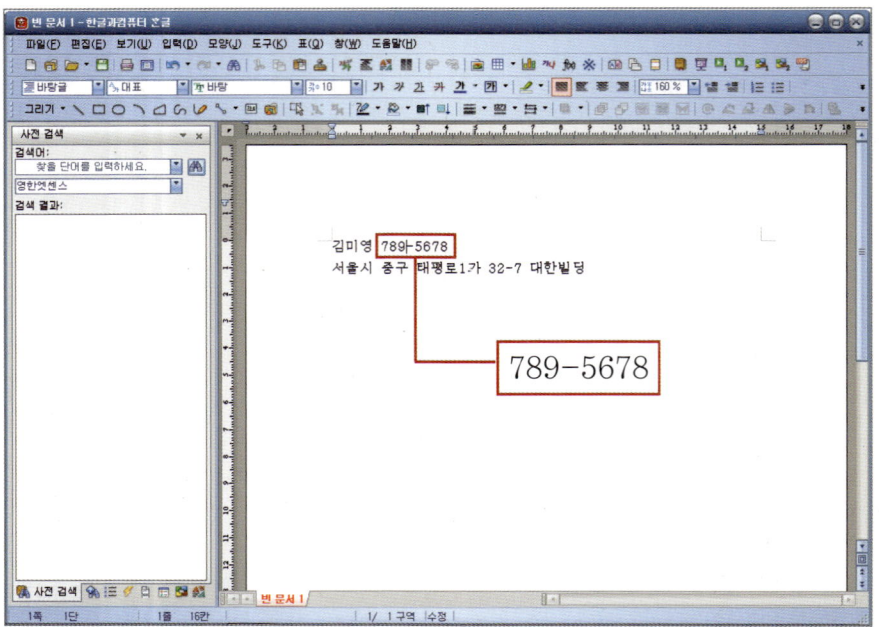

TIP Insert 를 한 번 누르면 작업 표시줄의 [삽입]이 [수정]으로 바뀌면서 새로 내용을 입력하면 기존의 글자가 지워집니다. 다시 Insert 를 누르면 [삽입] 상태로 바뀌므로 내용을 입력하면 커서 위치에 내용이 입력되면서 기존의 글자는 뒤로 밀립니다.

STEP 3 | 한글 2007 종료하기

05 프로그램을 종료하기 위해 제목 표시줄 오른쪽의 [닫기](×)를 클릭합니다.

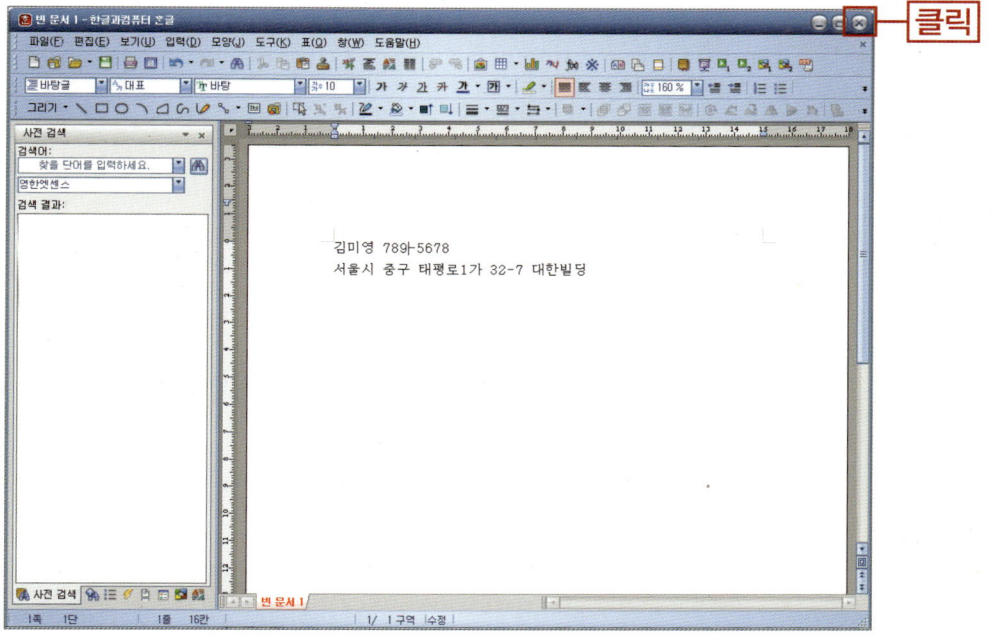

> **TIP** 메뉴 표시줄 오른쪽의 [닫기](×)를 클릭하면 프로그램은 종료하지 않고 현재 문서만 닫을 수 있습니다.

06 문서를 저장할지 묻는 대화상자가 나타나면 [저장 안 함]을 클릭합니다.

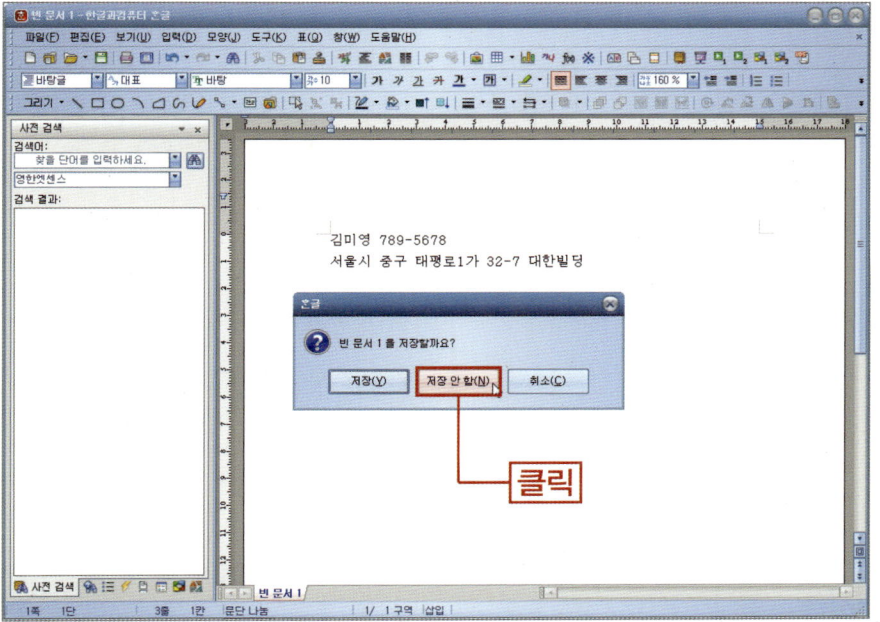

> **TIP** 워드프로세서란 문서 작성을 목적으로 만들어진 프로그램입니다. 대표적인 것이 한글 2007이고, 마이크로소프트 사에서 만든 워드 2007, 훈민워드 등이 있습니다.

25 큰 글씨로 문서 작성하고 저장하기

글자 크기를 내용에 맞고 보기 좋도록 설정해보고 작성된 문서를 원하는 위치에 저장해봅니다.
또 저장된 문서를 불러오는 방법에 대해 알아봅니다.

| 이런 걸 배워요! | 글자 크기 설정, 저장하기, 불러오기

미리보기

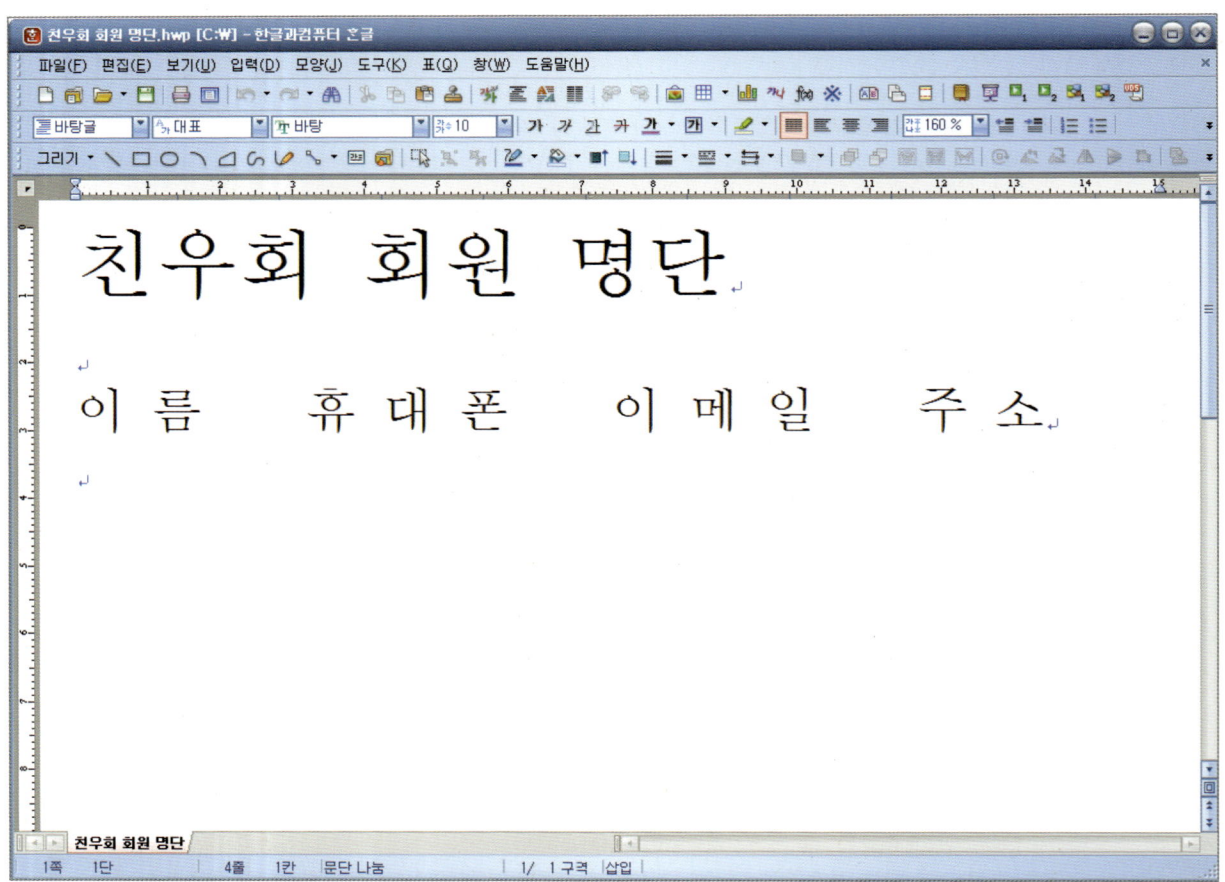

STEP 1 | 작업 공간 설정하기

01 작업 창 상단의 [닫기](❌)를 클릭해 열린 작업 창을 하나씩 모두 닫습니다.

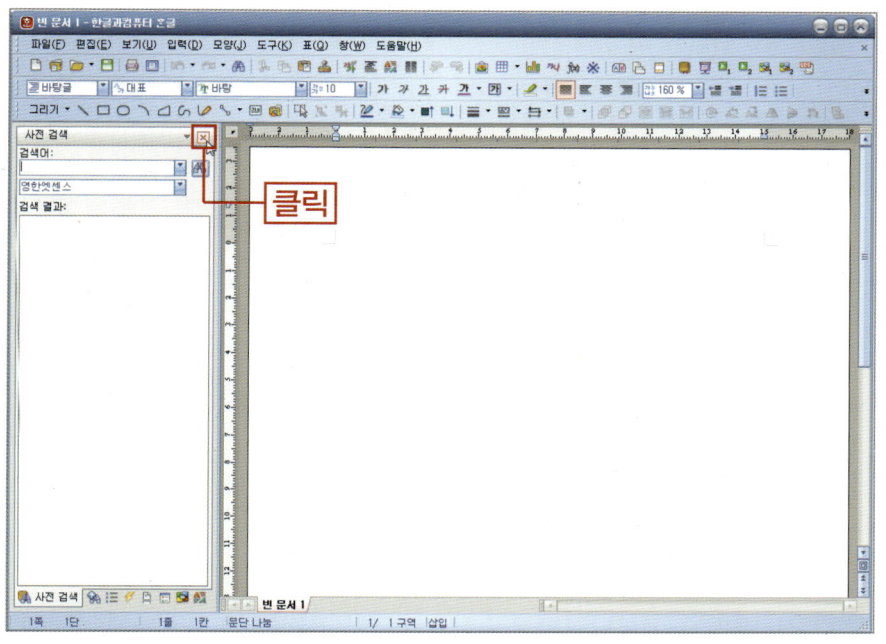

> TIP 작업 창은 필요할 때 [보기] 메뉴의 [작업 창]에서 다시 선택해 열 수 있습니다.

02 [보기] 메뉴를 클릭하고 [쪽 윤곽]을 클릭해 선택을 해제합니다. 다시 [보기] 메뉴를 클릭하고 [문단 부호]를 클릭해 문단 부호를 선택합니다.

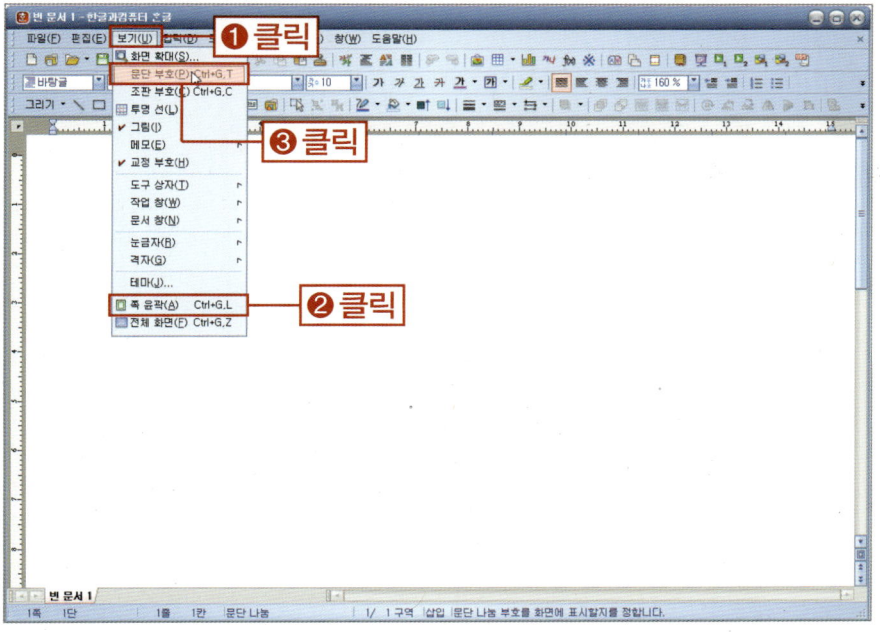

> TIP 작업 공간을 넓히기 위해 쪽 윤곽은 보이지 않도록 설정했습니다. [쪽 윤곽]과 [문단 부호]는 메뉴를 다시 클릭하여 선택을 해제하거나 다시 선택할 수 있습니다.

STEP 2 | 글자 크기 설정하기

03 다음과 같이 내용을 입력합니다. 첫 줄을 드래그해 범위를 지정한 후 [글자 크기]의 목록 단추를 클릭하고 '32'를 선택합니다.

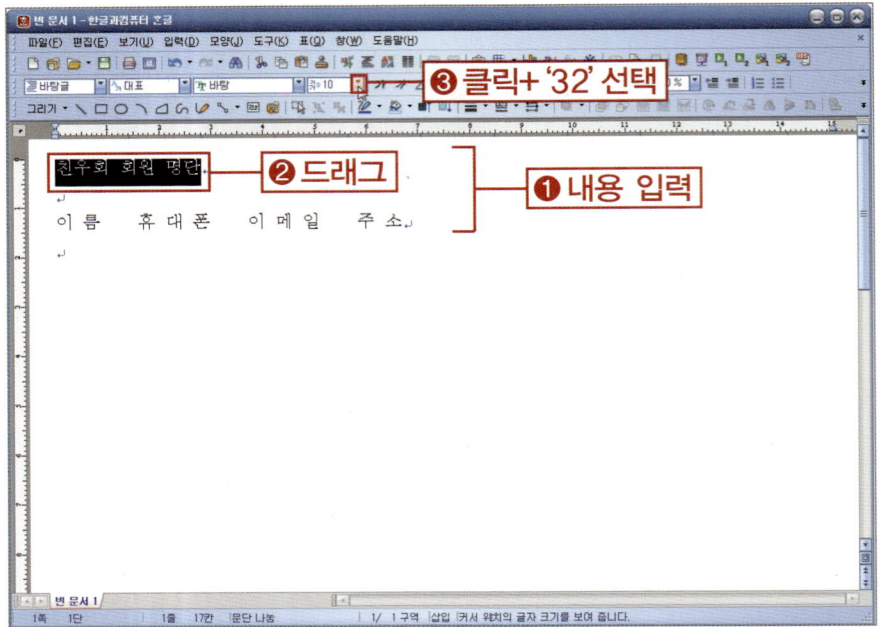

04 다시 아래 줄을 드래그해 범위를 지정한 후 [글자 크기]의 목록 단추를 클릭하고 '20'을 선택합니다.

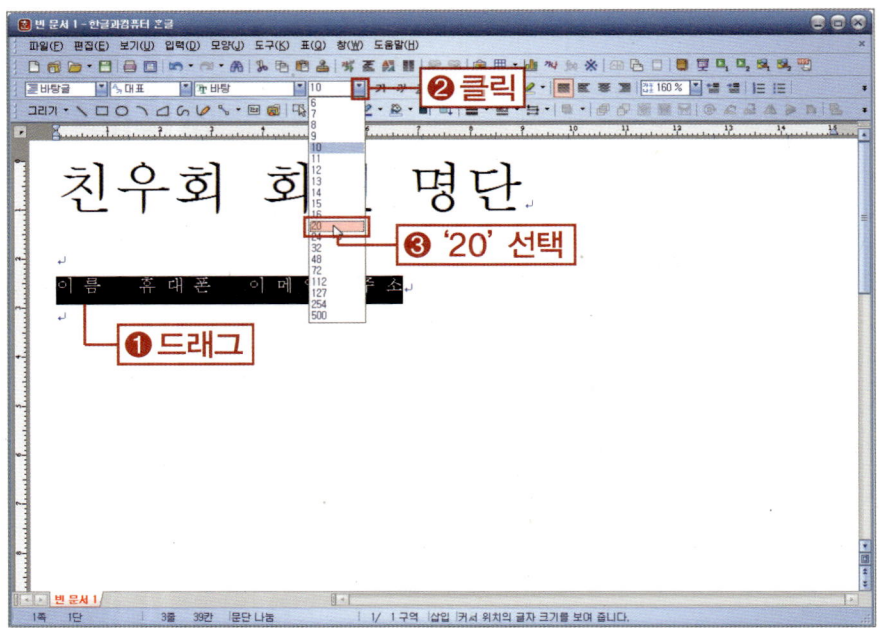

STEP 3 | 문서 저장하기

05 기본 도구 상자에서 [저장하기](📁)를 클릭합니다. [다른 이름으로 저장하기] 대화상자가 나타나면 [저장 위치]의 목록 단추를 클릭해 저장할 위치를 선택합니다. 파일 이름을 입력한 후 [저장]을 클릭합니다.

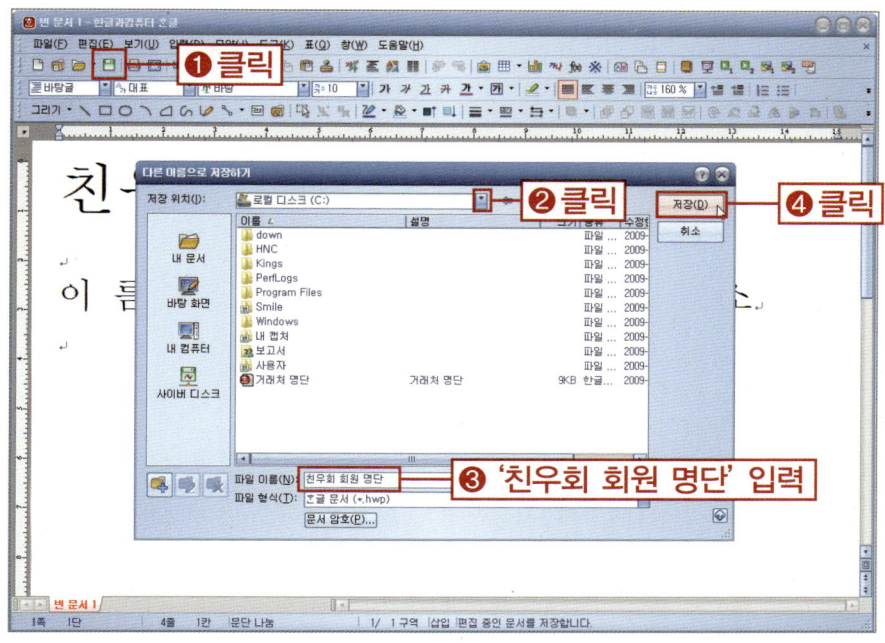

> **TIP** [다른 이름으로 저장하기] 대화상자에서 [새 폴더 만들기](📁)를 클릭하면 새로운 폴더를 만들어 저장할 수 있습니다.

06 메뉴 표시줄 끝의 [닫기](❌)를 클릭해 저장된 문서를 닫습니다. 메뉴 표시줄의 [불러오기](📁)를 클릭한 후 [불러오기] 대화상자에서 저장했던 문서를 찾아 선택합니다. [열기]를 클릭해 문서를 엽니다.

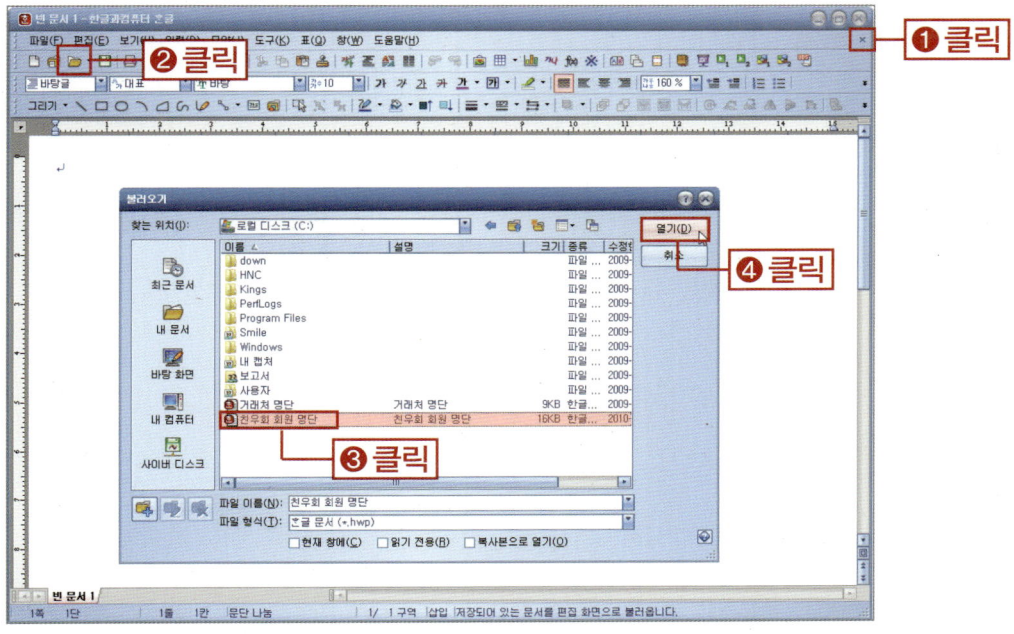

25장. 큰 글씨로 문서 작성하고 저장하기

26 입력된 문서 세련되게 꾸미기

선택한 글자를 원하는 색으로 변경하고 형광펜이나 밑줄, 굵은 글씨, 글자 테두리 등의 기능을 이용해 멋진 모양으로 강조하고 꾸며 봅니다.

| 이런 걸 배워요! | 글꼴, 형광펜, 밑줄, 글자 테두리

미리보기

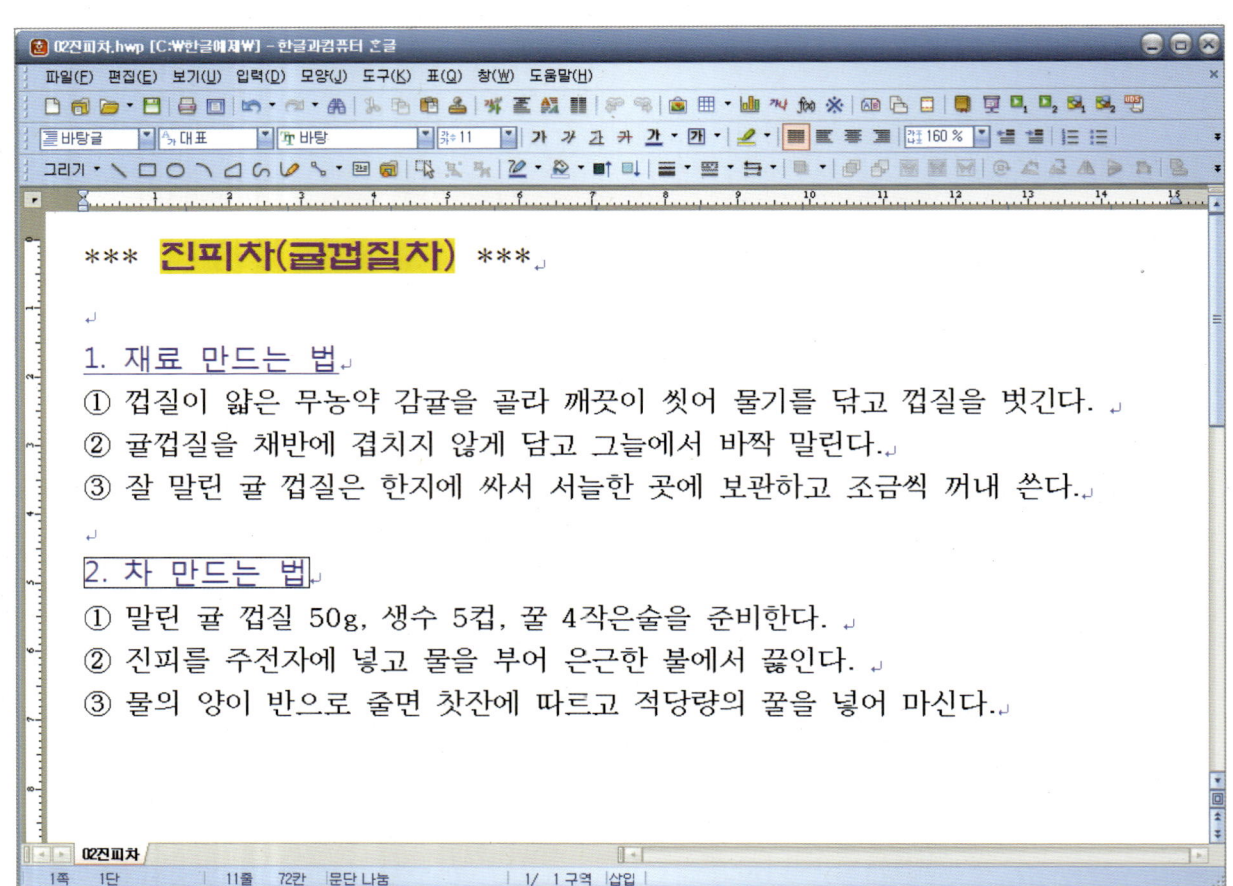

STEP 1 | 글자 모양 꾸미기

01 새 문서를 열고 다음과 같이 내용을 입력합니다. 글자 크기를 제목은 '15', 소제목은 '12' 내용은 '11'로 각각 설정합니다.

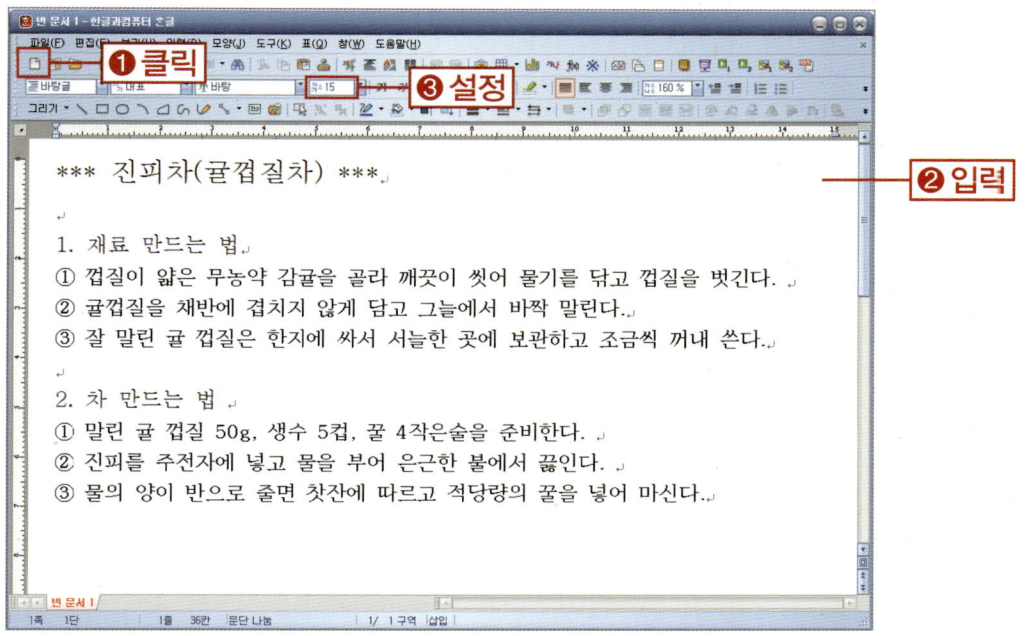

02 제목을 드래그하여 범위 지정한 후 [글꼴]의 목록 단추를 클릭하고 '휴먼 옛체'를 선택합니다.

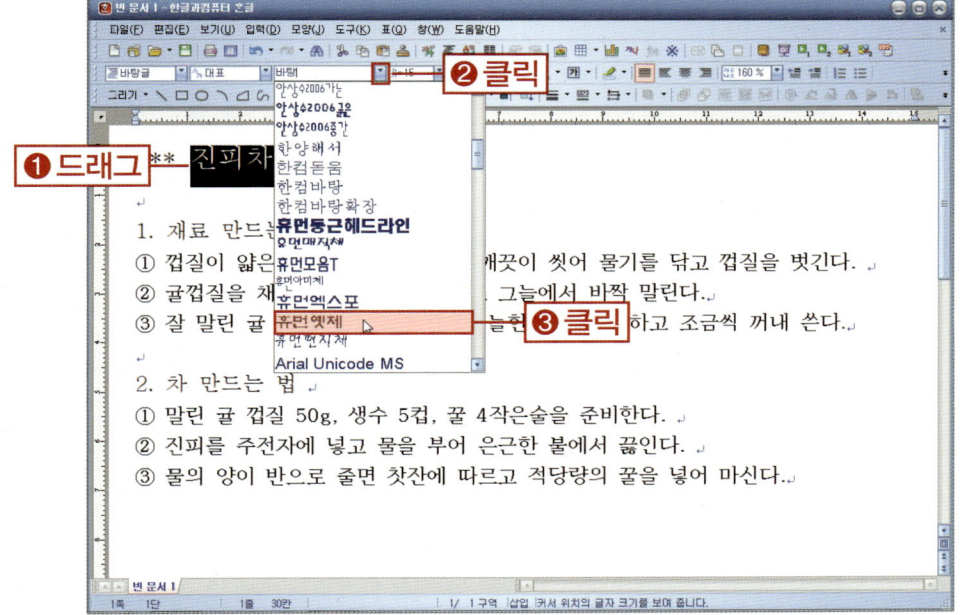

26장. 입력된 문서 세련되게 꾸미기 123

03 다시 [글자 색]의 목록 단추를 클릭하고 '보라'를 선택합니다.

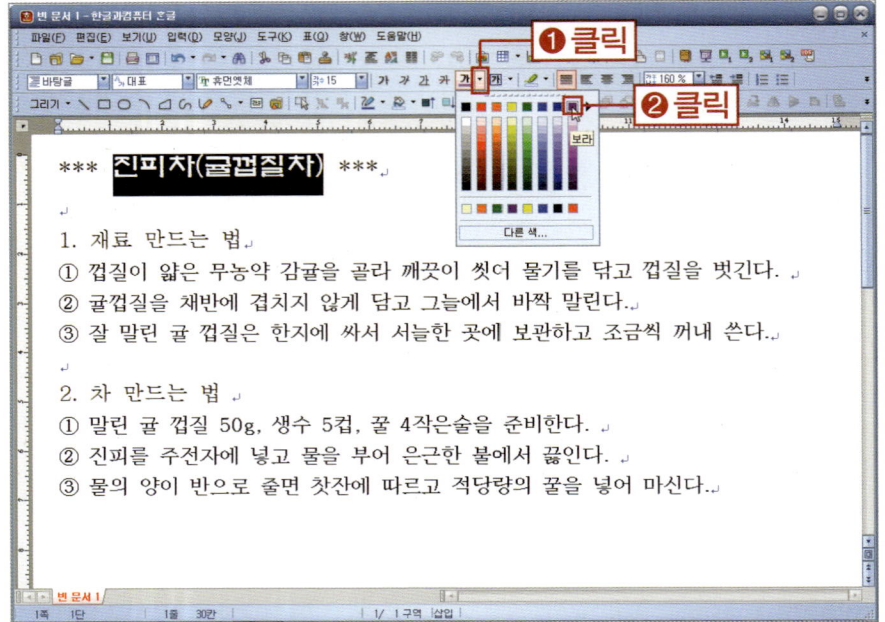

04 소제목을 각각 드래그하여 범위 지정하고 [글꼴]을 '맑은 고딕'으로, [글자 색]을 '남색'으로 선택합니다.

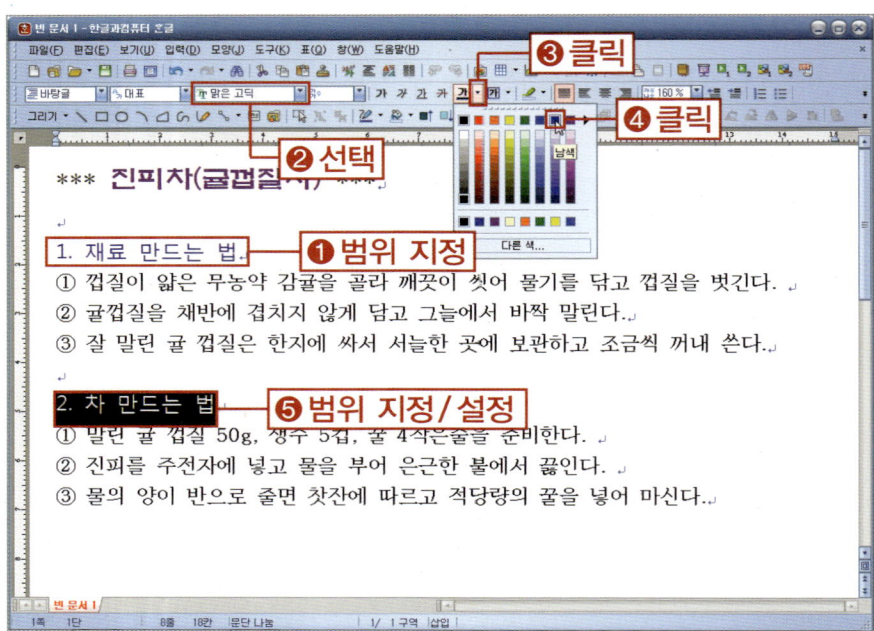

05 제목을 드래그하여 범위 지정한 후 [형광펜]의 목록 단추를 클릭하고 '노랑'을 선택합니다.

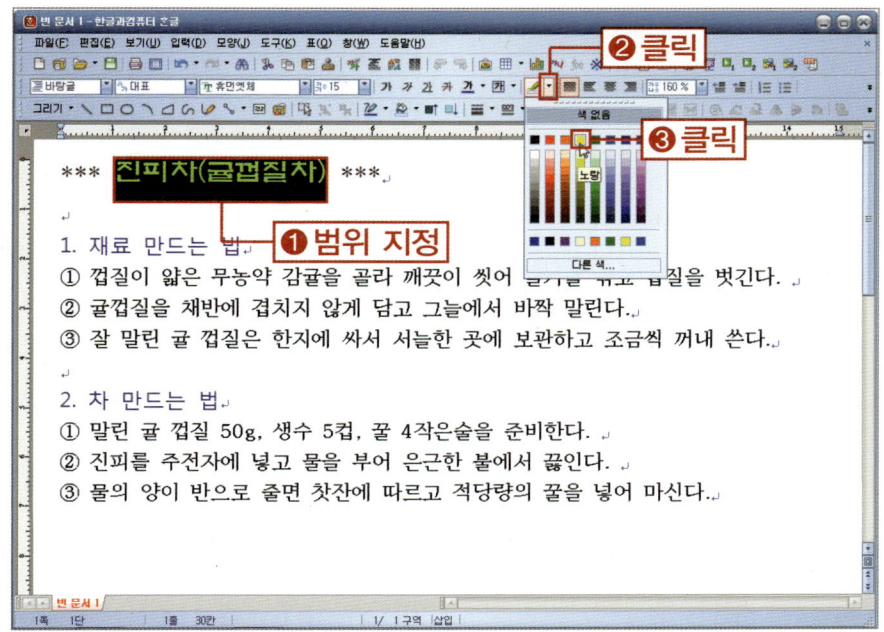

> **TIP** 형광펜 기능은 인쇄 시에 별도로 인쇄 설정을 해야 인쇄됩니다. 또 [색 없음]을 선택하면 선택을 해제할 수 있습니다.

06 '1. 재료 만드는 법'을 드래그하여 범위를 지정한 후 [밑줄]을 클릭합니다. 다시 '2. 차 만드는 법'을 드래그하고 [글자 테두리]를 클릭한 후 '단선'을 선택합니다.

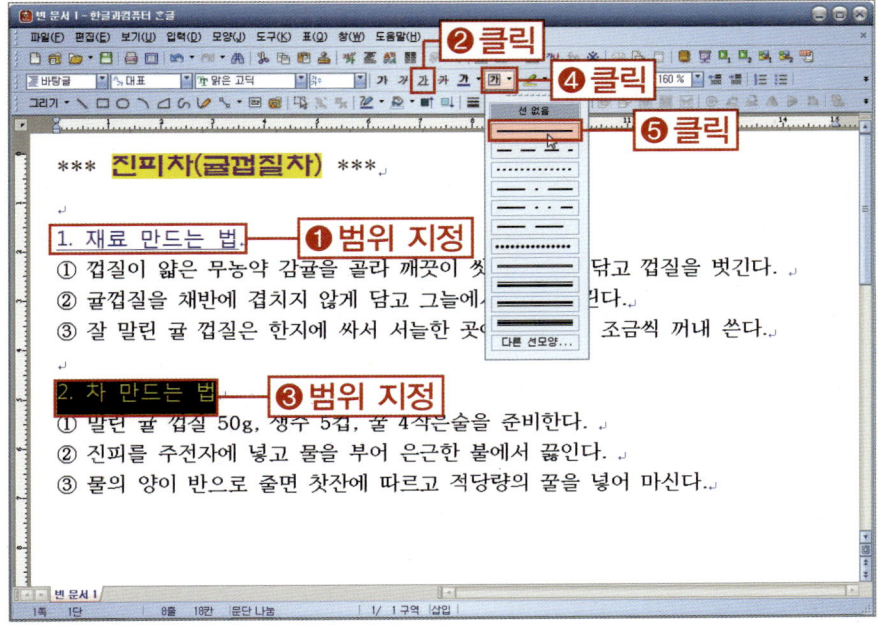

26장. 입력된 문서 세련되게 꾸미기

27 복사, 정렬 기능으로 문서 편집 박사 되기

반복되는 내용을 복사해 붙이면 같은 내용을 계속 입력하지 않아도 되므로 시간도 절약되고 정확한 내용의 문서를 만들 수 있습니다. 또한 정렬 기능을 이용하면 사용자가 원하는 모양으로 깔끔하게 내용을 정리할 수 있습니다. 이러한 문서 편집 기능에 대해 알아봅니다.

| 이런 걸 배워요! | 정렬, 복사하기, 붙여넣기, 지우기

미리보기

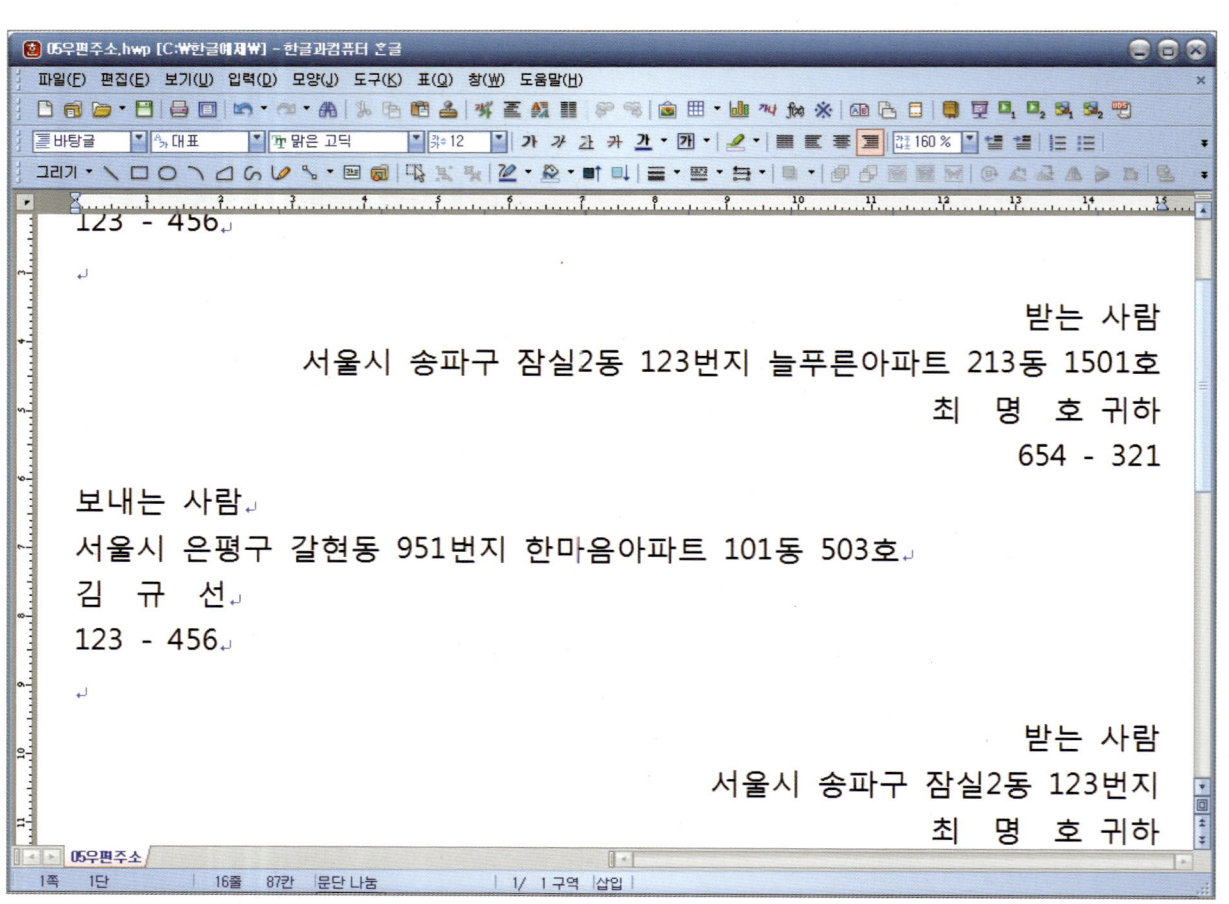

STEP 1 | 문서 정렬하기

01 우편물용 주소를 다음과 같이 입력하고 전체를 범위 지정한 후 '맑은 고딕', '12' 포인트로 글자 모양을 설정합니다.

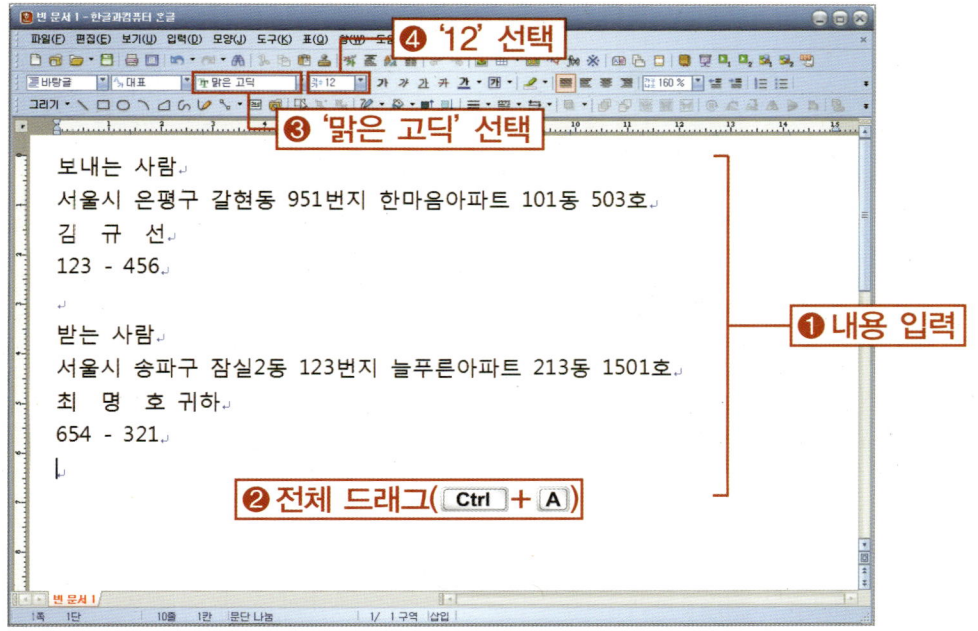

TIP
- Ctrl + A 는 문서 전체를 범위 지정하는 단축키입니다.
- 복사 작업 시에는 [보기]-[문단 모양]을 클릭해 그림과 같이 문단 모양을 보이도록 하면 편리합니다.

02 '받는 사람'이 있는 줄부터 마지막 줄까지 드래그하여 범위를 지정한 후 [서식 도구 상자]에서 [오른쪽 정렬](≡)을 클릭합니다.

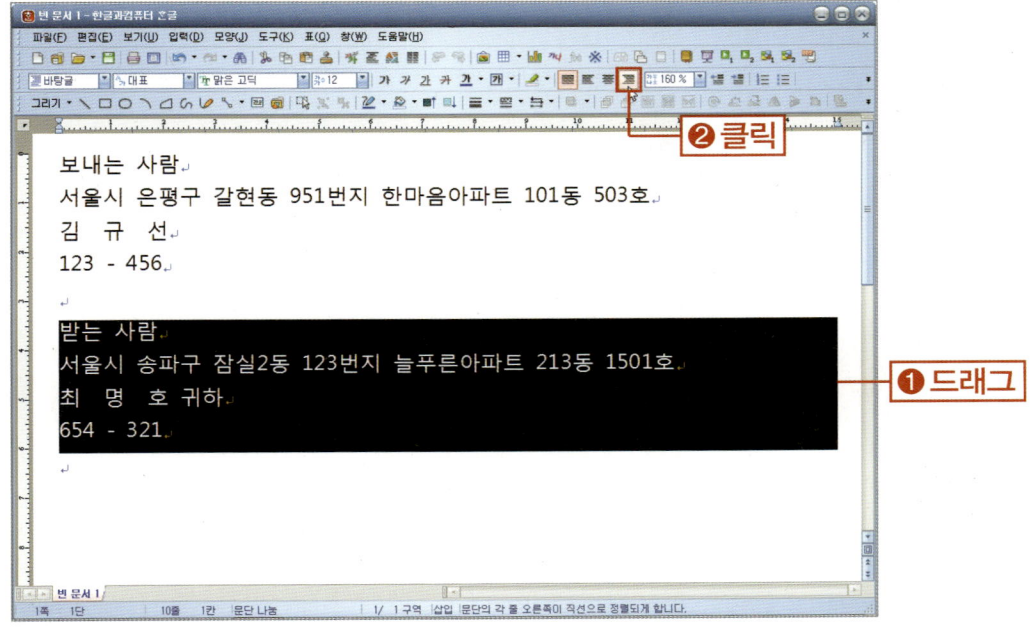

TIP 작업 공간을 넓히기 위해 쪽 윤곽은 보이지 않도록 설정했습니다. [쪽 윤곽]과 [문단 부호]는 메뉴를 다시 클릭하여 선택을 해제하거나 다시 선택할 수 있습니다.

STEP 2 내용 복사하여 붙여넣기

03 내용이 오른쪽으로 정렬되면 내용 전체를 드래그하여 범위 지정하고 [기본 도구 상자]에서 [복사하기](🗐)를 클릭합니다.

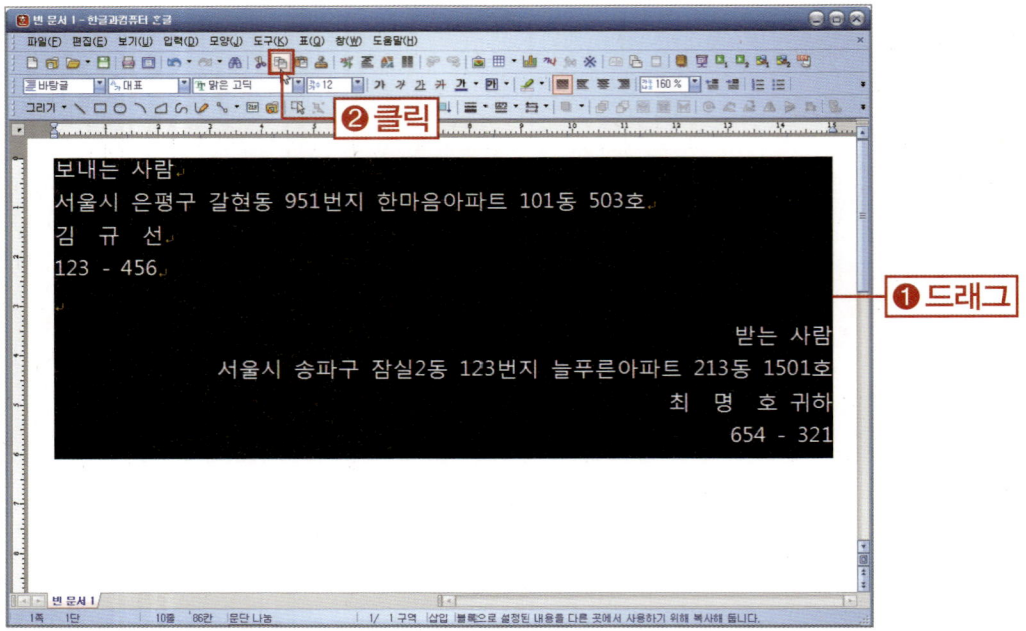

TIP 복사한 내용은 컴퓨터의 임시 기억 장소에 저장됩니다.

04 문서의 맨 마지막 줄에 커서를 놓고 [기본 도구 상자]에서 [붙이기](🗐)를 클릭합니다.

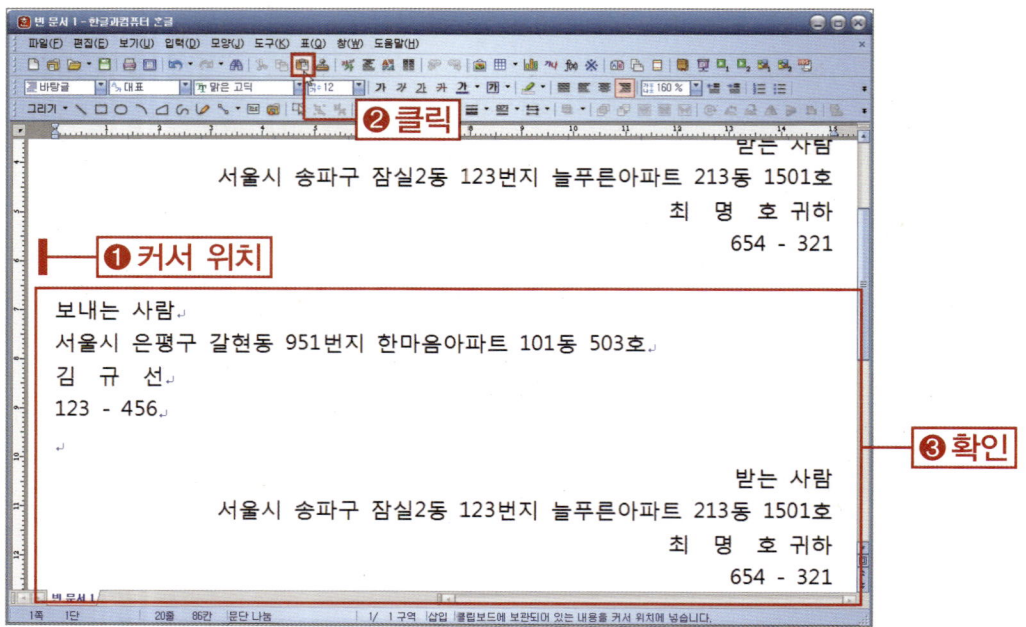

TIP 복사한 내용이 아래쪽에 붙습니다. [붙이기]를 반복하면 방금 복사했던 내용을 여러 개 붙일 수 있습니다.

05 우편번호가 있는 줄만 삭제하기 위해 문서의 맨 아래쪽 우편번호가 있는 줄 아무 위치에나 커서를 놓고 키보드의 Ctrl 을 누른 채 Y 를 한 번 누릅니다.

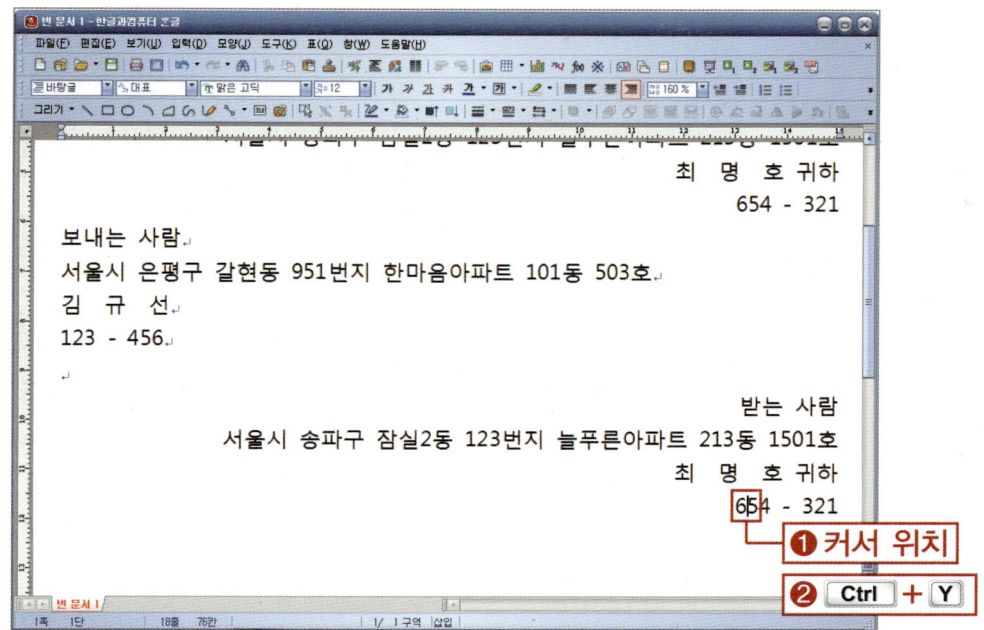

TIP   Ctrl + Y 는 커서가 위치한 한 줄을 삭제하는 단축키입니다.

06 끝에서 두 번째 줄 주소의 일부만 삭제하기 위해 '늘푸른' 앞에 커서를 위치한 후 키보드의 Alt 를 누른 채 Y 를 누릅니다.

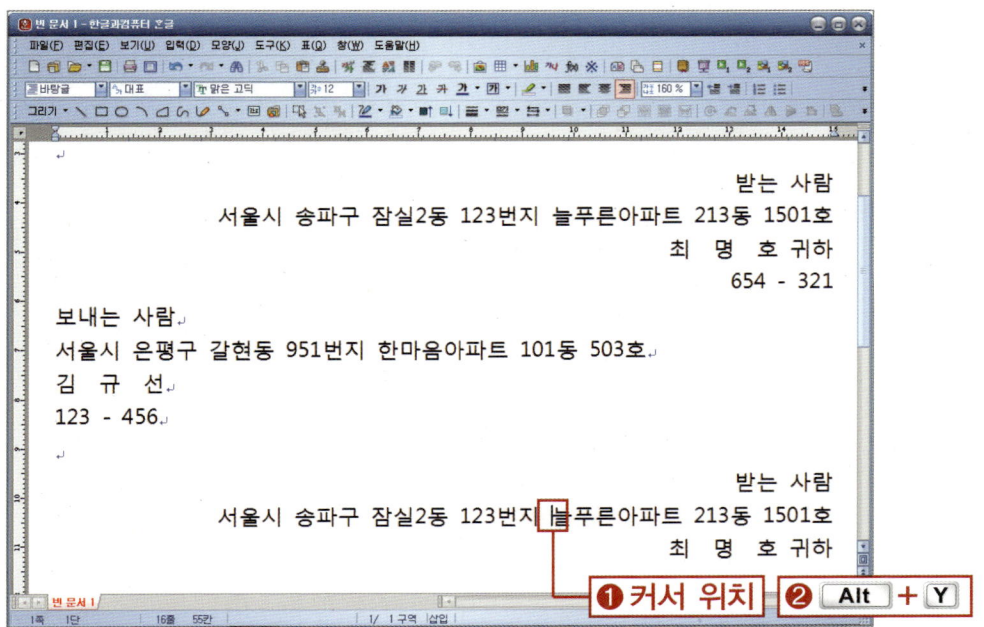

TIP
- Alt + Y 는 커서가 위치한 줄에서 커서 뒤(오른쪽)의 내용만을 삭제하는 단축키입니다.
- 범위를 지정한 후 키보드의 Delete 를 누르면 범위 안의 모든 내용을 한 번에 지울 수 있습니다.

27장. 복사, 정렬 기능으로 문서 편집 박사 되기

28 그림에 멋진 효과 넣어 배치하기

내 컴퓨터의 사진을 한글 문서에 삽입한 다음 [그림 도구 상자]를 활용하면 그림을 자르거나 밝기, 모양 등을 여러 가지로 변경해 원하는 모양으로 꾸밀 수 있습니다. 또 그림과 글을 적절히 배치하면 보다 멋진 문서로 꾸밀 수 있습니다. 그림을 활용해 문서를 작성해 봅니다.

| 이런 걸 배워요! | 그림 효과 설정, 그림과 글 배치

미리보기

STEP 1 문서에 그림 삽입하기

01 다음과 같이 글을 입력하고 글자 모양을 꾸민 후 [기본 도구 상자]에서 [그림](📷)을 클릭합니다.

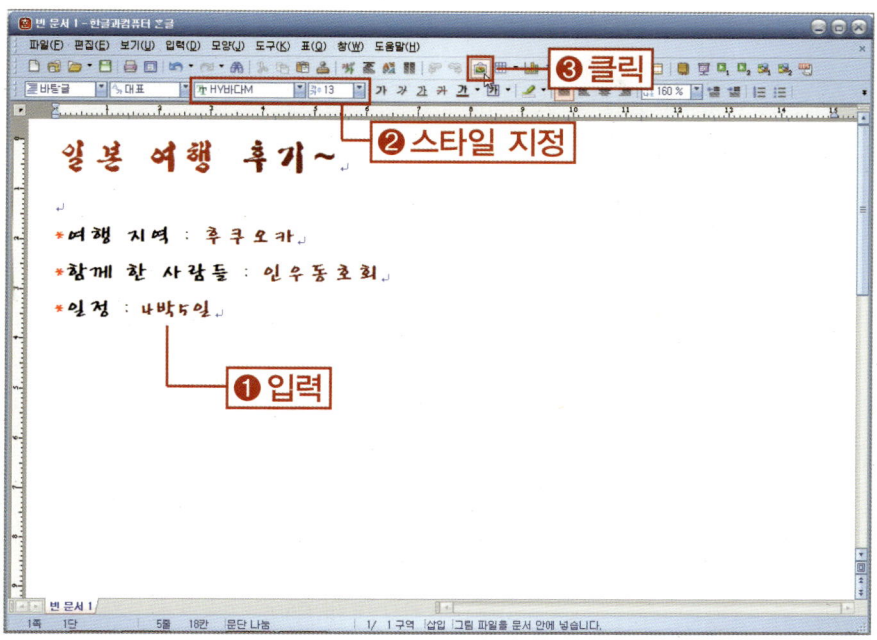

> **TIP** 글자 모양 : HY백송B, 20 / HY바다M, 13

02 [그림 넣기] 대화상자에서 삽입할 그림이 있는 폴더를 더블클릭해 이동한 후 그림을 선택하고 [넣기]를 클릭합니다.

> **TIP** 선택한 사진이 대화상자 오른쪽 미리 보기 창에 보이지 않으면 도구 단추 중에서 [보기]를 클릭하고 [작은 그림]을 선택합니다.

28장. 그림에 멋진 효과 넣어 배치하기

STEP 2 | 그림 효과 설정하기

03 삽입된 그림의 조절점을 안쪽으로 드래그해 크기를 줄이고 사진 안에서 마우스를 드래그해 위치를 이동합니다. 적당한 크기와 위치가 되면 [그림 도구 상자]에서 [밝게]( )를 두 번 클릭합니다.

> **TIP** [그림 도구 상자]는 그림이 선택되면 자동으로 나타납니다. 사진이 너무 밝은 경우에는 [그림 도구 상자]에서 [어둡게]( )를 클릭합니다.

04 그림을 하나 더 삽입한 후 [그림 도구 상자]에서 [자르기]( )를 클릭합니다.

05 그림의 테두리 조절점 부분이 검은 선으로 바뀌면 조절점에서 마우스를 안쪽으로 천천히 드래그해 바깥쪽 그림을 공간에 맞게 잘라냅니다.

06 [그림 도구 상자]에서 [글 뒤로]( )를 클릭합니다. 글과 겹치도록 그림을 위쪽으로 조금 드래그합니다.

> **TIP** 오른쪽 그림의 배치 상태는 글과 그림이 함께 배치되는 [어울림]입니다. [글 앞으로]를 선택하면 그림이 글 앞으로 겹쳐 글이 가려집니다. [자리 차지]를 선택하면 그림 옆에 글이 올 수 없습니다.

28장. 그림에 멋진 효과 넣어 배치하기 133

29 내 글에 맵시내기

한글 2007의 글맵시 기능을 이용하면 글자 모양 기능으로는 표현하기 어려운 큰 글씨와 다양한 모양, 여러 가지 스타일의 색, 그림자 등을 표현할 수 있습니다. 눈에 띄는 멋진 글자를 만드는 방법에 대해 알아봅니다.

| 이런 걸 배워요! | 글맵시 삽입, 글맵시 편집

미리보기

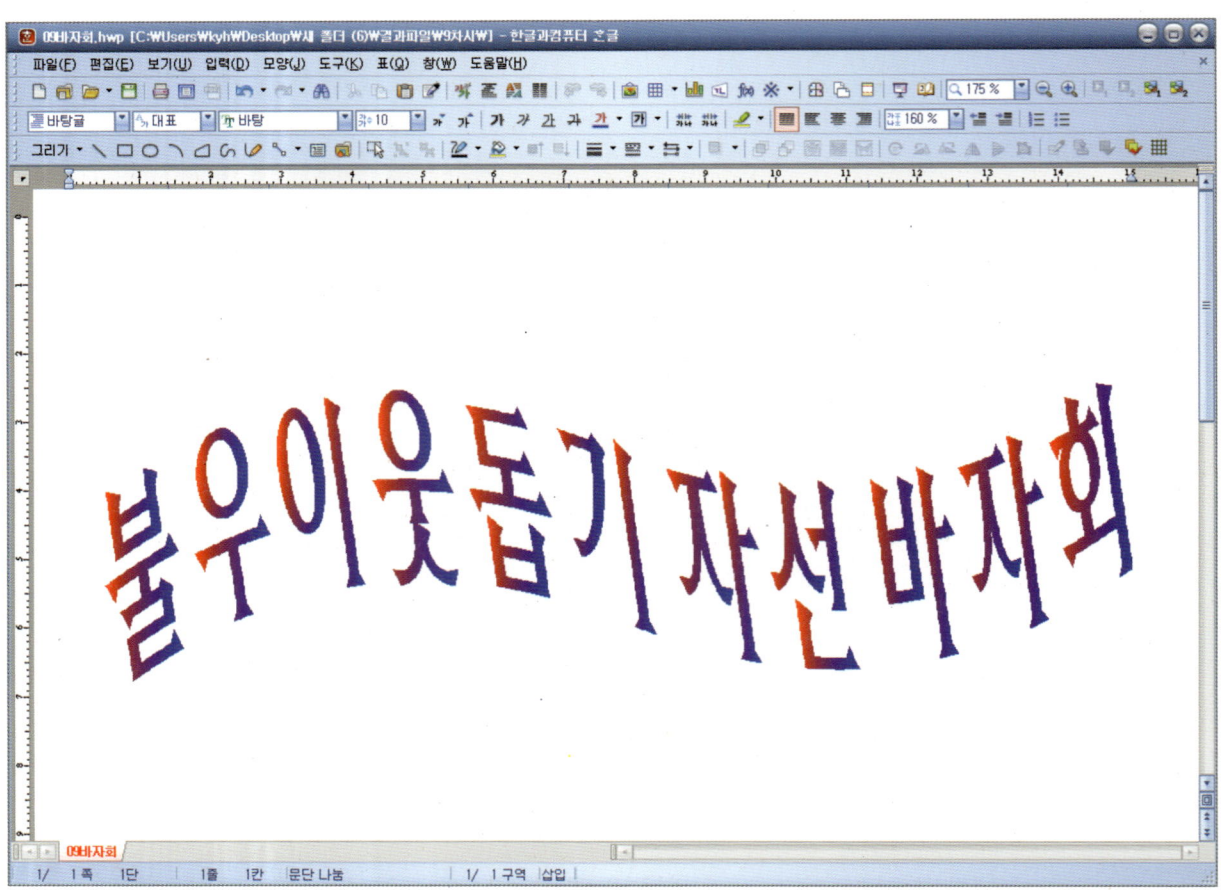

STEP 1 | 글맵시 개체 만들기

01 [기본 도구 상자]에서 [글맵시]( )를 클릭합니다. [글맵시 개체 만들기] 대화상자가 나타나면 [내용]에 '불우이웃돕기 자선 바자회'를 입력합니다.

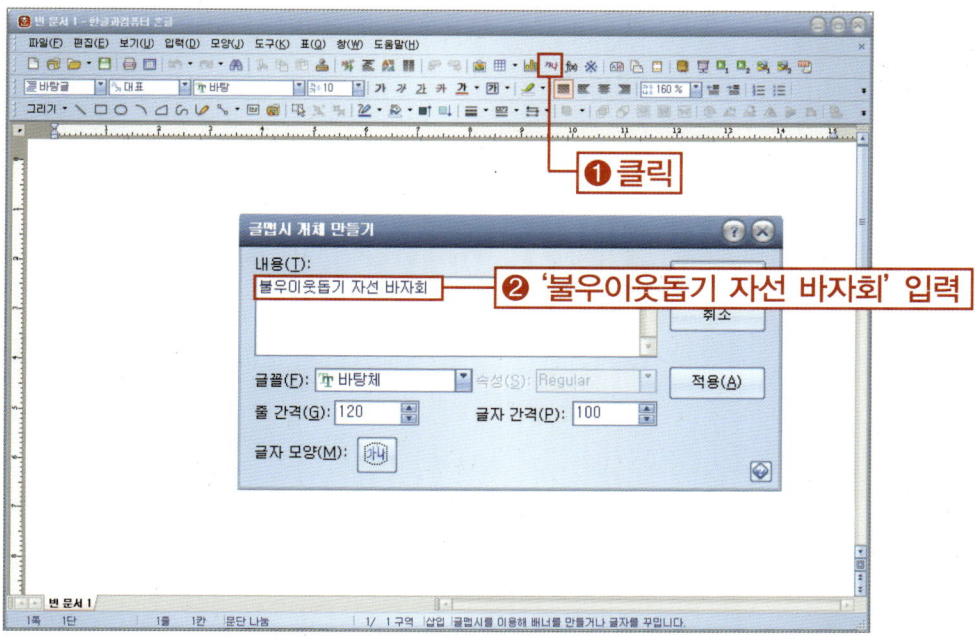

02 [글꼴]의 목록 단추를 클릭하고 'HY크리스탈M'을 선택한 후 [설정]을 클릭합니다.

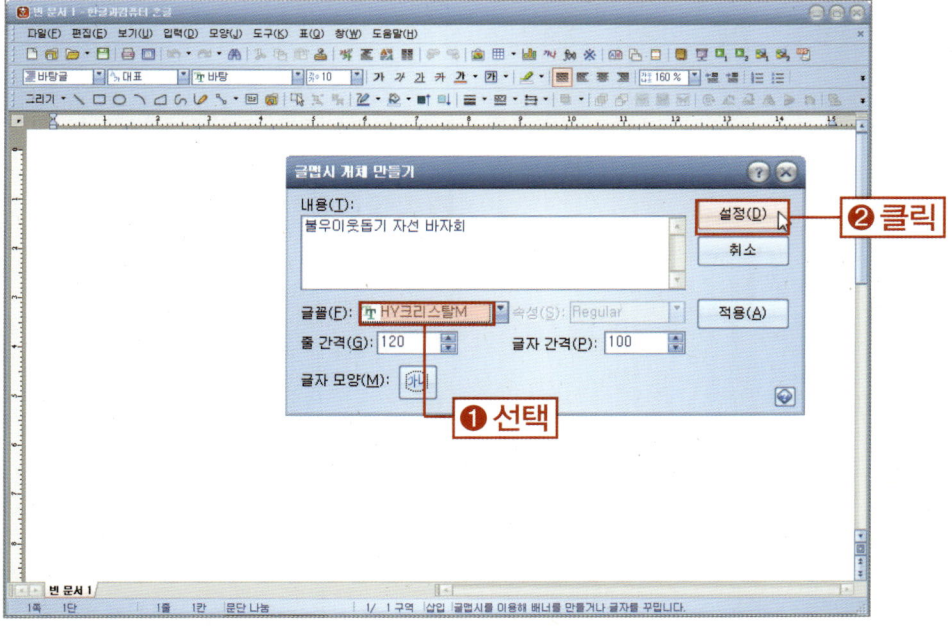

29장. 내 글에 맵시-내기 135

03 글맵시가 삽입되면 조절점을 드래그해 다음과 같이 글맵시를 확대합니다. [글맵시 개체 도구 상자]의 [글맵시 글자 모양](　)을 클릭하고 다른 모양을 선택합니다.

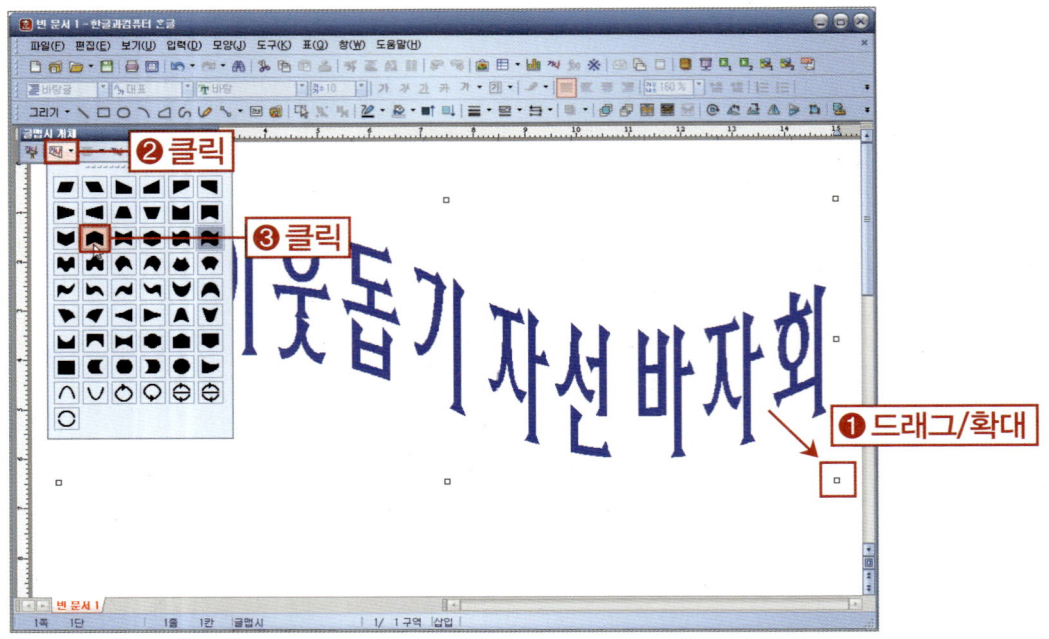

> TIP 글맵시는 글자를 그림과 같은 하나의 개체로 인식하므로 조절점을 이용해 확대, 축소가 가능하며 이동, 복사도 할 수 있습니다.

04 글맵시의 모양이 변경됩니다. 글맵시를 더블클릭하여 [개체 속성] 대화상자가 나타나면 [채우기] 탭을 클릭합니다.

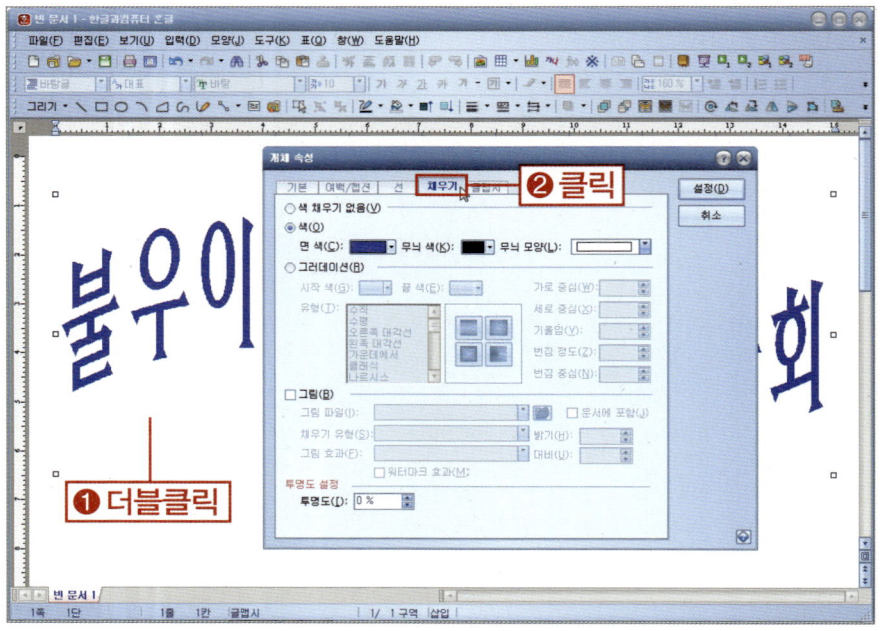

> TIP 간단한 색 변경이나 테두리 색 변경은 [글맵시 도구 상자]의 [채우기 색]이나 [선 색]을 클릭해 설정할 수 있습니다.

05 [그러데이션]을 클릭하고 [유형]에서 '천국과 지옥'을 선택한 후 [설정]을 클릭합니다.

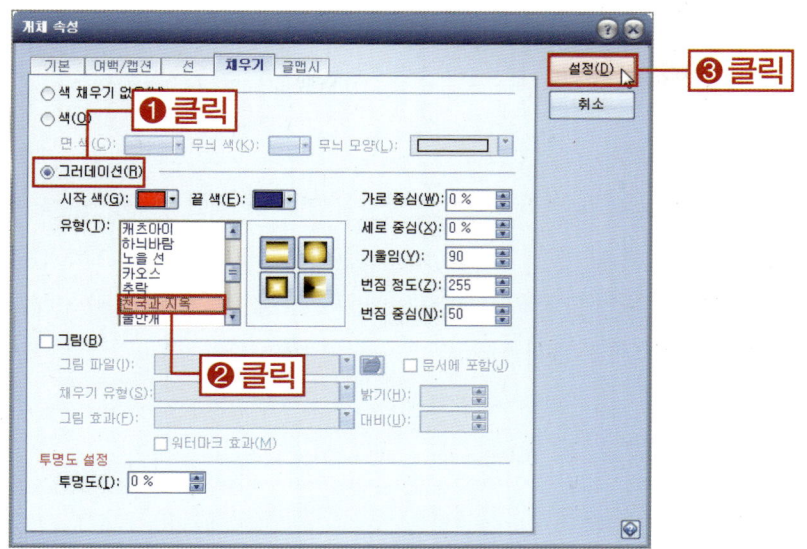

06 [글맵시 개체 도구 상자]에서 [회전]( )을 클릭한 후 오른쪽 상단의 연두색 회전 핸들을 드래그해 글맵시를 약간 회전시킵니다.

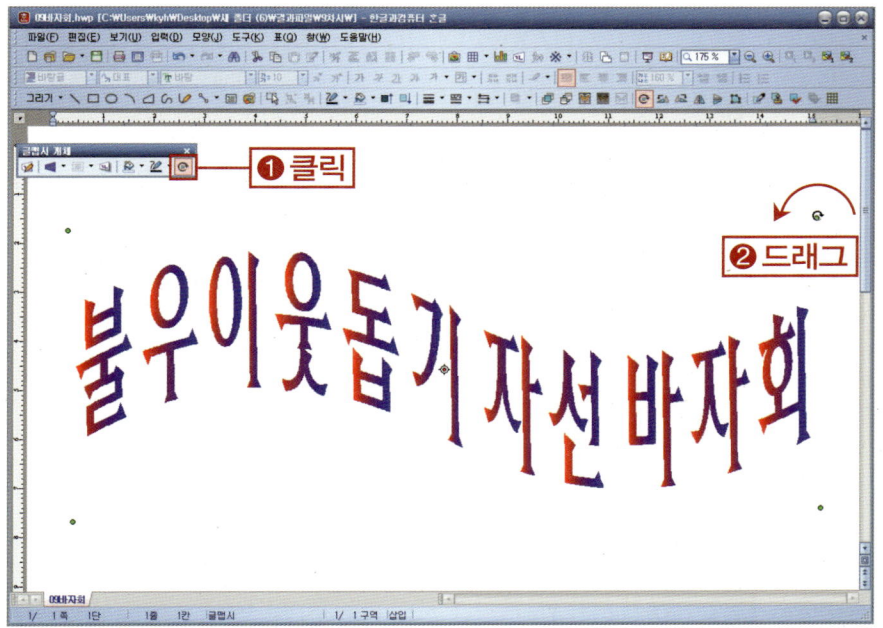

> **TIP** 가운데 부분에 생기는 빨간 점이 회전의 축이 되고, 연두색 점에서 마우스를 드래그하면 회전할 수 있습니다.

29장. 내 글에 맵시내기 137

30 문서에 한자와 기호 넣기

한글 2007에서는 문서에 한자를 쉽게 삽입할 수 있습니다. 한자 목록에서 해당 음을 가진 한자를 선택할 수 있고 자전을 이용해 뜻을 확인할 수 있으며 자주 사용하는 한자어는 단어 단위로 변환할 수 있습니다. 또한 다양한 모양의 기호들을 제공하므로 필요에 따라 삽입할 수도 있습니다. 기호와 한자 삽입 방법에 대해 알아봅니다.

| 이런 걸 배워요! | 기호 삽입, 한자 삽입

미리보기

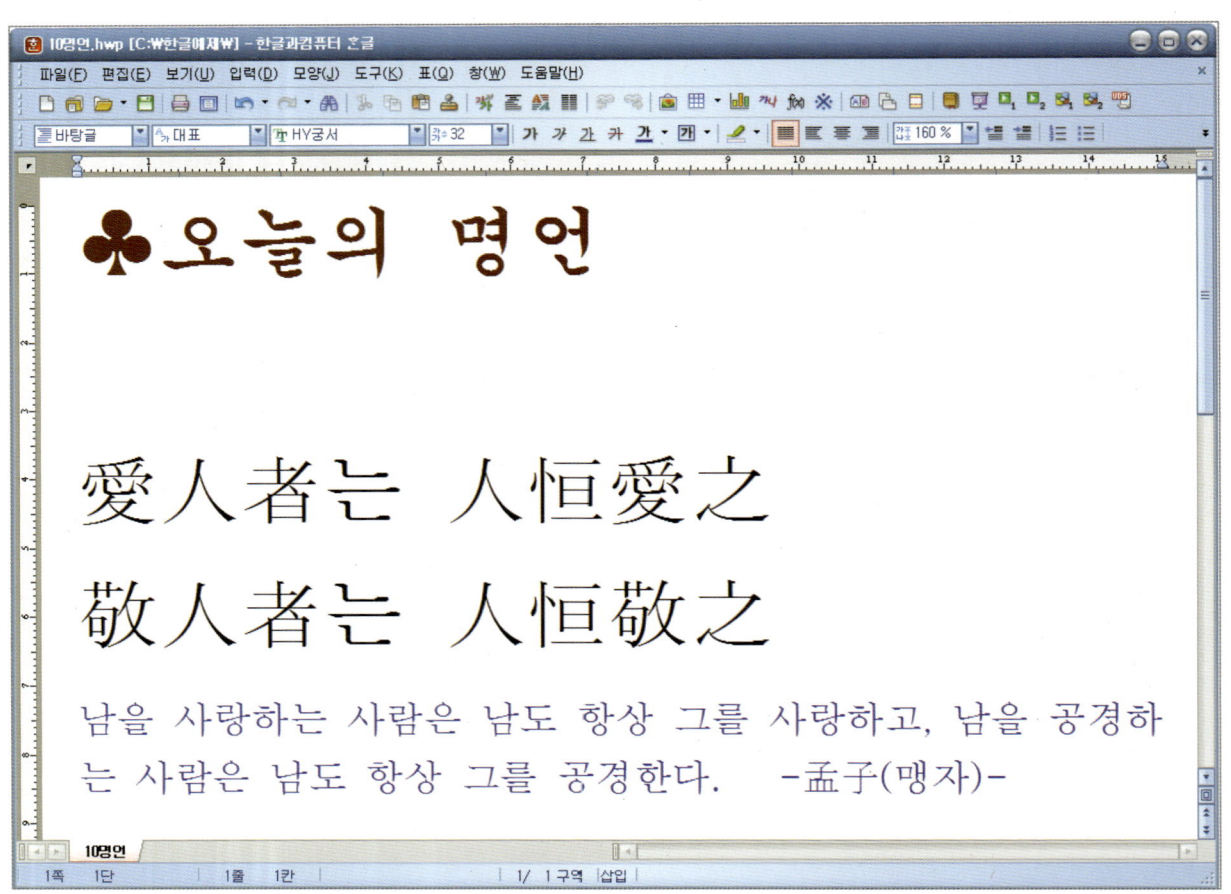

STEP 1 | 기호 삽입하기

01 새 문서를 열고 다음과 같이 내용을 입력한 후 글자 모양을 꾸밉니다.

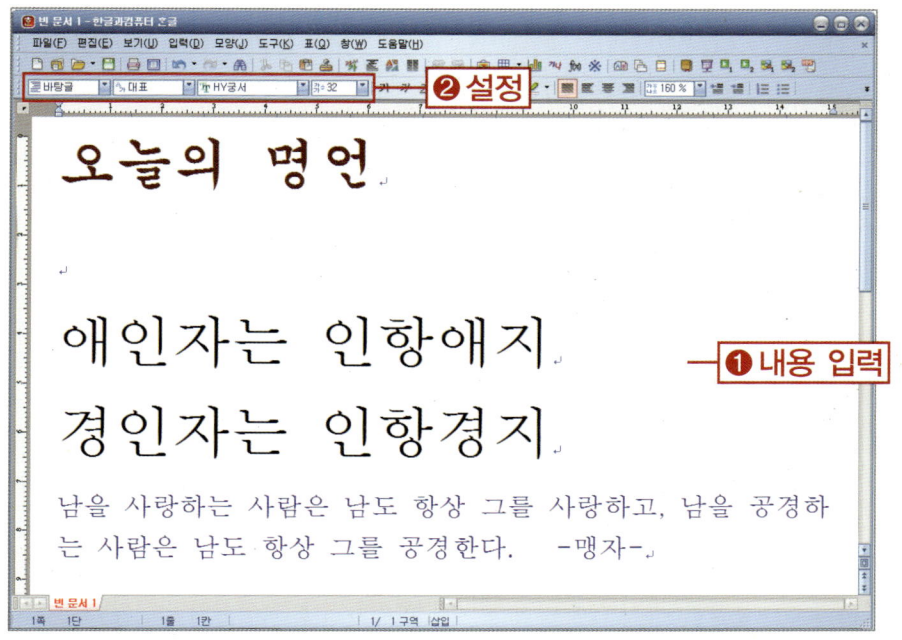

> **TIP** 글자 모양 : [제목] HY궁서, 32 / [한자어] 바탕, 32 / [뜻 풀이] 바탕, 15

02 문서의 첫 줄 처음에 커서를 놓고 메뉴의 [입력]-[문자표]를 클릭합니다. [문자표 입력] 대화상자의 [한글(HNC)문자표]에서 [전각 기호(일반)]을 선택하고 '♣' 기호를 찾아 클릭합니다. [넣기]-[닫기]의 순으로 클릭합니다.

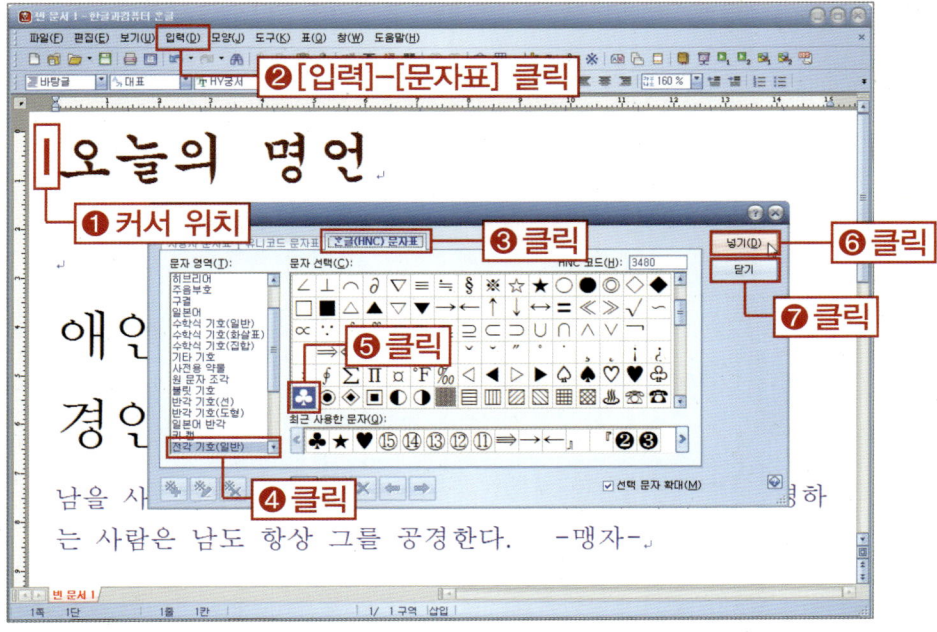

> **TIP** 기호를 더 넣으려면 [닫기]를 클릭하지 않고 문서에서 기호를 넣을 곳을 클릭해 커서를 위치시킨 후 기호를 골라 클릭하고 [넣기]를 클릭합니다.

30장. 문서에 한자와 기호 넣기

STEP 2 | 한자 삽입하기

03 '애인' 뒤에 커서를 놓고 F9를 누릅니다. [한자로 바꾸기] 대화상자가 나타나면 [한자 목록]에서 변환할 한자 단어를 선택하고 [바꾸기]를 클릭합니다.

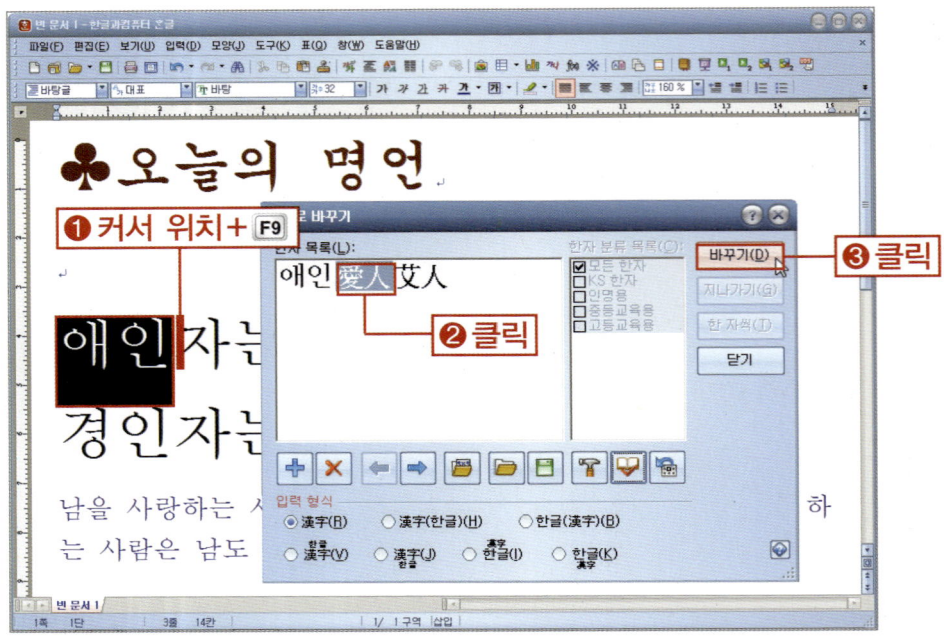

TIP 자주 사용되는 한자는 단어 단위로 제공되므로 한 번에 변환할 수 있습니다.

04 '자' 뒤에 커서를 놓고 다시 F9를 눌러 대화상자를 엽니다. 변환할 한자를 선택한 후 [자전 보이기](📖)를 클릭해 뜻을 확인합니다. 찾는 한자가 맞으면 [바꾸기]를 클릭합니다.

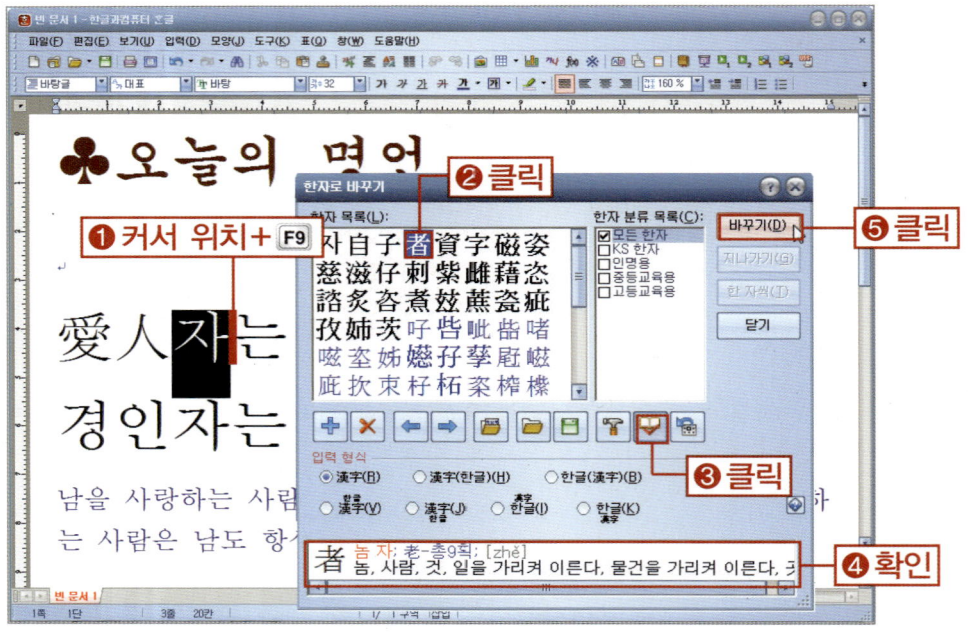

TIP 잘못 변환했을 경우 변환된 한자어 뒤에 커서를 놓고 다시 F9를 누르면 한글로 바뀝니다.

05 나머지 한자들도 위와 같은 방법으로 F9를 눌러 알맞은 한자로 변환합니다. 맨 아래 '맹자' 오른쪽에 커서를 놓고 F9를 누릅니다.

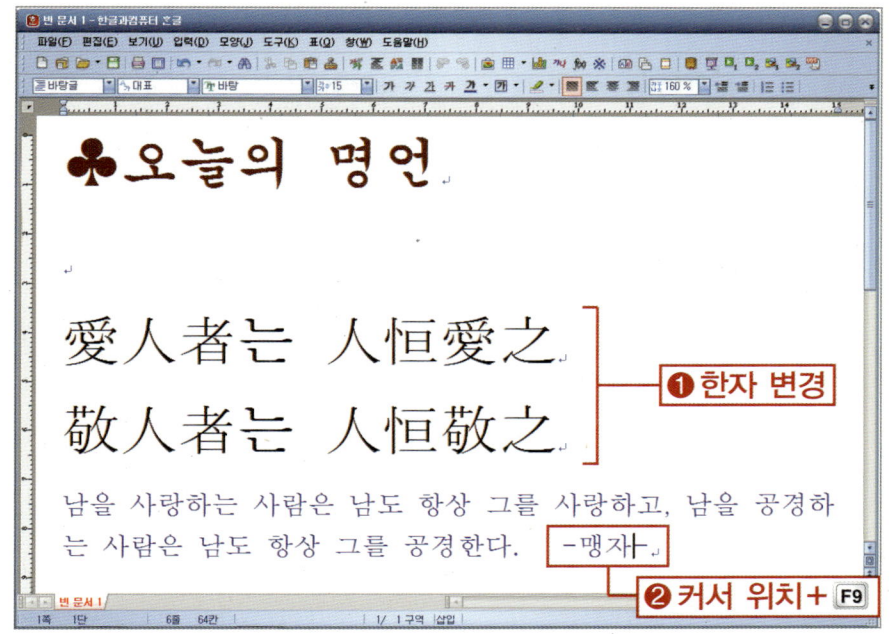

06 대화상자가 나타나면 [한자 목록]에서 알맞은 한자 단어를 선택하고 [입력 형식]에서 '漢字(한글)'을 선택한 후 [바꾸기]를 클릭합니다.

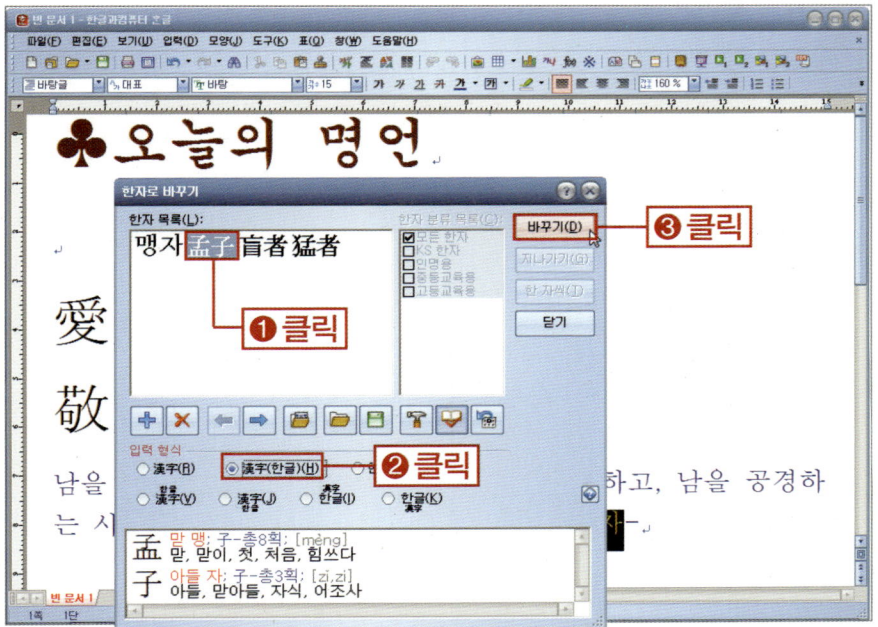

31 척척! 요일별 스케줄표 만들기

한글 2007의 표 기능은 어려운 표를 손쉽게 만들 수 있도록 도와줍니다. 만들어진 표는 사용자가 작성 목적에 맞게 그 크기나 모양을 조절할 수 있고, 표 안의 각 셀에 독립적으로 내용을 입력할 수도 있습니다. 표 기능으로 간단한 스케줄표를 만들어 봅니다.

| 이런 걸 배워요! | 표 삽입, 줄/칸의 크기 조절

미리보기

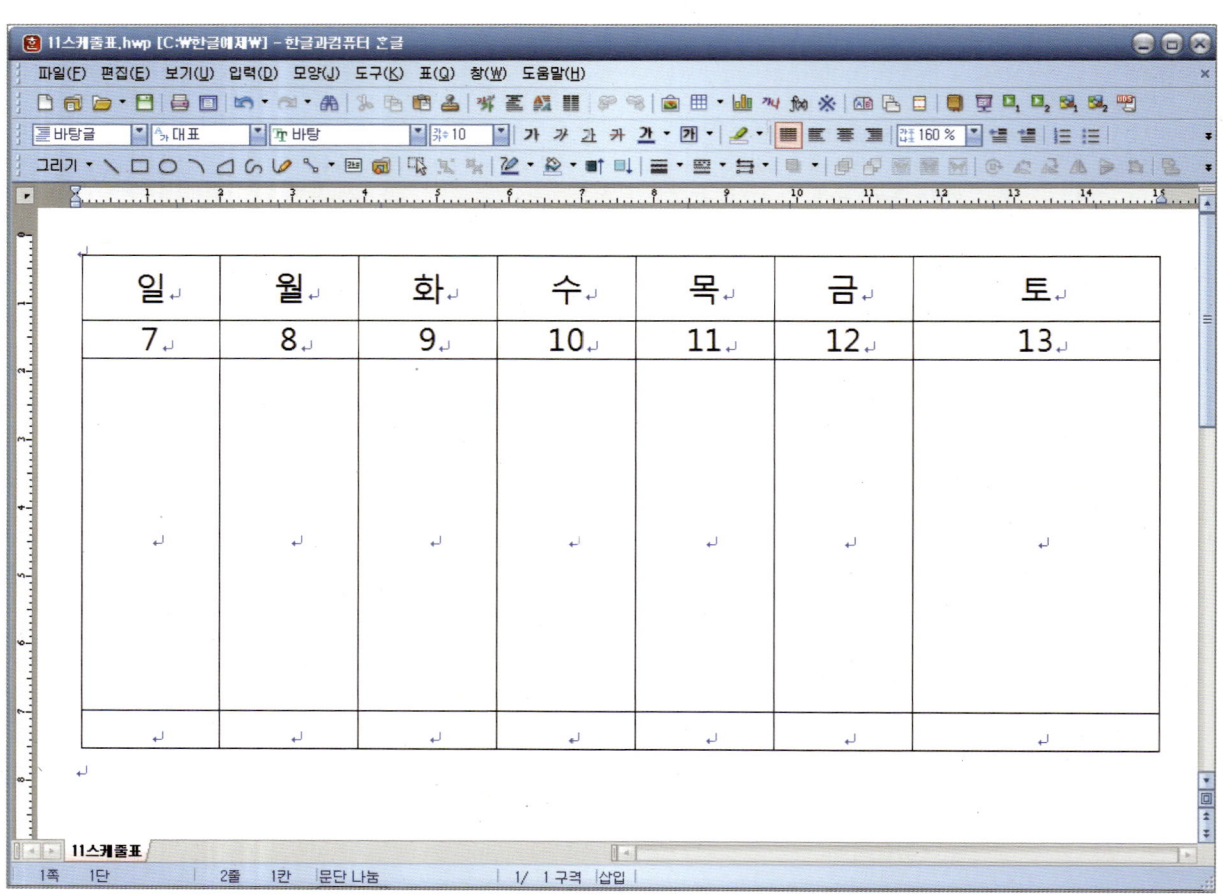

STEP 1 표 삽입하기

01 [기본 도구 상자]에서 [표 만들기]( )의 목록 단추를 클릭하고 마우스를 드래그해 '4×7'이 되면 클릭합니다.

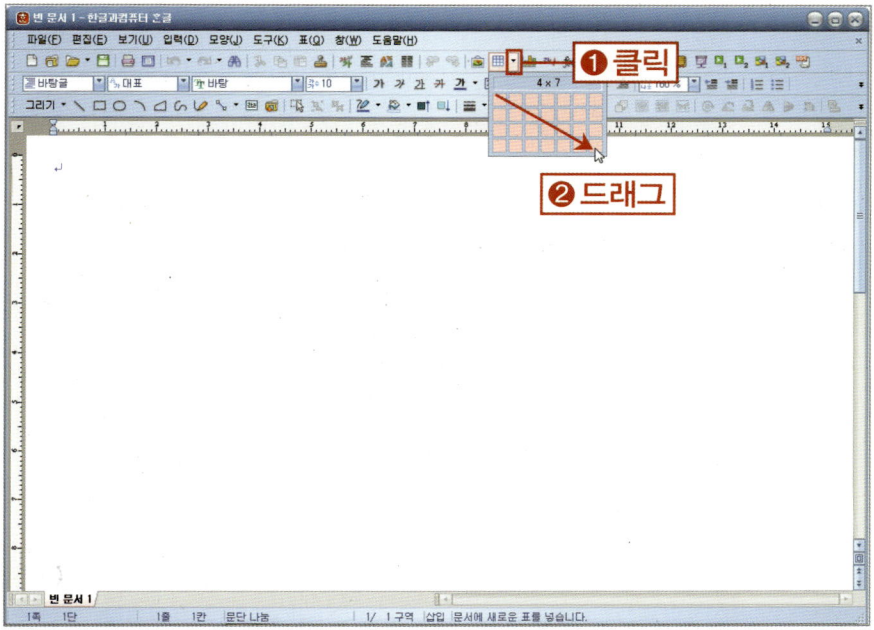

02 표가 삽입되면 각각의 셀 안을 클릭해 내용을 입력합니다.

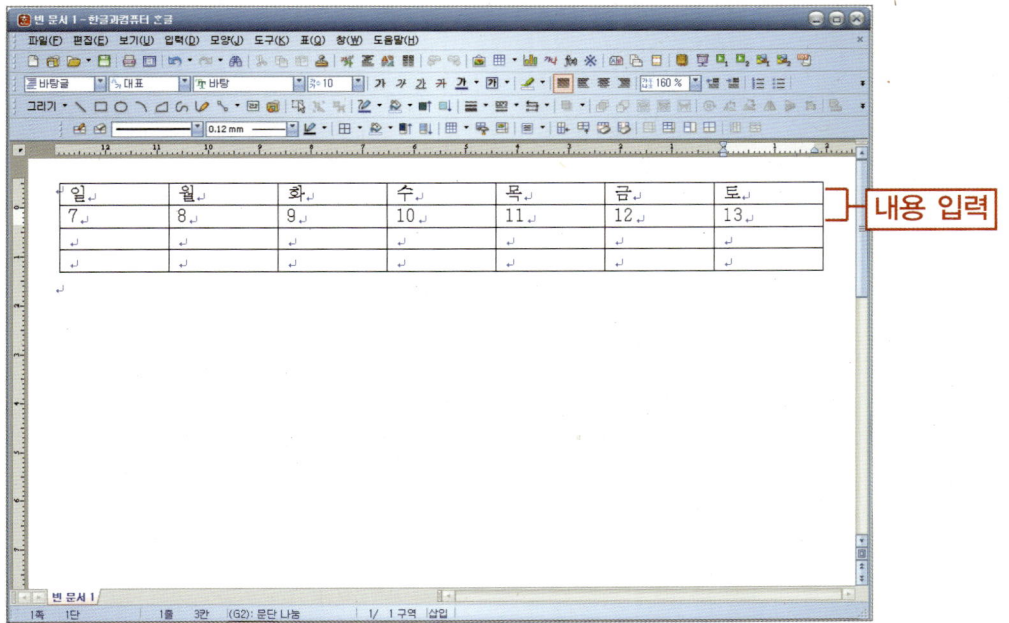

> **TIP** 셀 사이의 이동은 마우스를 클릭하거나 키보드의 화살표 키를 누릅니다.

STEP 2 | 표 편집하기

03 표 전체를 드래그해 블록을 설정하고 [서식 도구 상자]에서 [가운데 정렬](≡)을 클릭합니다. [글꼴]을 '맑은 고딕'으로, [글자 크기]를 '13'으로 설정합니다.

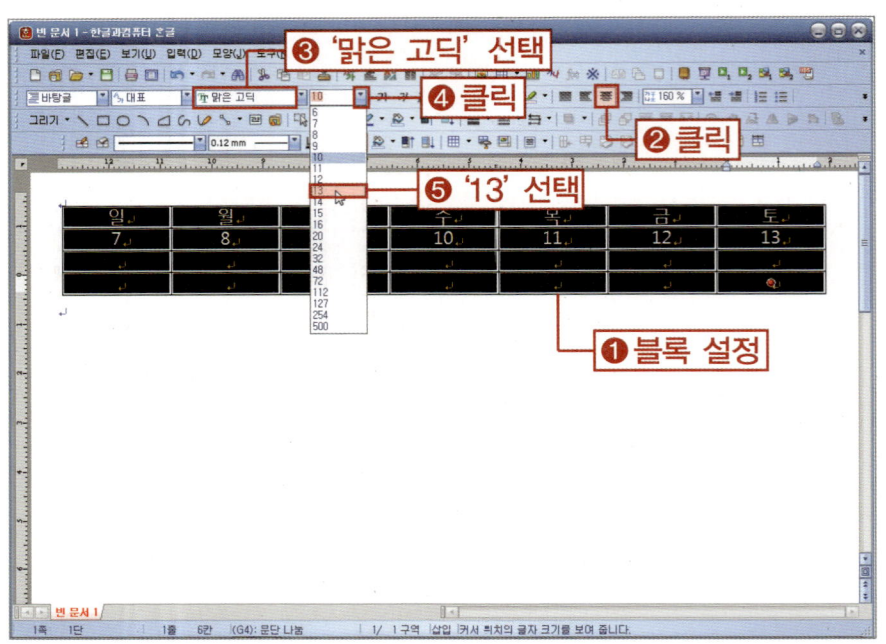

04 첫째 줄의 아무 셀에나 커서를 놓고 키보드의 F5를 눌러 셀 하나를 블록 설정합니다. 키보드의 Ctrl을 누른 채 화살표 키 ↓를 네 번 눌러 선택된 셀의 높이를 늘립니다.

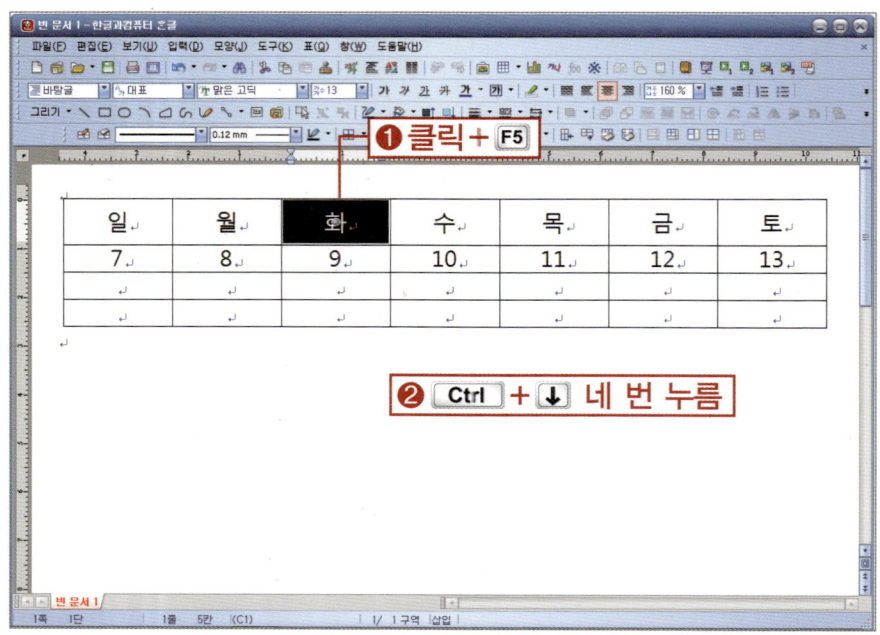

05 세 번째 줄로 이동한 후 다시 셀 하나를 블록 설정하고 Ctrl 을 누른 채 화살표 키 ↓를 여러 번 눌러 선택된 셀의 높이를 다음과 같이 늘립니다.

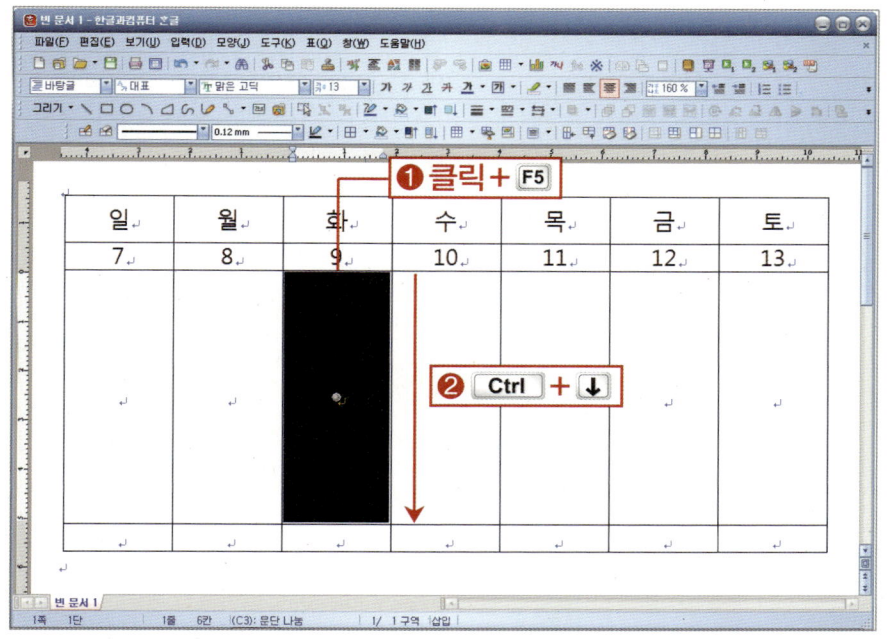

06 일요일 칸부터 금요일 칸까지 드래그하여 블록 설정하고 Ctrl 을 누른 채 화살표 키 ←를 두 번 눌러 셀 너비를 줄입니다. 다시 토요일 칸만 선택한 후 Ctrl 을 누른 채 화살표 키 →를 여러 번 눌러 셀 너비를 늘입니다.

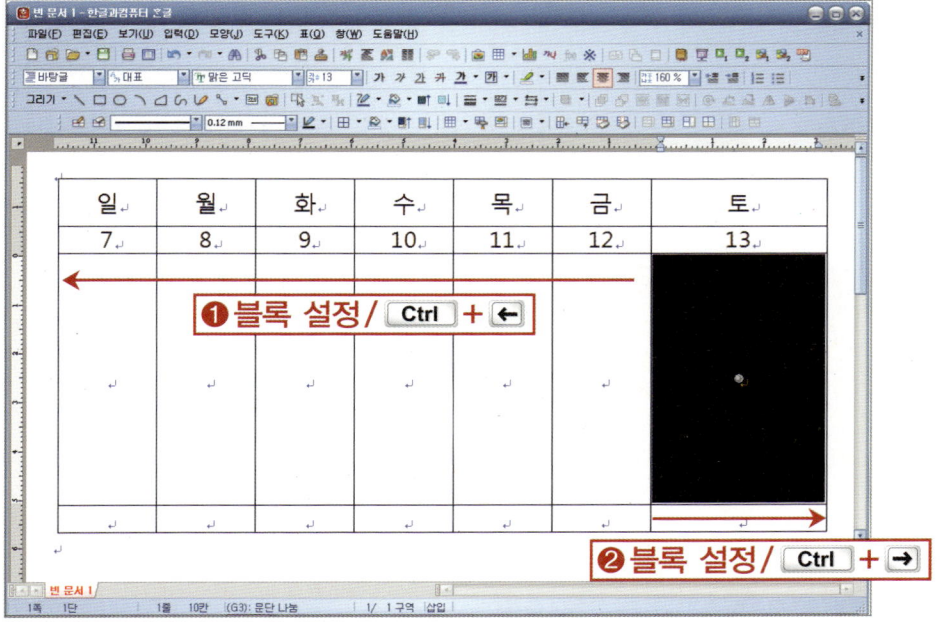

32 다양한 크기와 색으로 표 꾸미기

삽입된 표는 셀 하나하나의 크기뿐 아니라 테두리의 색, 배경 색, 무늬 등도 꾸밀 수 있습니다. 셀의 테두리와 배경 색을 설정해 보다 멋진 표로 꾸며 봅니다.

| 이런 걸 배워요! | 셀 테두리 설정, 배경 색 설정

미리보기

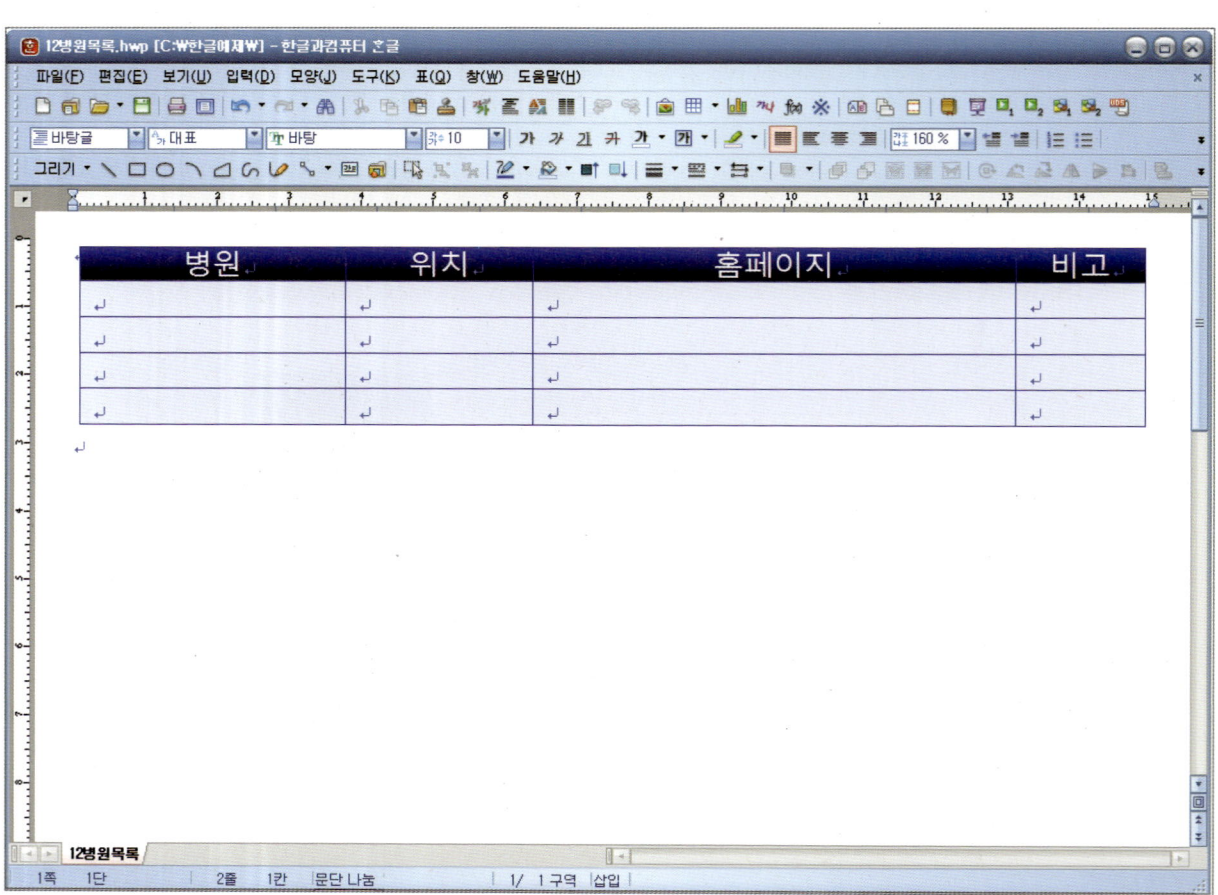

STEP 1 | 표 삽입하기

01 [기본 도구 상자]에서 [표 만들기](▦▾)의 목록 단추를 클릭하고 마우스를 드래그해 '5×4'의 표를 삽입합니다.

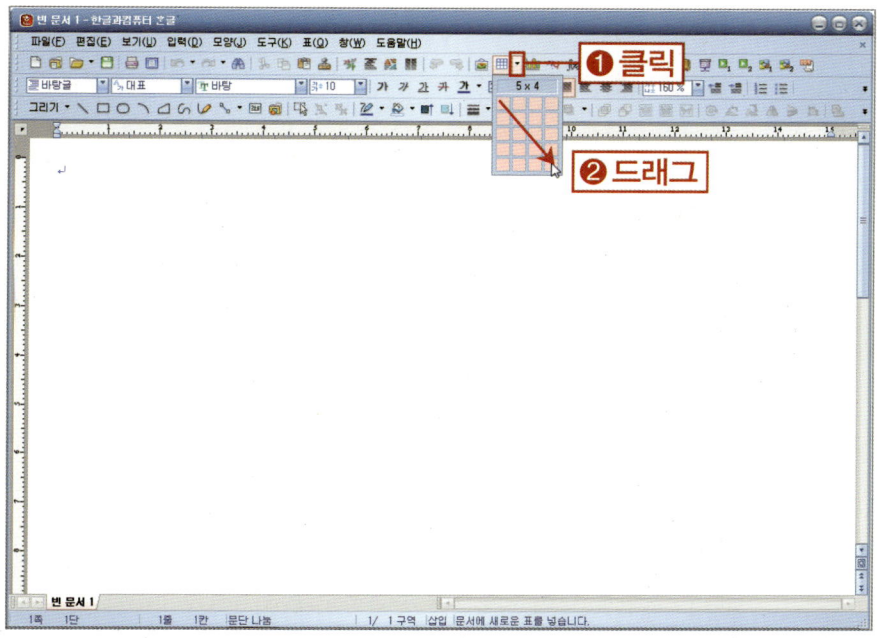

02 표가 삽입되면 두 번째 세로줄에 마우스 포인터를 놓고 왼쪽으로 드래그해 둘째 칸의 셀 너비를 줄입니다. 다시 셋째 줄에 마우스 포인터를 놓고 오른쪽으로 드래그해 셋째 칸은 넓히고 넷째 칸은 줄입니다.

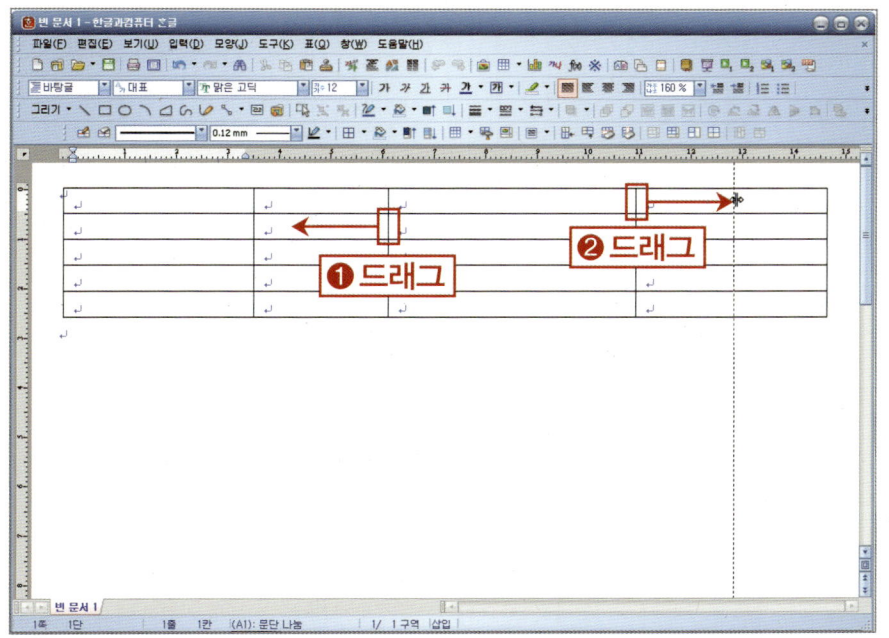

> **TIP** 표의 테두리를 제외한 안쪽 선들을 드래그해 크기를 조절하면 표 전체의 크기는 변하지 않습니다.

STEP 2 | 셀 테두리/배경 설정하기

03 표 전체를 드래그해 블록 설정한 후 [셀 테두리/배경](圖)을 클릭합니다. [셀 테두리/배경] 대화상자의 [테두리] 탭에서 [색]을 클릭하고 '남색'을 선택한 후 미리 보기 창에서 [모두]를 클릭합니다.

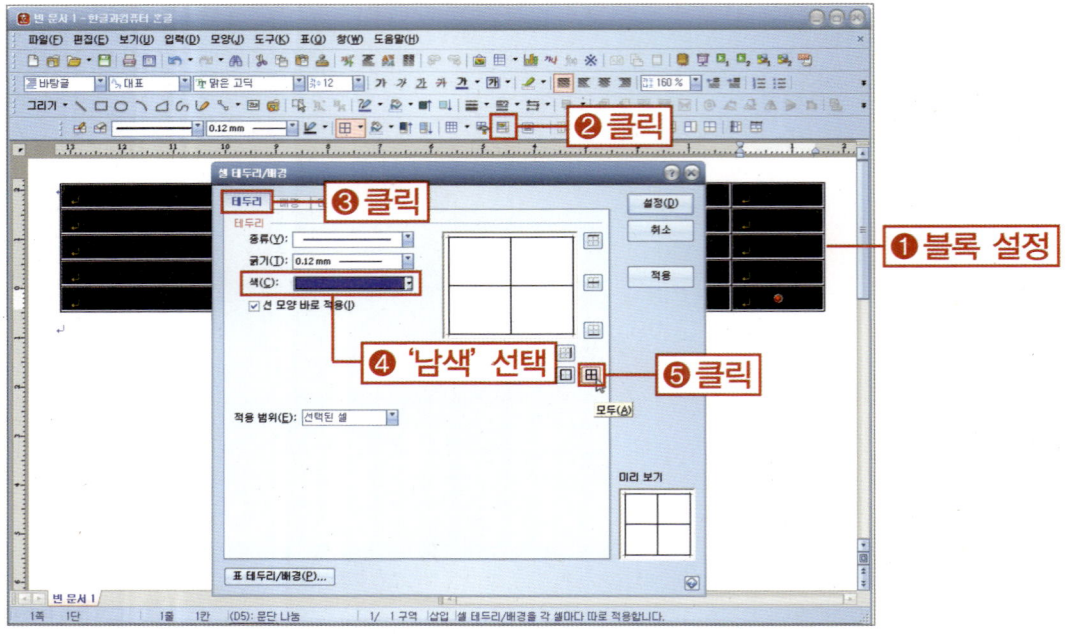

04 [배경] 탭을 클릭해 이동합니다. [색]을 클릭하고 [면 색]을 클릭해 '연한 하늘색(RGB:224,229,250)'을 선택하고 [설정]을 클릭합니다.

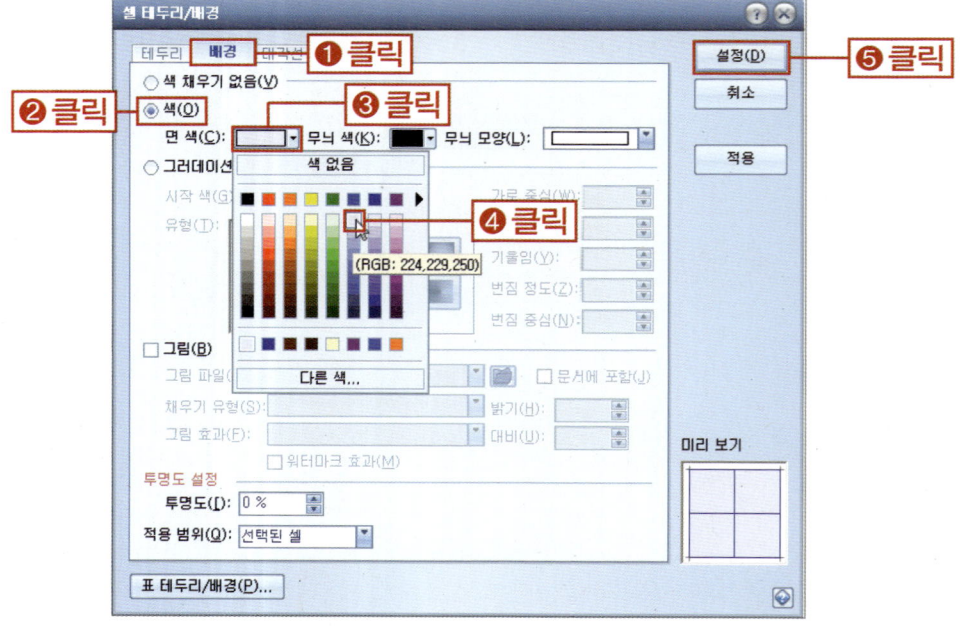

05 다시 첫째 줄만 드래그해 블록 설정한 후 [셀 테두리/배경](圖)을 클릭합니다. 대화상자의 [배경] 탭에서 [그러데이션]을 클릭하고 [유형]에서 '클래식'을 선택한 후 [설정]을 클릭합니다.

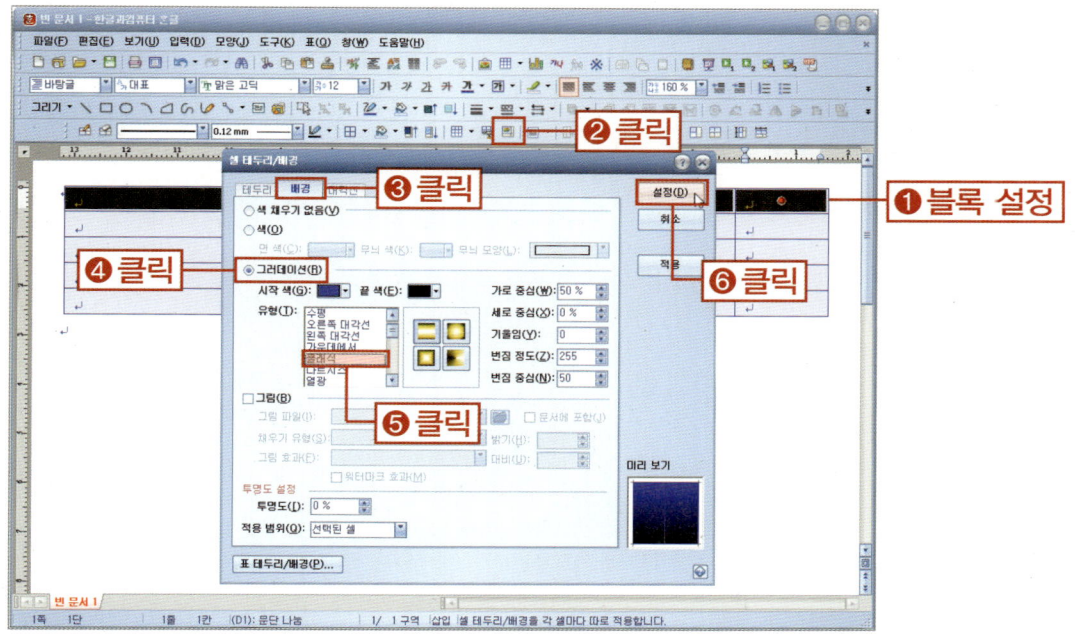

TIP 변경될 배경 색은 오른쪽 하단의 [미리 보기]에서 확인할 수 있습니다.

06 표의 모양이 완성되면 [글자 크기]를 '12'로, [글꼴]을 '맑은 고딕'으로 설정하고 [가운데 정렬]을 클릭한 후 내용을 입력합니다. 이 때 첫째 줄은 배경 색이 진하므로 [글자 색]을 '흰색'으로 설정합니다.

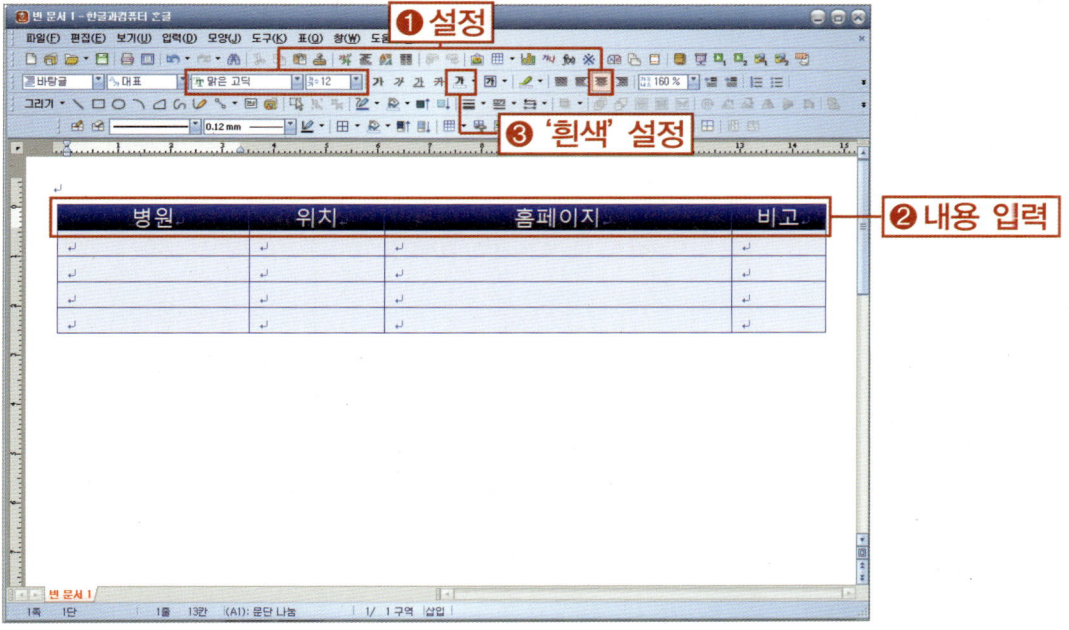

32장. 다양한 크기와 색으로 표 꾸미기 **149**

33 나누고 합치고 복잡한 표 완성하기

문서의 내용을 추가, 삭제 또는 수정하기 위해 작성된 표의 모양을 변경해야 하는 경우 표의 나누기와 합치기 기능을 이용하면 셀을 손쉽게 분리 또는 병합할 수 있습니다. 또한 줄 또는 칸을 원하는 곳에 추가하거나 삭제해 내용을 수정할 수도 있습니다. 표의 모양을 변경하는 방법을 알아봅니다.

| 이런 걸 배워요! | 표 수정

미리보기

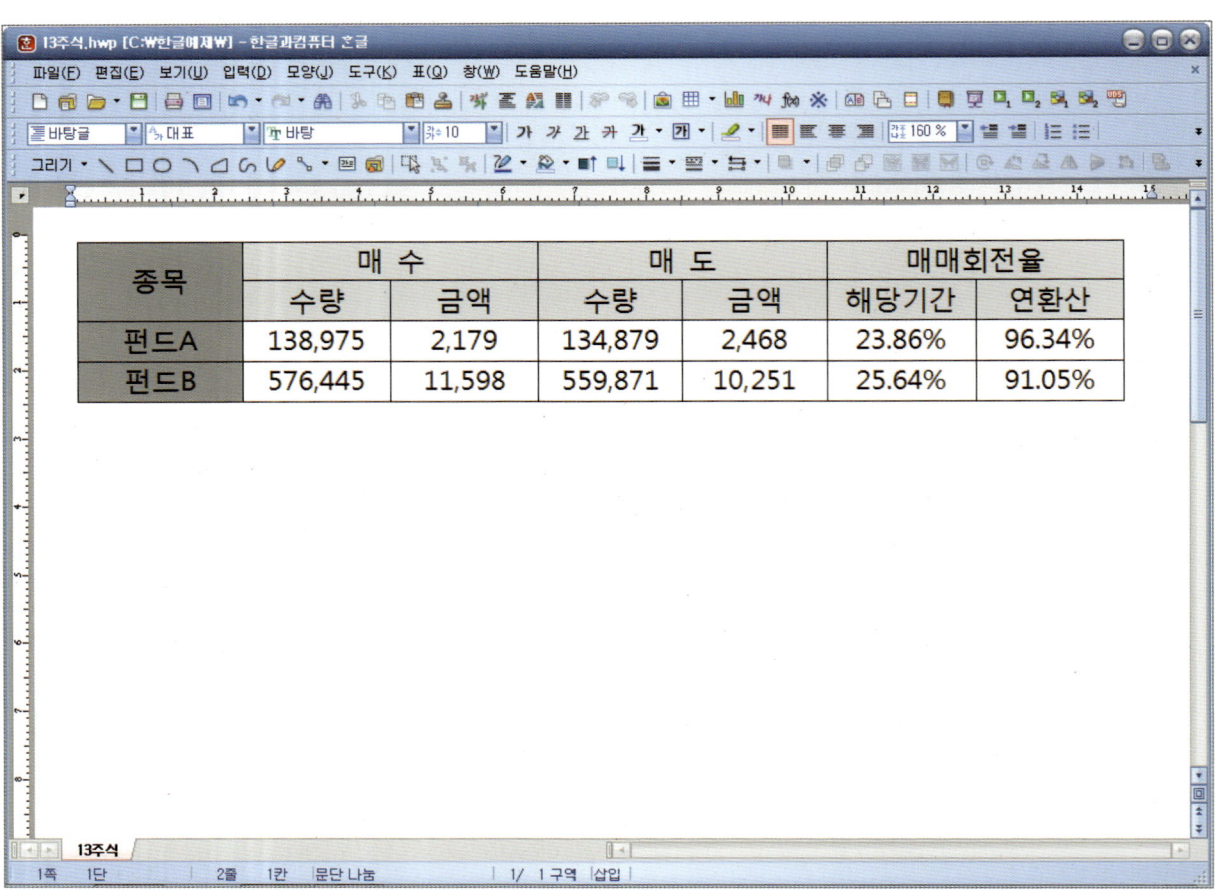

STEP 1 표 모양 변경하기

01 [표 만들기](▦▾)를 클릭해 '4×4'의 표를 삽입합니다. 첫째 칸에서 F5를 눌러 블록을 설정한 후 Ctrl + ← 을 여러 번 눌러 셀 너비를 줄입니다.

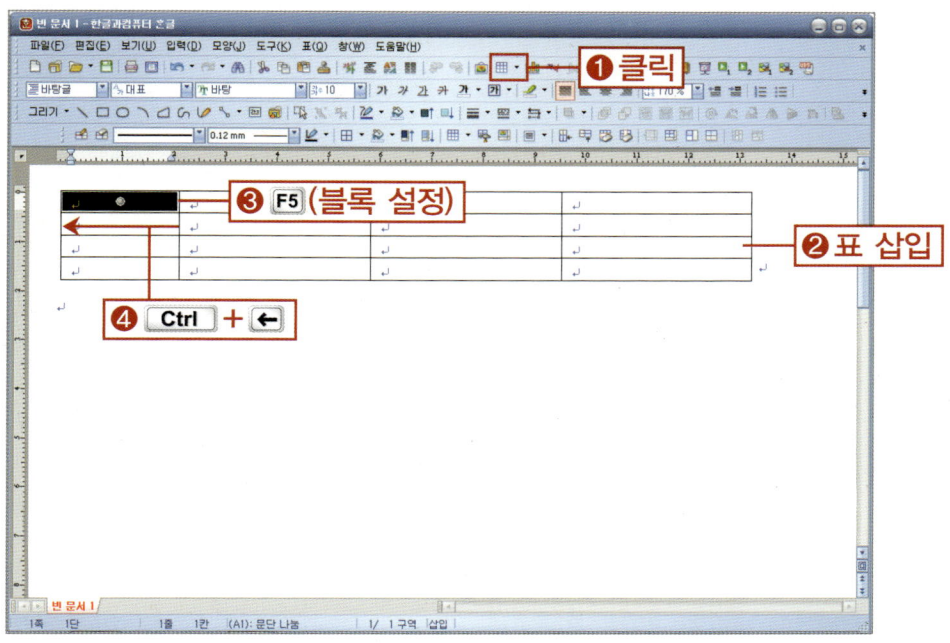

02 다음과 같이 첫째 칸의 두 셀을 드래그해 블록을 설정한 후 [표 도구 상자]에서 [셀 합치기](▦)를 클릭합니다.

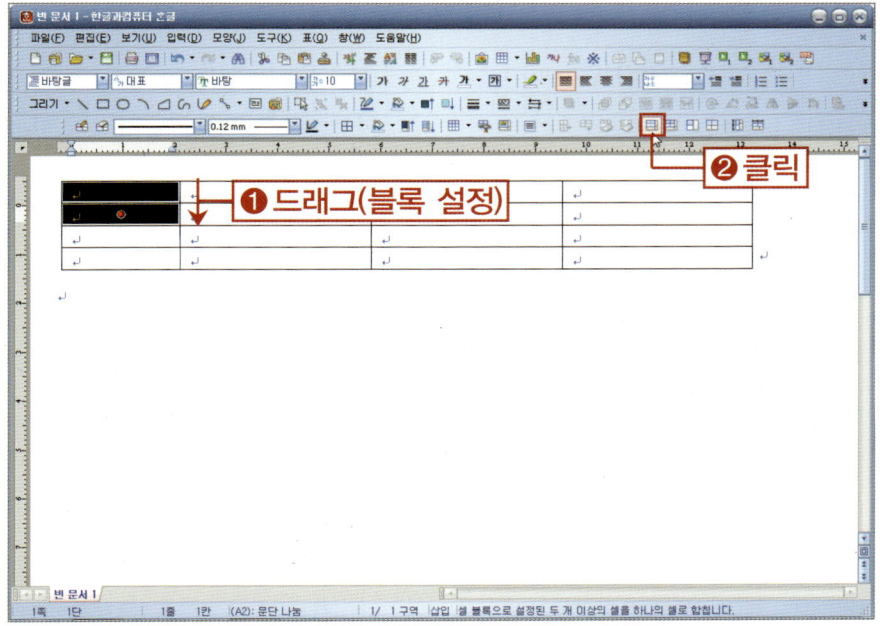

TIP [셀 합치기]는 두 개 이상의 셀을 선택해야 실행할 수 있습니다.

33장. 나누고 합치고 복잡한 표 완성하기

03 이번에는 첫째 줄의 오른쪽 두 셀을 블록 설정한 후 [표 도구 상자]에서 [셀 합치기](圖)를 클릭합니다.

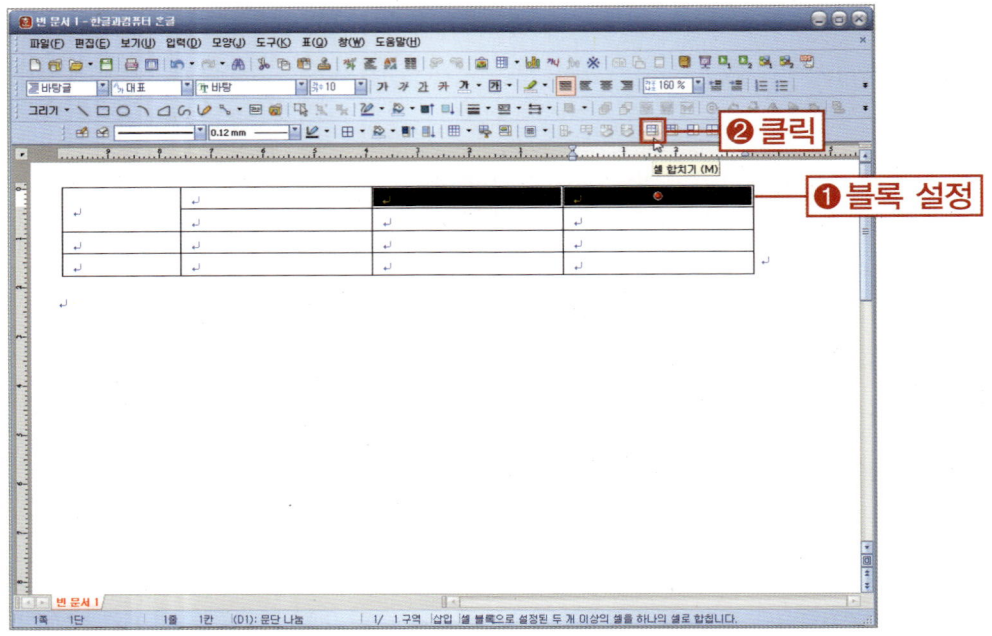

04 둘째 칸의 세 셀을 블록 설정한 후 [표 도구 상자]에서 [셀 칸으로 나누기](圖)를 클릭합니다.

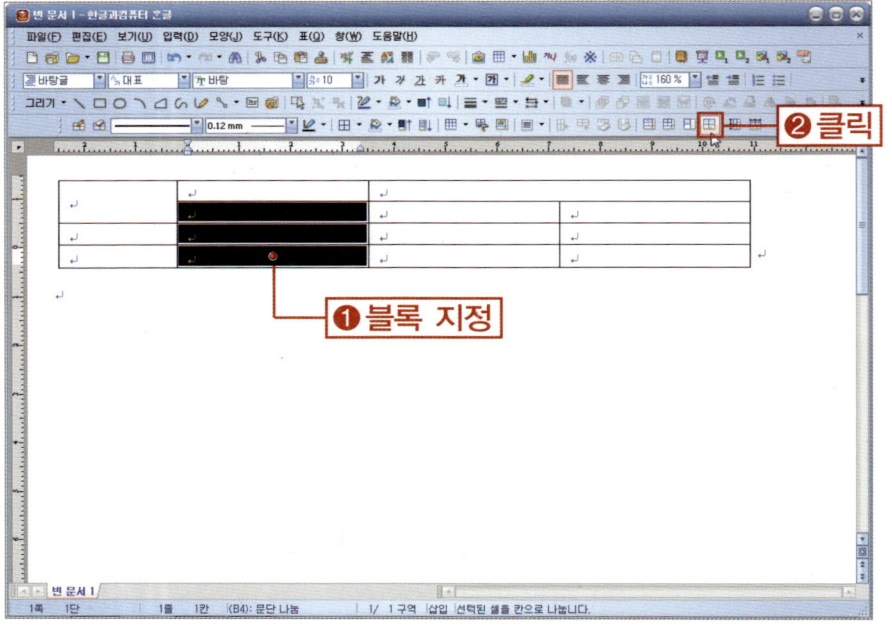

> **TIP** [셀 줄로 나누기](圖)를 클릭하면 선택한 셀이 가로 방향으로 나뉩니다.

05 오른쪽 두 셀을 블록 설정한 후 Ctrl+←을 눌러 셀 너비를 줄입니다. 오른쪽 끝 칸의 셀에 커서를 놓고 [표 도구 상자]에서 [오른쪽에 칸 추가하기](툴)를 두 번 클릭합니다.

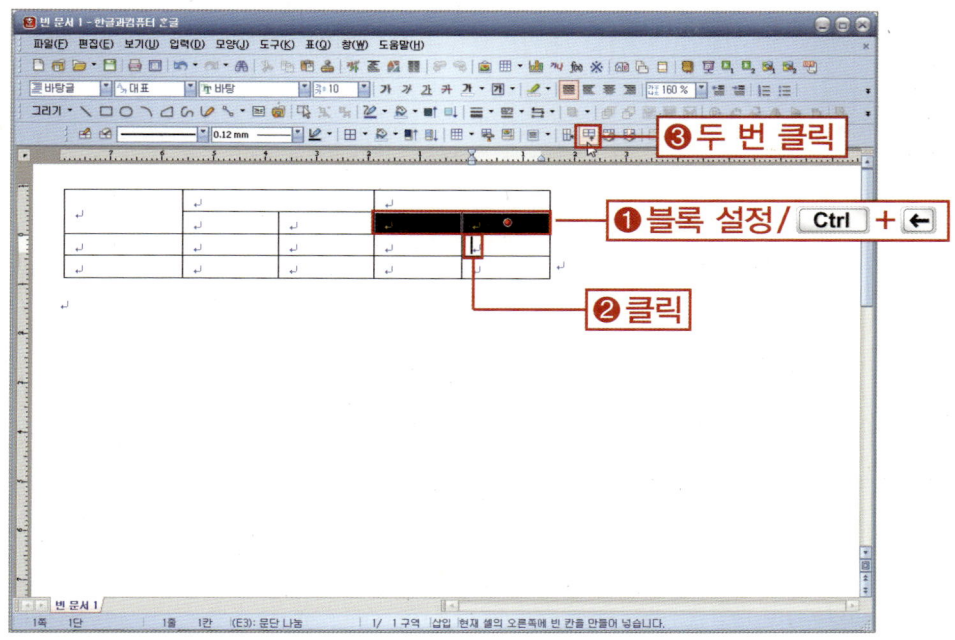

06 추가된 두 칸의 첫째 줄을 블록 설정하고 [셀 합치기](툴)를 클릭합니다. 내용을 입력하고 글자 모양과 배경색을 설정해 표를 완성합니다.

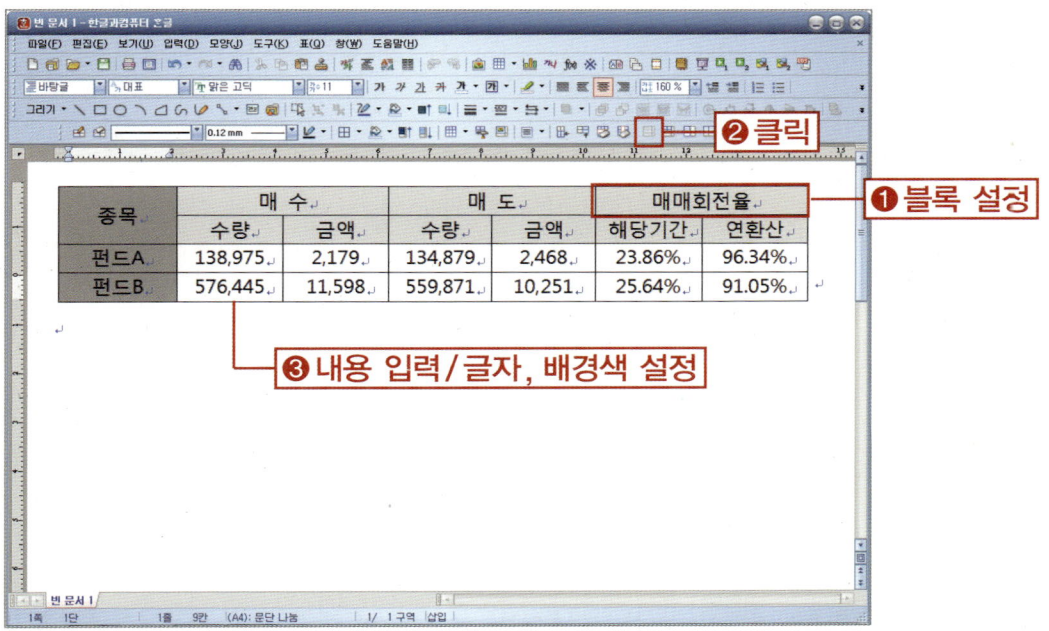

34 글상자와 쪽 테두리로 내 명함 만들기

[쪽 테두리/배경]은 문서에 특정 스타일의 테두리 선을 삽입하거나 배경 색을 설정하는 기능입니다. 글상자는 표와 달리 하나의 사각형 상자 안에 글이나 그림을 삽입할 수 있습니다. 쪽 테두리와 글상자 기능을 이용해 자신만의 명함을 만들어 봅니다.

| 이런 걸 배워요! | 쪽 테두리, 글상자 삽입

미리보기

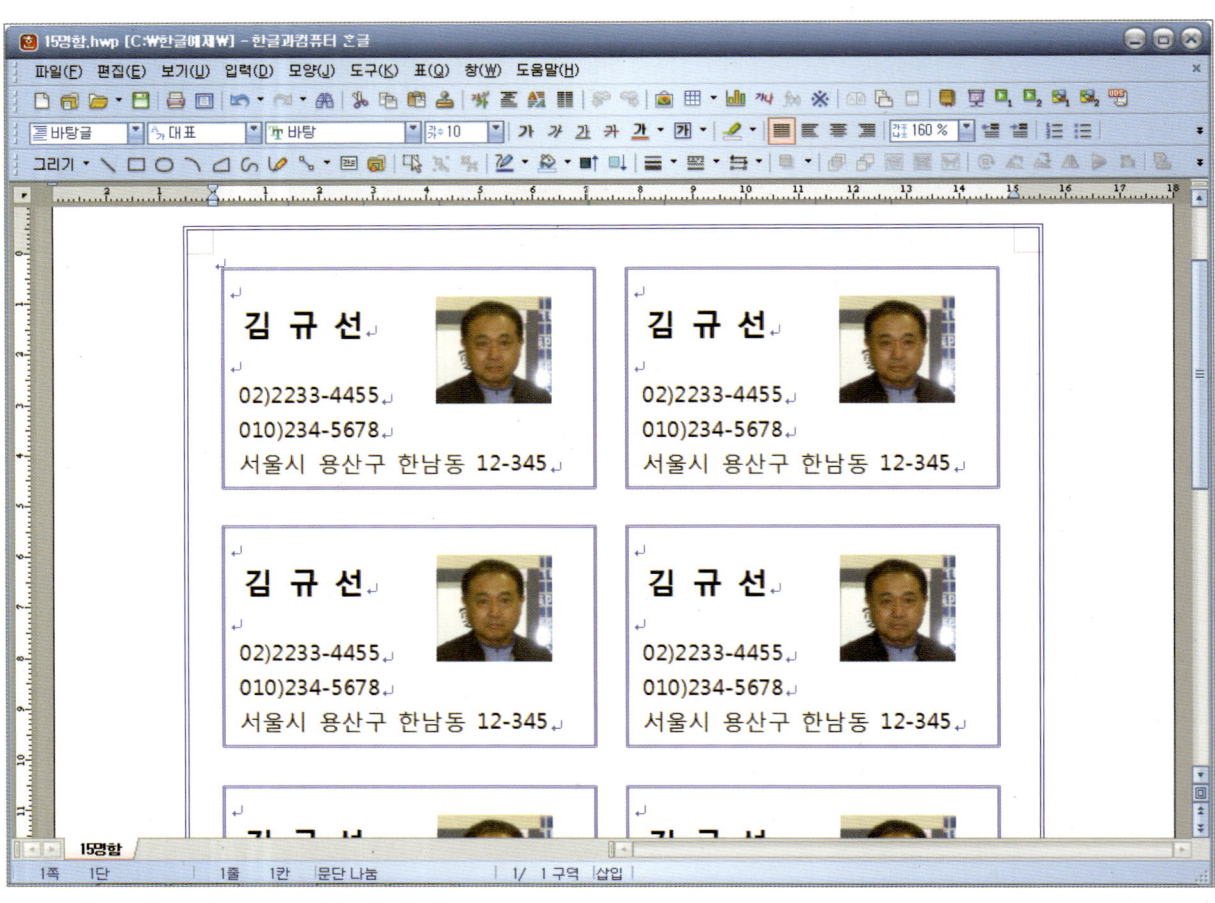

154 눈이 편한 컴퓨터

STEP 1 | 쪽 테두리 설정하기

01 [보기] 메뉴에서 [쪽 윤곽]을 클릭합니다. 다시 [모양] 메뉴에서 [쪽 테두리/배경]을 클릭합니다.

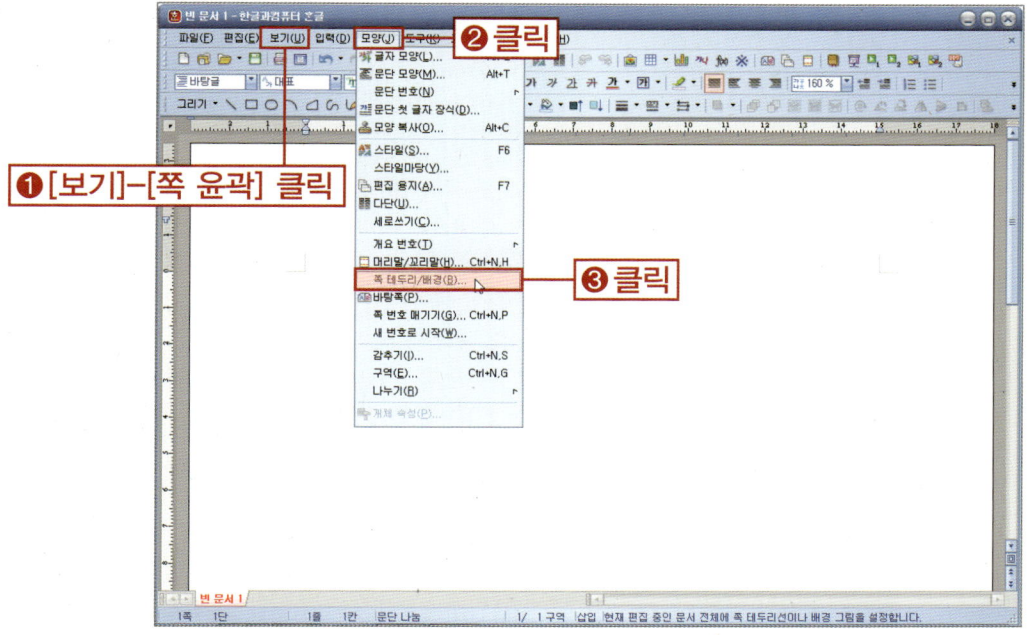

> **TIP** 쪽 테두리 선은 여백 부분에 표시되므로 화면상으로는 쪽 윤곽 보기 상태에서만 확인할 수 있습니다.

02 [쪽 테두리/배경] 대화상자의 [테두리] 탭에서 [종류]를 '이중선'으로 선택하고 [색]을 '남색'으로 선택합니다. 미리 보기 창의 [모두]를 클릭한 후 [설정]을 클릭합니다.

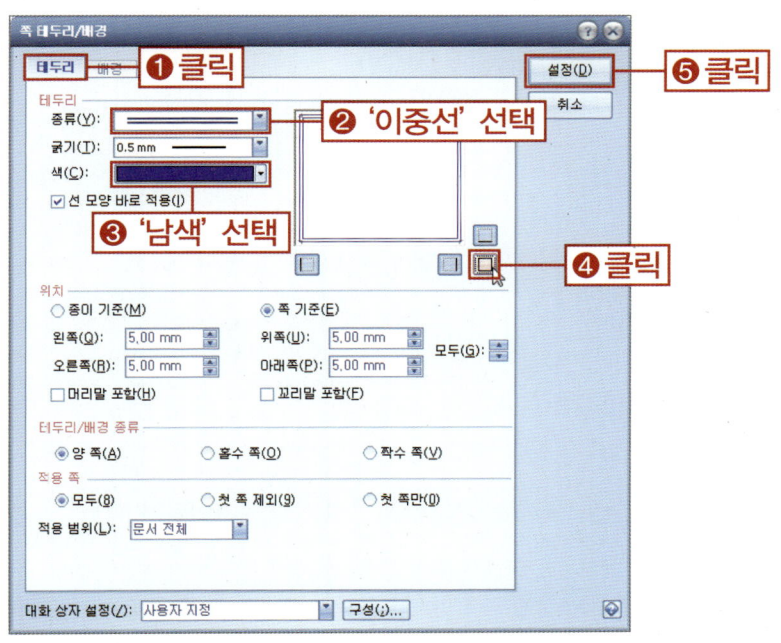

> **TIP** [선 모양 바로 적용]에 체크가 되어 있는지 확인합니다. [적용 쪽]에서 '모두'를 선택하면 모든 쪽에 현재 설정한 테두리가 적용됩니다.

34장. 글상자와 쪽 테두리로 내 명함 만들기 155

STEP 2 | 글상자 삽입하기

03 테두리가 설정되면 [그리기 도구 상자]에서 [글상자]( )를 클릭합니다. 마우스 포인터가 십자 모양이 되면 드래그하여 다음과 같은 크기로 글상자를 삽입합니다.

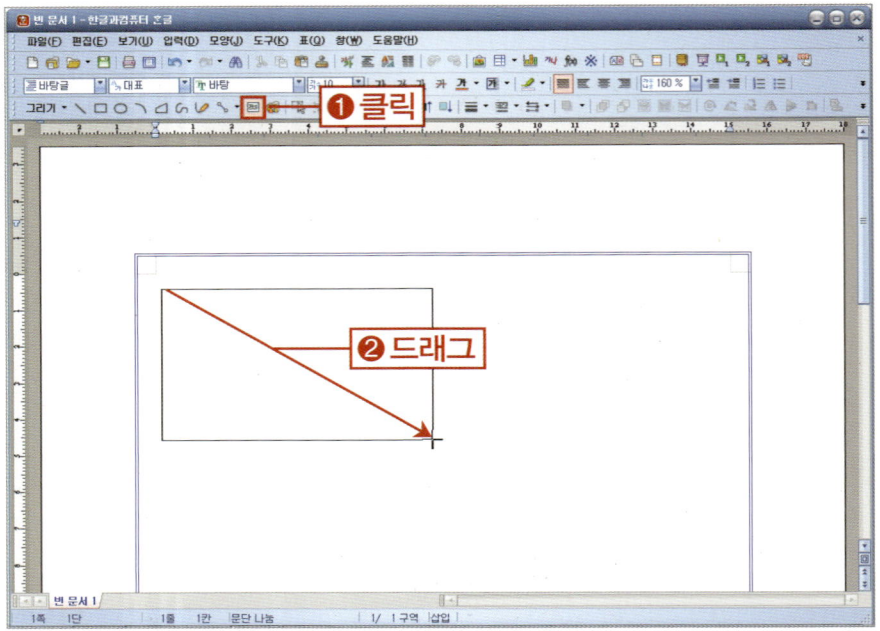

04 글상자 안에 내용을 입력하고 글자 모양을 바꿉니다. 사진을 삽입하기 위해 커서를 글상자 안에 놓고 [기본 도구 상자]에서 [그림]을 클릭합니다.

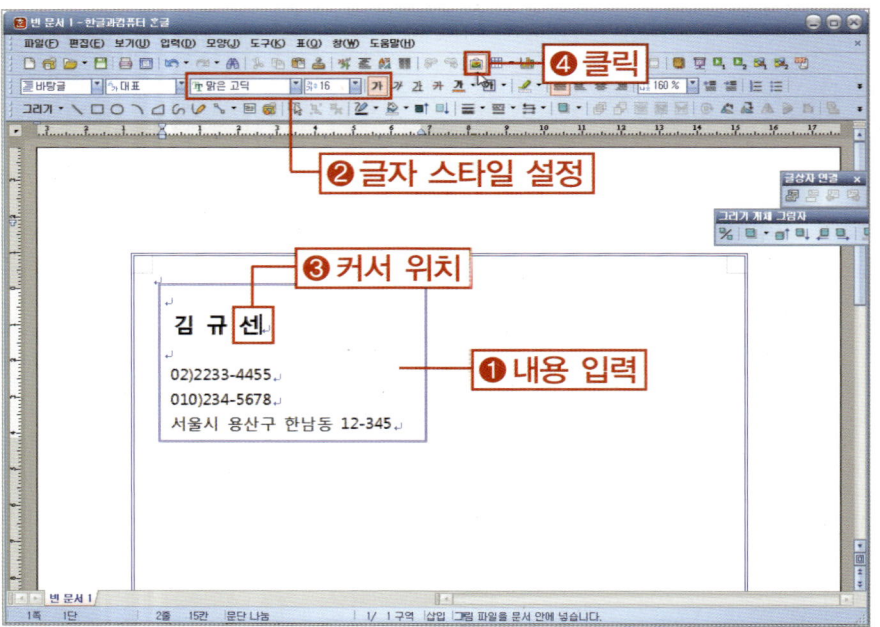

> **TIP** 글상자의 테두리 색과 굵기는 [그리기 도구 상자]의 [선 색]( )과 [선 굵기]( )에서 변경할 수 있습니다.

05 자신의 얼굴이나 로고 등 나타내고 싶은 그림을 선택해 삽입합니다. [그림 도구 상자]에서 [자르기], [밝게] 등의 도구들을 이용해 적당한 크기와 밝기로 편집합니다.

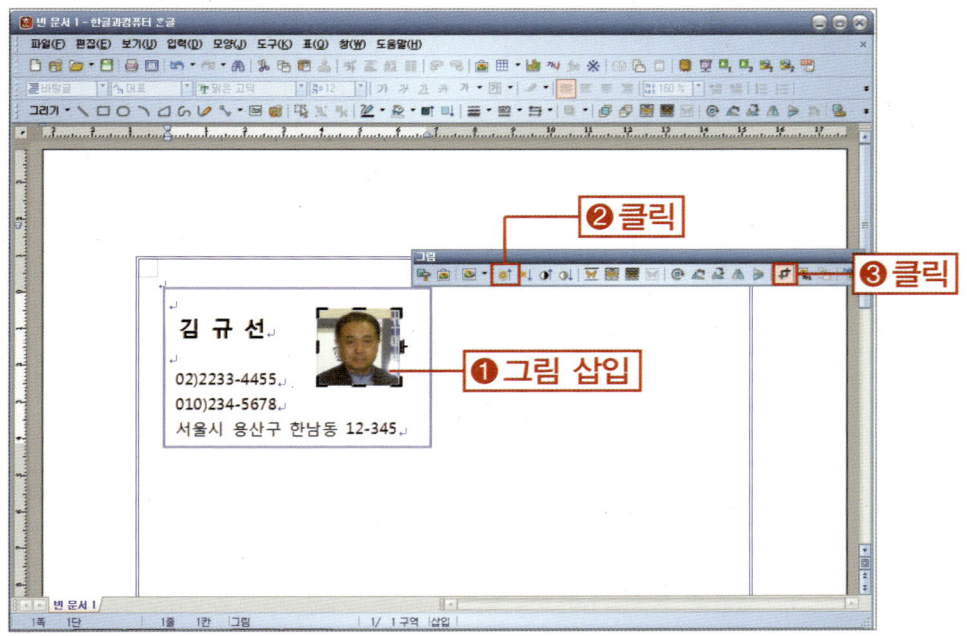

TIP 글상자에 이미지를 삽입할 때는 [그림 넣기] 대화상자에서 '마우스로 크기 지정'의 체크를 해제합니다.

06 글상자의 테두리 선 부분을 클릭해 글상자를 선택합니다. Ctrl 을 누른 채 글상자 안에서 마우스를 오른쪽으로 드래그해 명함을 복사합니다. 계속해서 Ctrl 을 누른 채 글상자를 아래쪽으로 복사해 페이지에 가득 채웁니다.

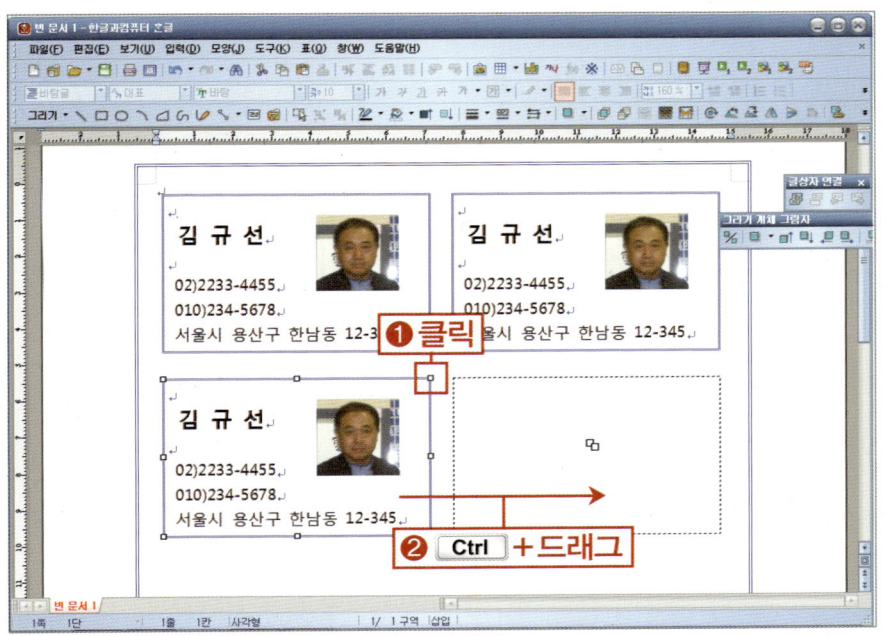

34장. 글상자와 쪽 테두리로 내 명함 만들기

35 쪽 번호와 머리말 넣어 긴 문서 관리하기

여러 장으로 된 문서에 쪽 번호를 삽입하면 인쇄 후에 편리하게 관리할 수 있습니다. 원하는 위치에 쪽 번호 기능을 설정하면 자동으로 번호가 생성됩니다. 또한 문서의 상단이나 하단에 머리말 또는 꼬리말을 삽입해 모든 페이지에 반복 표시되도록 설정할 수 있습니다. 긴 문서를 위한 기능을 알아봅니다.

| 이런 걸 배워요! | 쪽 번호 삽입, 머리말 삽입

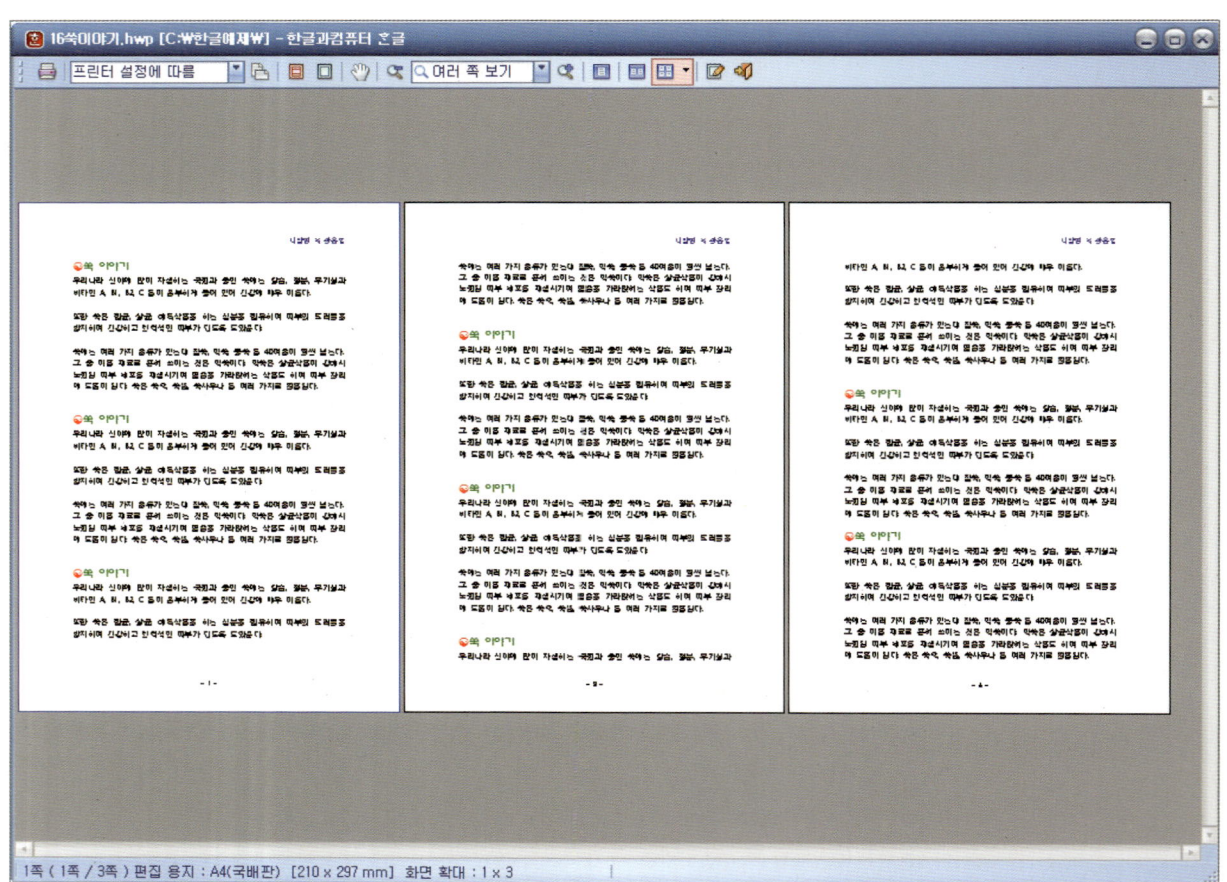

STEP 1 쪽 번호 삽입하기

01 문서에 다음과 같이 내용을 입력하고 글자 모양을 수정합니다. 세 쪽으로 만들기 위해 본문 전체를 범위 지정하고 [기본 도구 상자]에서 [복사하기]를 클릭한 후 [붙이기]를 반복해 클릭합니다.

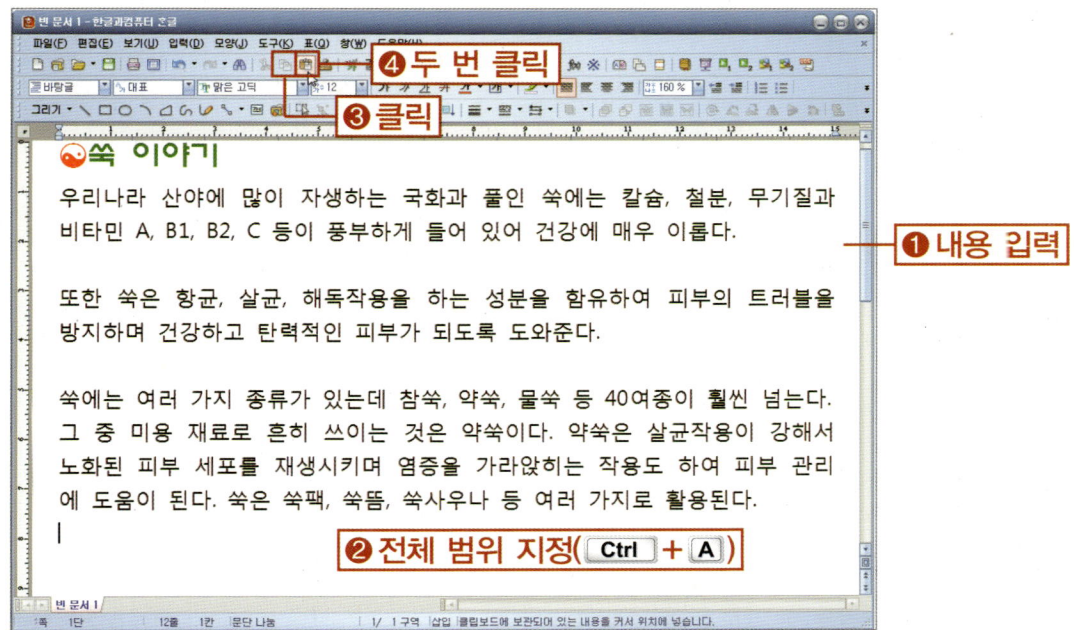

TIP
- 문서 전체를 선택하려면 단축키인 Ctrl + A 를 누릅니다.
- 아래쪽 작업 표시줄에 커서가 위치한 쪽의 쪽 수가 표시되므로 참고합니다.

02 메뉴에서 [모양]-[쪽 번호 매기기]를 클릭합니다. [쪽 번호 매기기] 대화상자가 나타나면 [번호 위치]에서 '가운데 아래'를 선택하고 [넣기]를 클릭합니다.

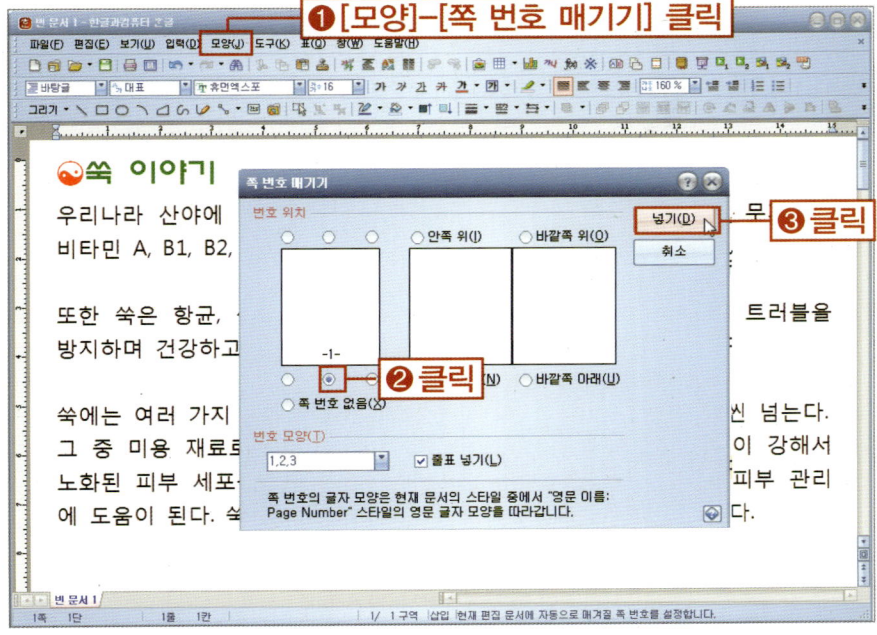

TIP 대화상자 아래쪽의 [번호 모양]은 '1, 2, 3'으로 설정되어 있고 [줄표 넣기]는 체크되어 있습니다.

35장. 쪽 번호와 머리말 넣어 긴 문서 관리하기

STEP 2 | 머리말 삽입하기

03 다시 메뉴에서 [모양]-[머리말/꼬리말]을 클릭합니다. [머리말/꼬리말] 대화상자가 나타나면 [종류]에서 '머리말'을, [위치]에서 '양 쪽'을 선택하고 [만들기]를 클릭합니다.

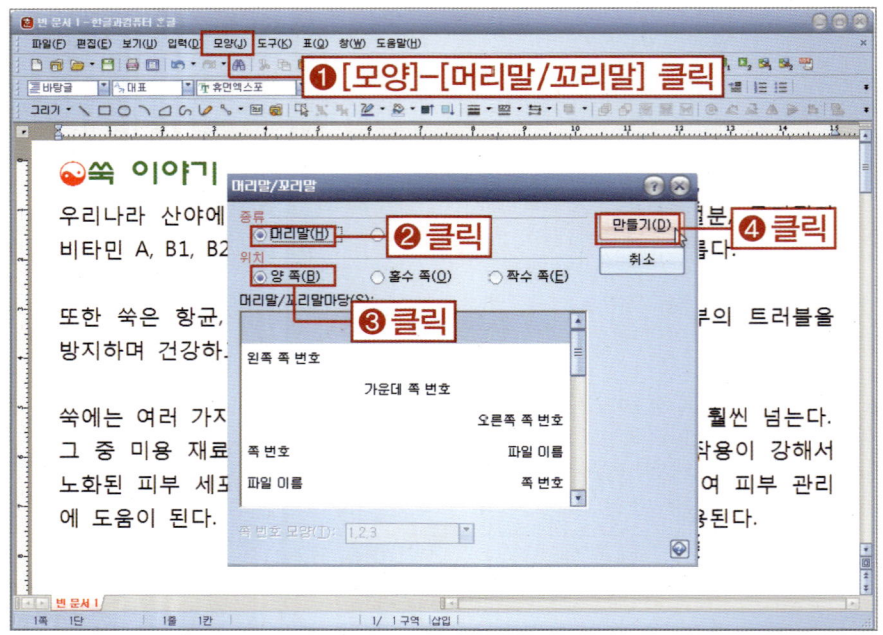

> TIP 쪽 번호는 쪽 윤곽 보기 상태이거나 인쇄된 상태에서만 확인할 수 있습니다.

04 머리말 입력 상태로 변환되면 '다양한 쑥 활용법'을 입력한 후 글자 스타일을 '맑은 고딕', '11', '남색'으로 설정하고 [오른쪽 정렬]을 클릭합니다. 입력이 완료되면 [닫기](🔊)를 클릭합니다.

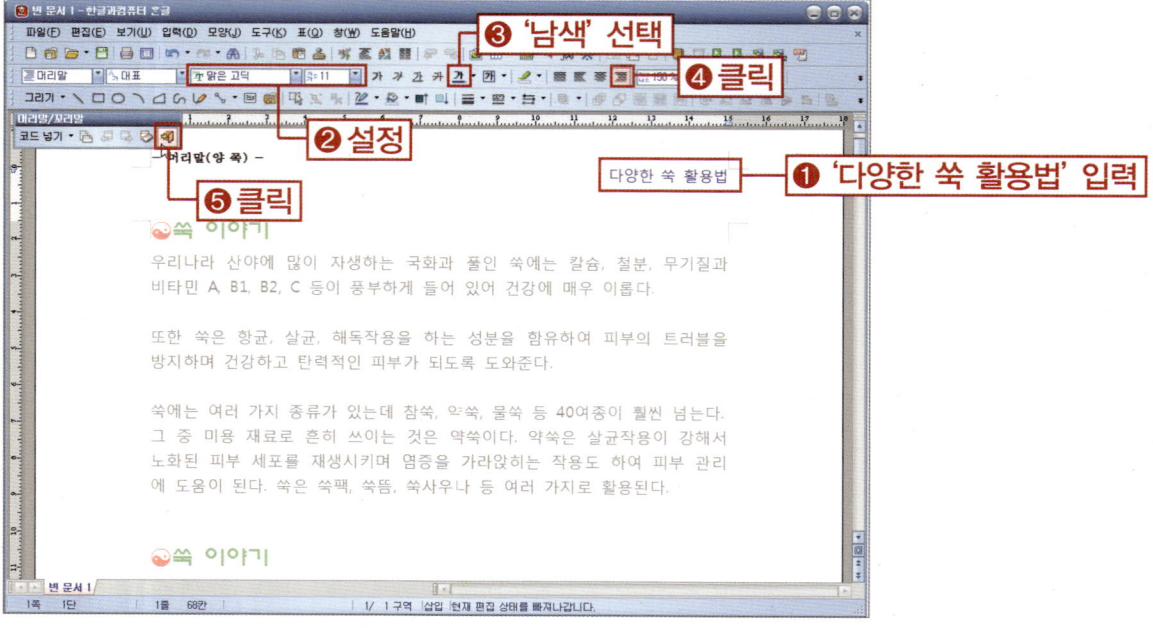

05 창이 쪽 윤곽이 보이는 상태로 변환되고 작성한 머리말이 보입니다. 쪽 번호와 함께 문서 전체의 모양을 확인하기 위해 [기본 도구 상자]에서 [미리 보기](圖)를 클릭합니다.

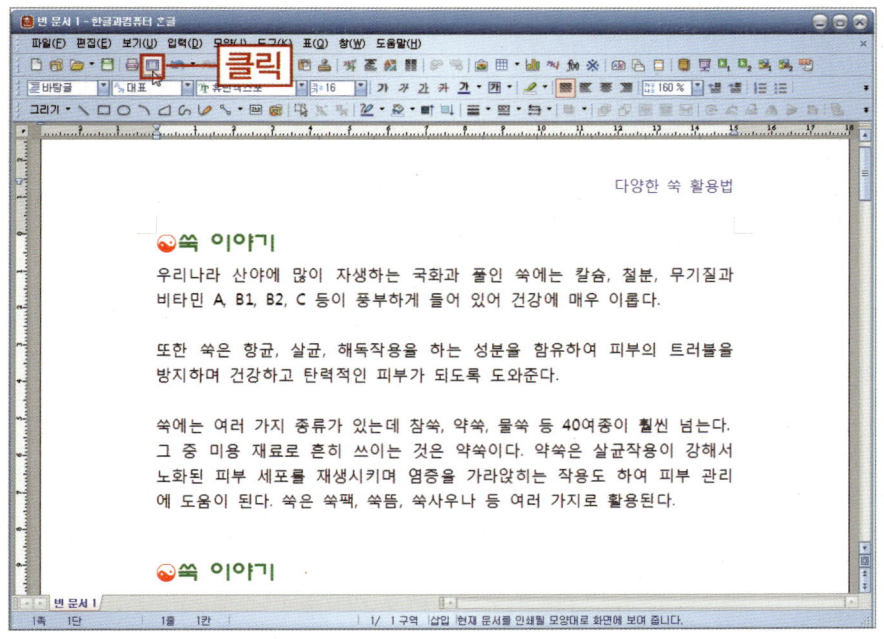

06 미리 보기 창이 나타나면 도구 상자에서 [여러 쪽 보기](田▼)를 클릭하고 마우스를 드래그해 '1×3'이 되도록 지정합니다. 머리말과 쪽 번호를 확인합니다.

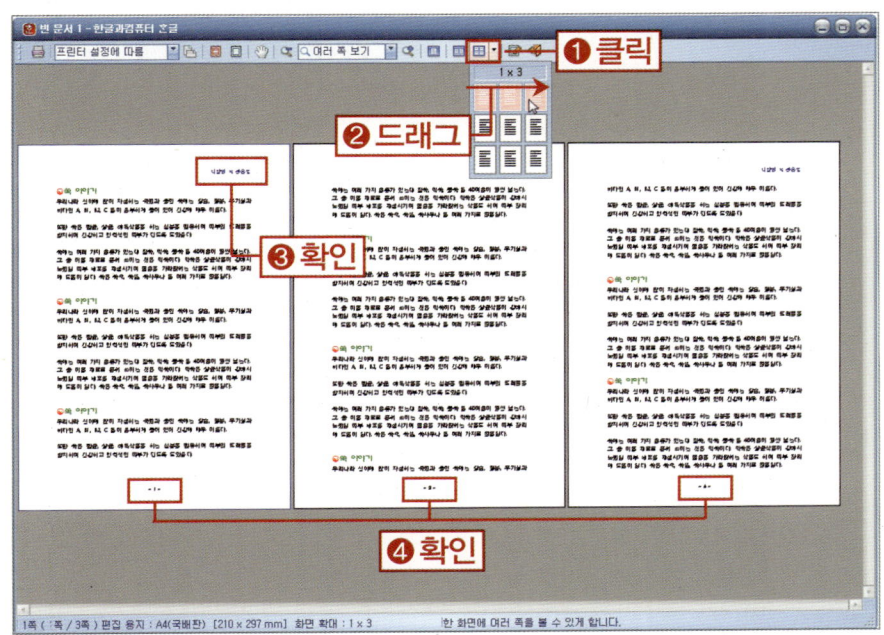

> **TIP** 내용 확인 후에는 [인쇄]를 클릭해 문서를 인쇄하거나 [닫기]를 클릭해 편집 화면으로 돌아갑니다.

35장. 쪽 번호와 머리말 넣어 긴 문서 관리하기

36 한글로 계산도 척척!

표 안에 숫자를 입력해 합계나 평균 등의 계산 값을 구해야 하는 경우 표의 계산 기능을 이용하면 편리합니다. 각 셀들의 합이나 평균, 곱 등을 손쉽게 구할 수 있고 불규칙적인 사칙연산식도 삽입할 수 있습니다. 한글 2007의 계산 기능에 대해 알아봅니다.

| 이런 걸 배워요! | 쉬운 계산식, 블록 계산식, 계산식

미리보기

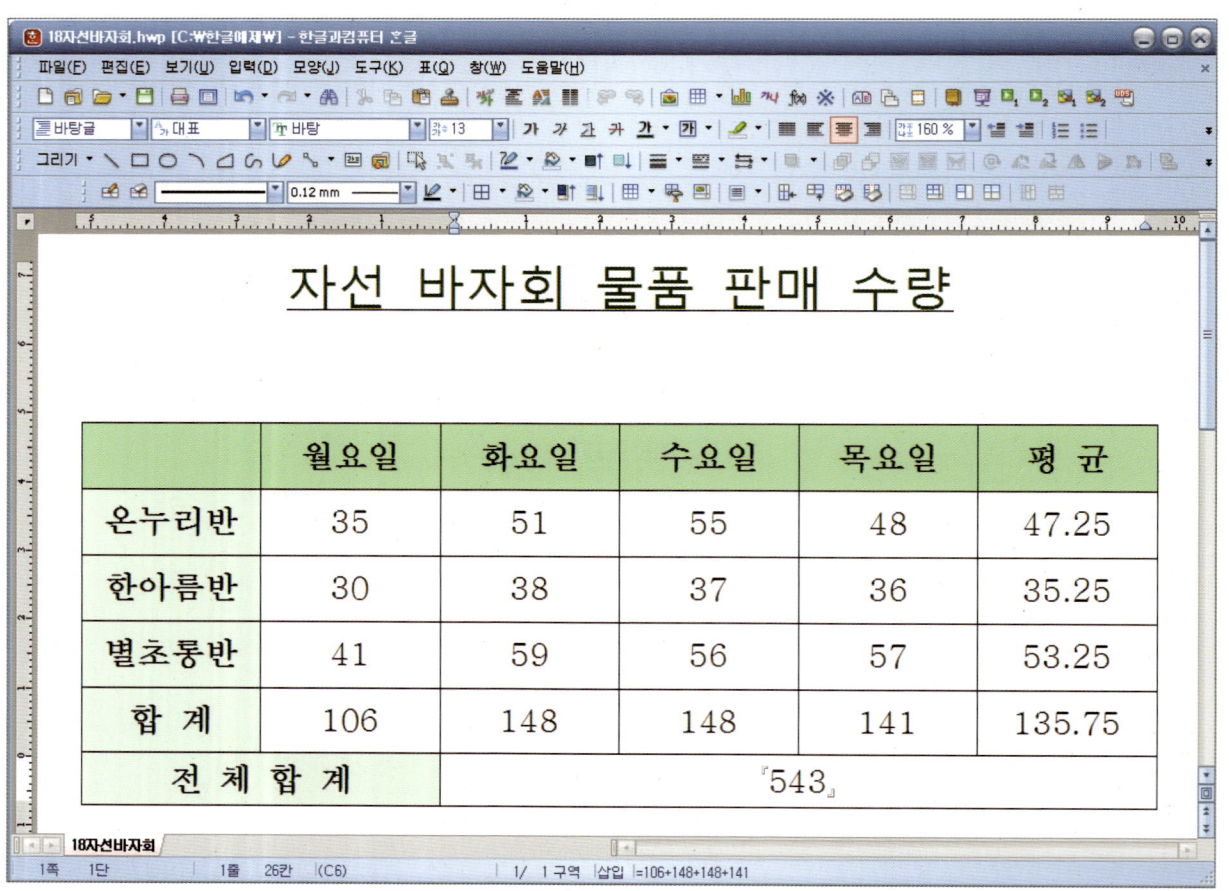

STEP 1 | 표 계산 기능 이용하기

01 [기본 도구 상자]에서 [표 만들기]를 클릭해 '5×6'의 표를 만들고 내용을 입력합니다. 제목 줄과 제목 칸을 각각 범위 지정한 후 [표 도구 상자]의 [셀 테두리/배경]을 클릭하고 [배경] 탭에서 [면 색]을 설정해 적용합니다.

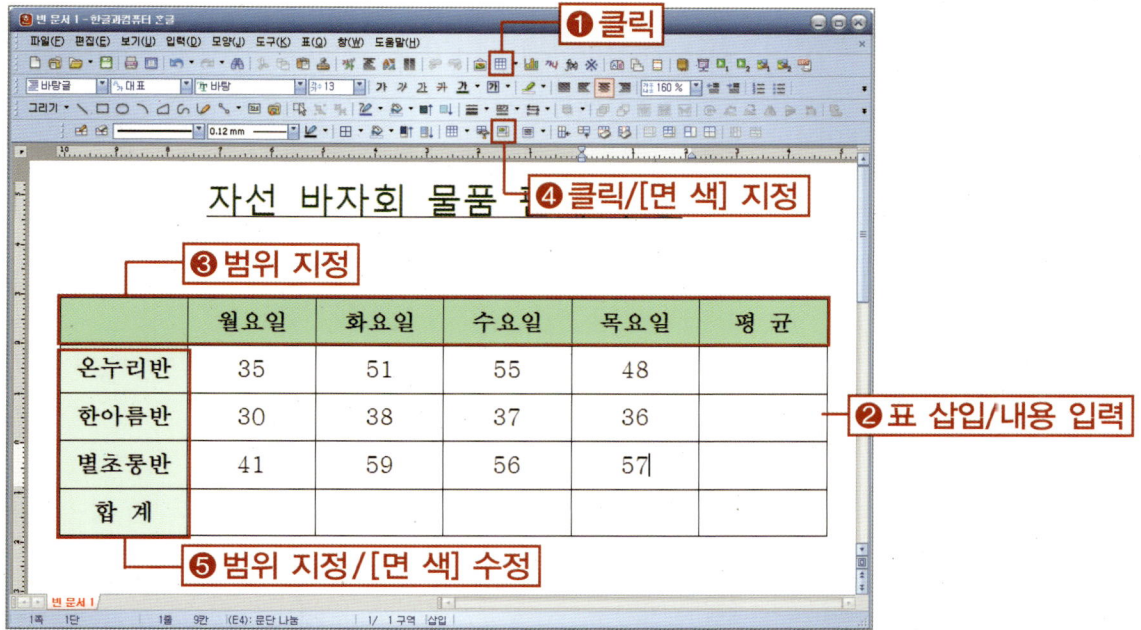

02 월요일의 합계 칸에 커서를 놓고 메뉴에서 [표]-[쉬운 계산식]-[세로 합계]를 클릭합니다.

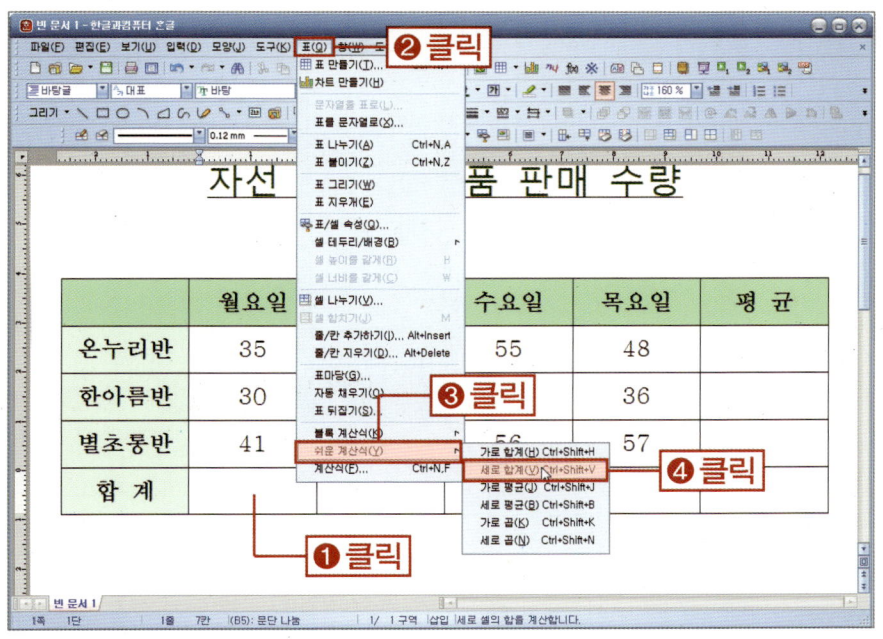

> **TIP** 반드시 계산의 결과 값이 들어갈 셀에 커서를 위치시킨 후 작업을 시작합니다.

36장. 한글로 계산도 척척! 163

03 계산식이 삽입되었다는 표시로 겹낫표(『』)가 생기고 그 안에 계산의 결과 값이 표시됩니다. 각 요일의 합계 칸에 커서를 놓고 [표]-[쉬운 계산식]-[세로 합계]를 클릭해 화요일, 수요일, 목요일의 합계도 각각 구합니다.

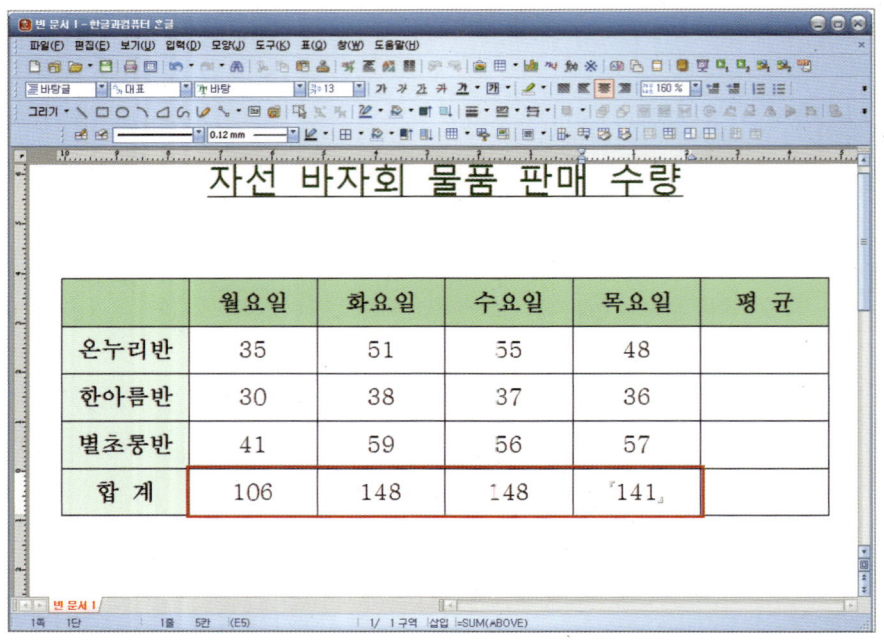

> **TIP** 이 때 세로 값 중에서 숫자가 표시된 셀이 있으면 모두 계산되므로 '1월', '1분기'와 같이 숫자가 포함된 문자열은 제목 셀에 사용하지 않도록 주의합니다.

04 이번에는 온누리반의 각 요일과 평균 칸을 모두 드래그하여 범위 지정한 후 메뉴에서 [표]-[블록 계산식]-[블록 평균]을 클릭합니다.

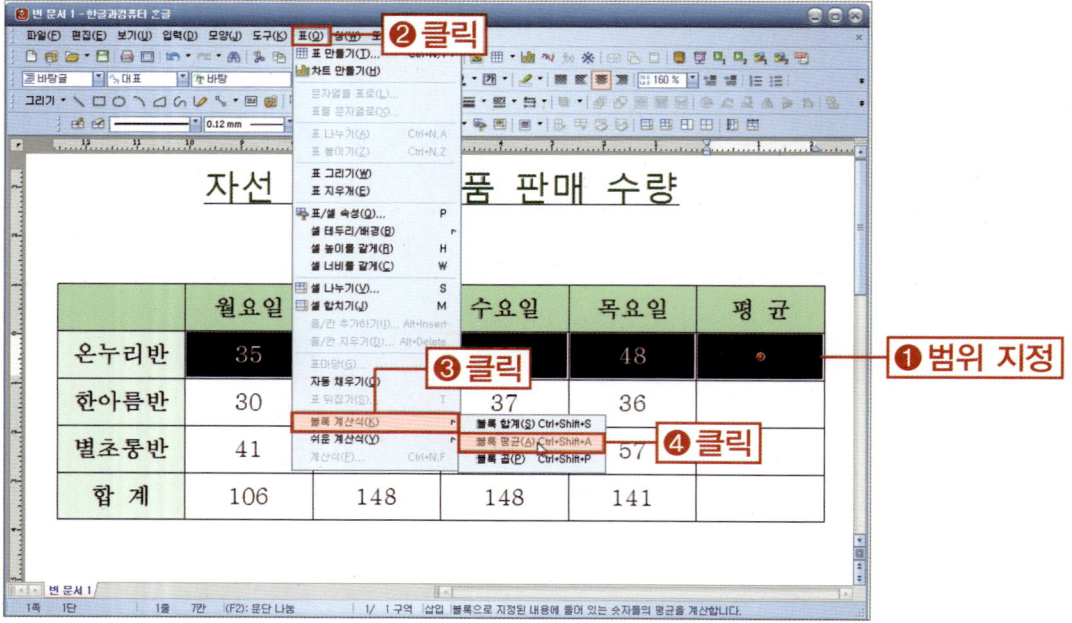

05 계산의 결과 값이 표시됩니다. 각 반의 수치와 평균 칸을 범위 지정한 후 [표]-[블록 계산식]-[블록 평균]을 클릭해 모든 반의 평균과 합계의 평균을 각각 구합니다.

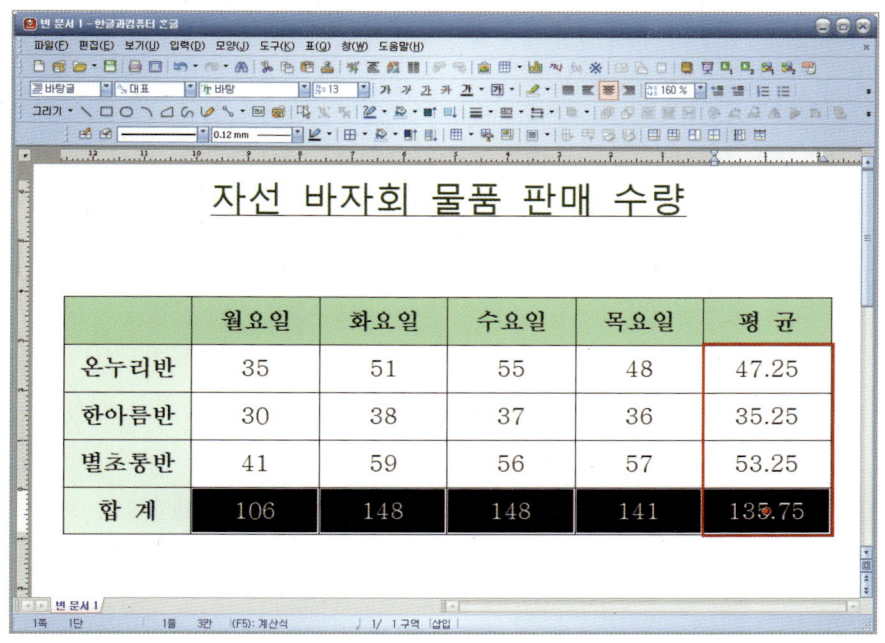

06 '합계' 셀에 커서를 놓고 [표 도구 상자]의 [아래에 줄 추가하기]를 클릭합니다. 추가된 셀을 각각 범위 지정해 다음과 같이 [셀 합치기]를 실행합니다. [표]-[계산식]을 클릭해 [계산식] 대화상자가 나타나면 수식(=106+148+148+141)을 입력하고 [확인]을 클릭합니다.

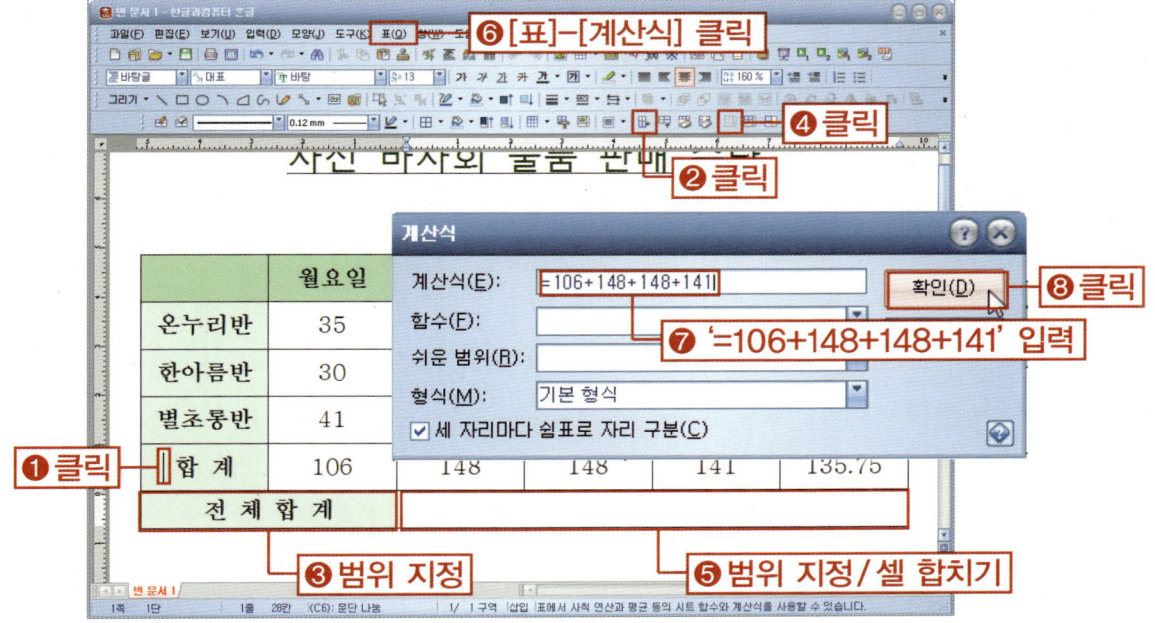

36장. 한글로 계산도 척척! 165

37 다단 문서 만들기

다단은 신문이나 잡지 등에서 볼 수 있는 문서 편집 형태로, 하나의 용지 안에 여러 개의 단을 나누어 내용을 입력하는 기능입니다. 한글 2007은 문서를 두 개 이상의 단으로 나누어 각각의 단을 독립적으로 편집할 수 있고, 한 쪽에 서로 다른 여러 개의 다단을 설정할 수도 있습니다. 다단 기능을 활용해 봅니다.

| 이런 걸 배워요! | 단 설정

미리보기

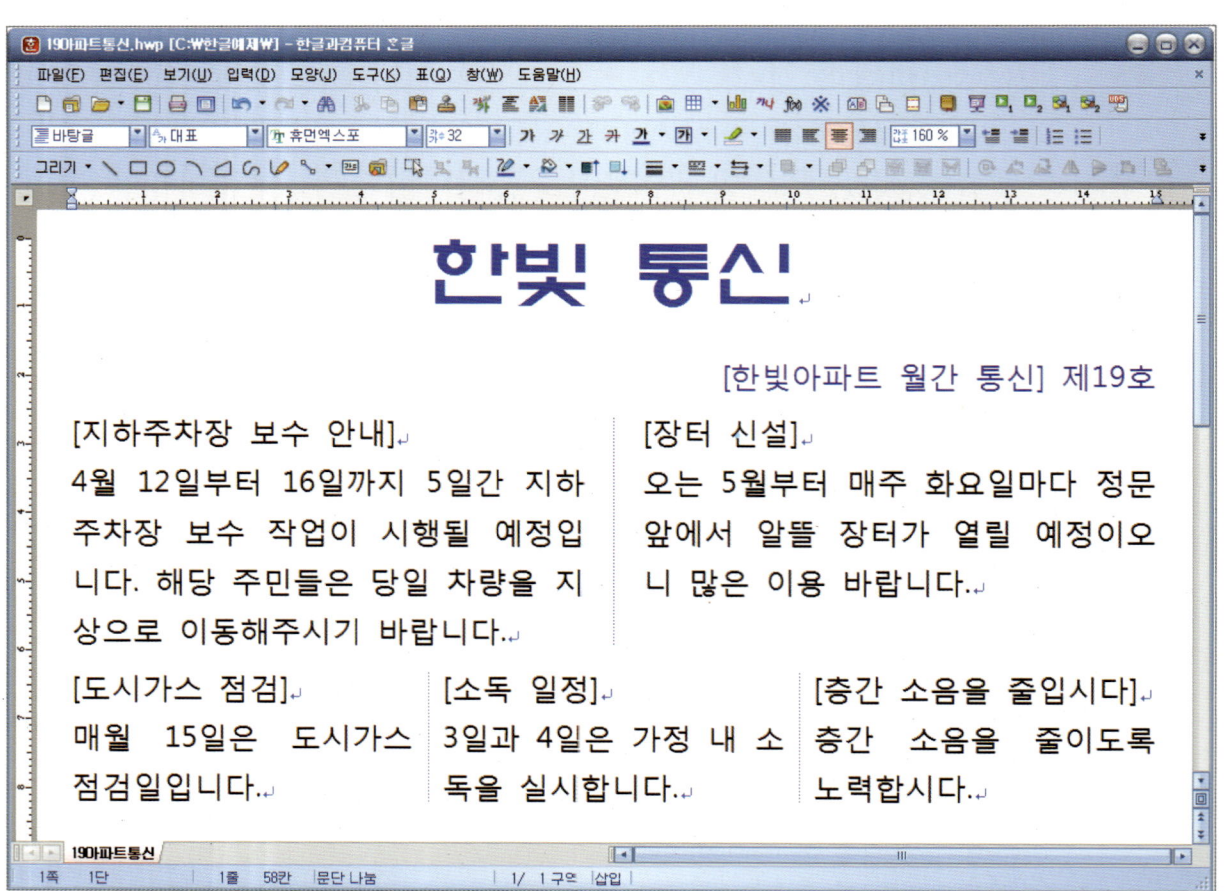

STEP 1 문서에 단 설정하기

01 다음과 같이 두 줄을 입력하고 정렬과 글자 모양을 설정합니다. 셋째 줄에 커서를 놓고 [기본 도구 상자]에서 [다단](▦)을 클릭합니다.

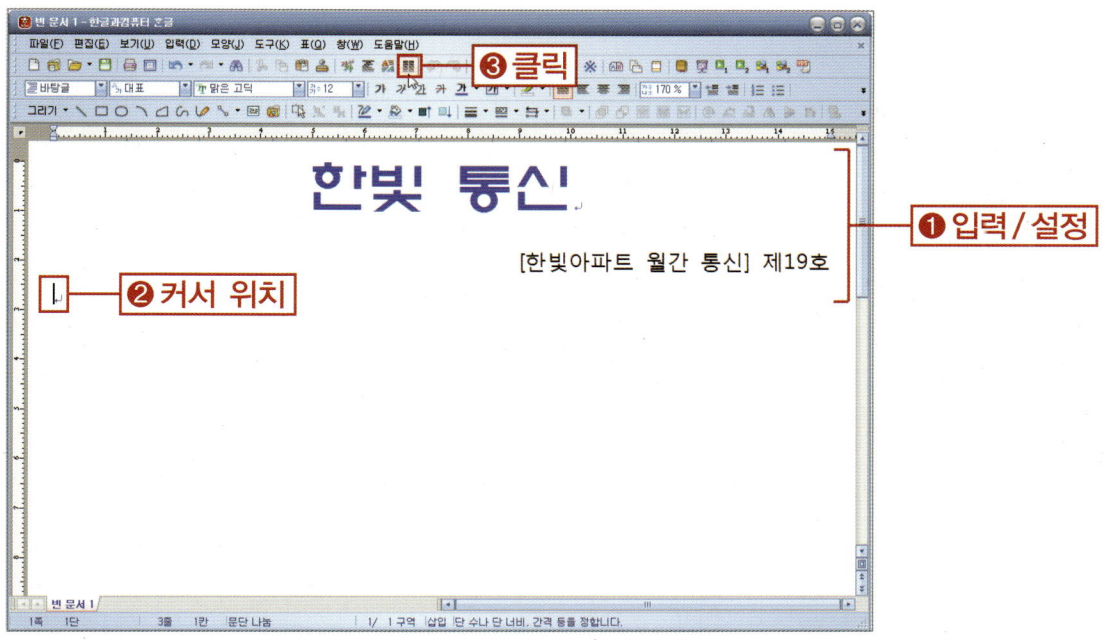

> TIP 커서가 위치한 줄부터 단을 나누기 위해 셋째 줄에 커서를 놓고 메뉴를 실행합니다.

02 [단 설정] 대화상자에서 [둘](▦)을 클릭하고 [구분선 넣기]를 클릭해 체크합니다. [종류]에서 '점선'을 선택합니다. [색]에서 '남색'을 선택하고 [적용 범위]에서 '새 다단으로'를 선택한 후 [설정]을 클릭합니다.

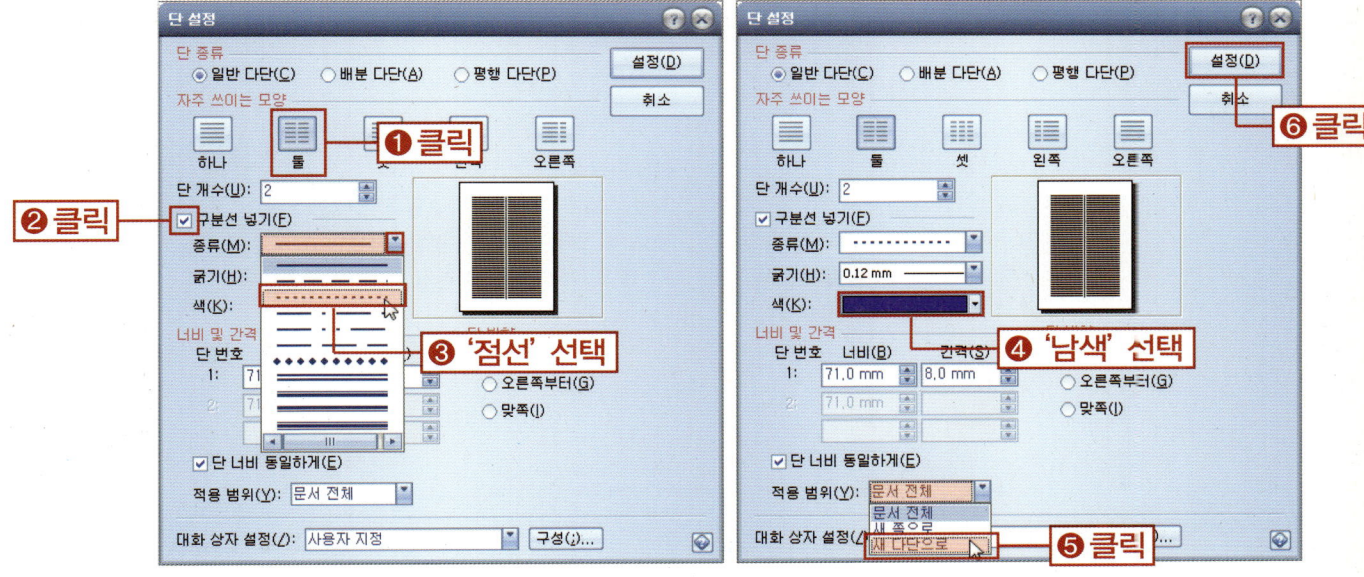

37장. 다단 문서 만들기 **167**

03 2단으로 나뉘고 커서가 왼쪽 단에 위치합니다. 내용을 입력한 후 문서 끝에 커서를 위치시키고 [모양]-[나누기]-[단 나누기]를 클릭합니다.

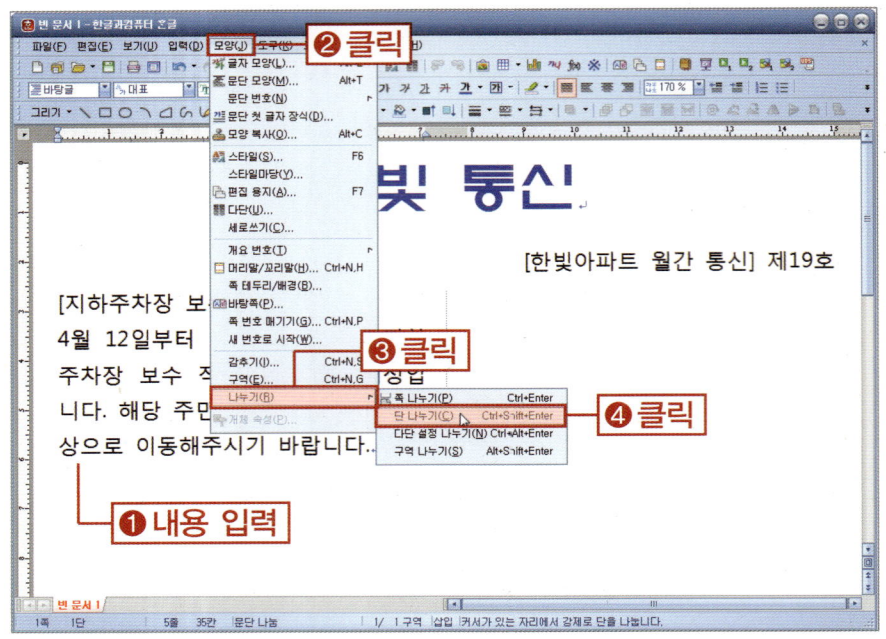

> **TIP** 왼쪽 창에 내용이 아래쪽까지 가득 차지 않은 상태에서는 오른쪽 창에 커서가 위치할 수 없으므로 처음 이동 시에는 [단 나누기]를 실행합니다.

04 오른쪽 창에 내용을 입력합니다. 커서를 맨 아래 줄에 위치시킨 후 [기본 도구 상자]의 [다단](▦)을 클릭합니다.

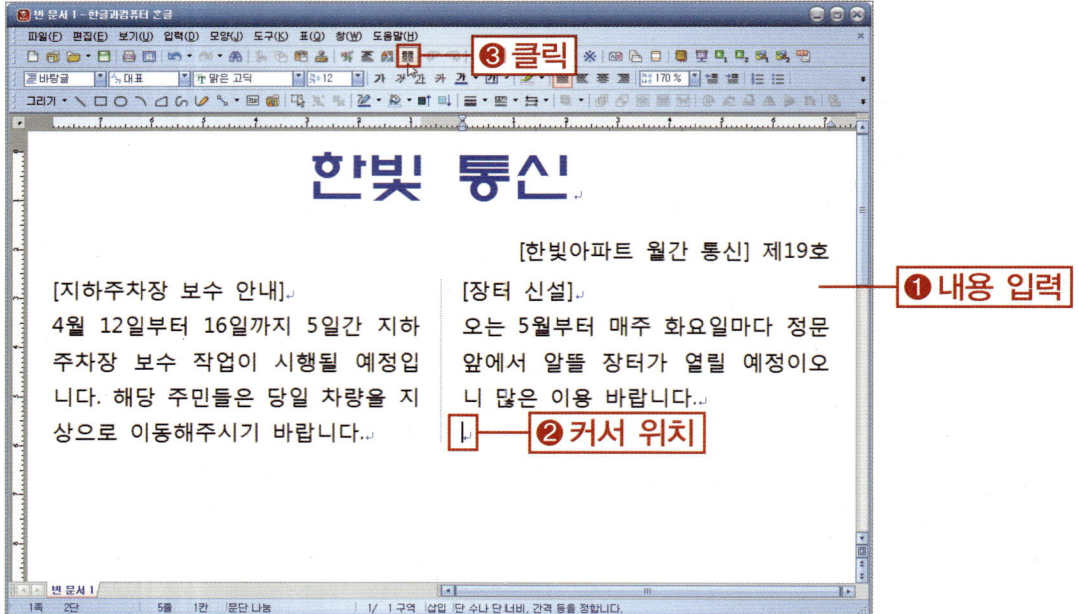

05 [단 설정] 대화상자에서 [셋](▦)을 클릭하고 [적용 범위]에서 '새 다단으로'를 선택한 후 [설정]을 클릭합니다.

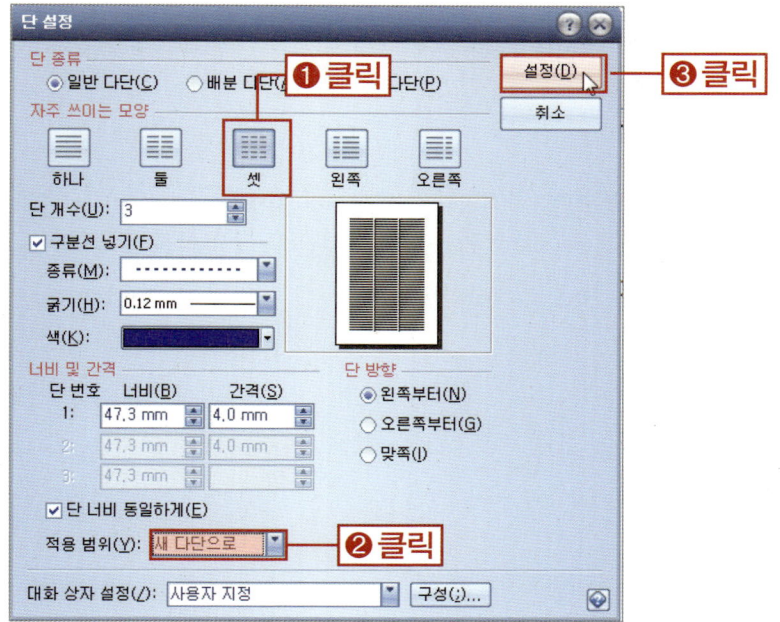

06 나머지 내용을 입력해 문서를 완성합니다.

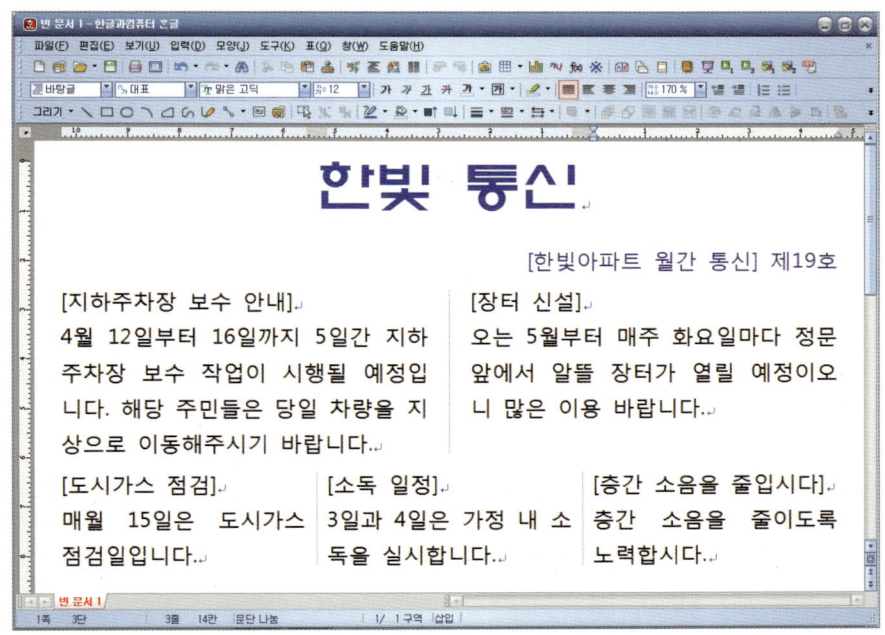

37장. 다단 문서 만들기

38 도형 안에 사진 넣어 액자 만들기

한글 2007에서 도형 그리기 기능을 이용하면 다양한 모양의 도형을 삽입할 수 있습니다. 도형의 배경에 사진을 삽입하여 여러 가지 모양의 예쁜 사진 액자를 만들 수 있고, 문서를 출력해 원하는 곳에 붙여 멋진 장식품으로 활용할 수도 있습니다. 도형 기능에 대해 알아봅니다.

| 이런 걸 배워요! | 도형 삽입, 도형 배경으로 그림 넣기

미리보기

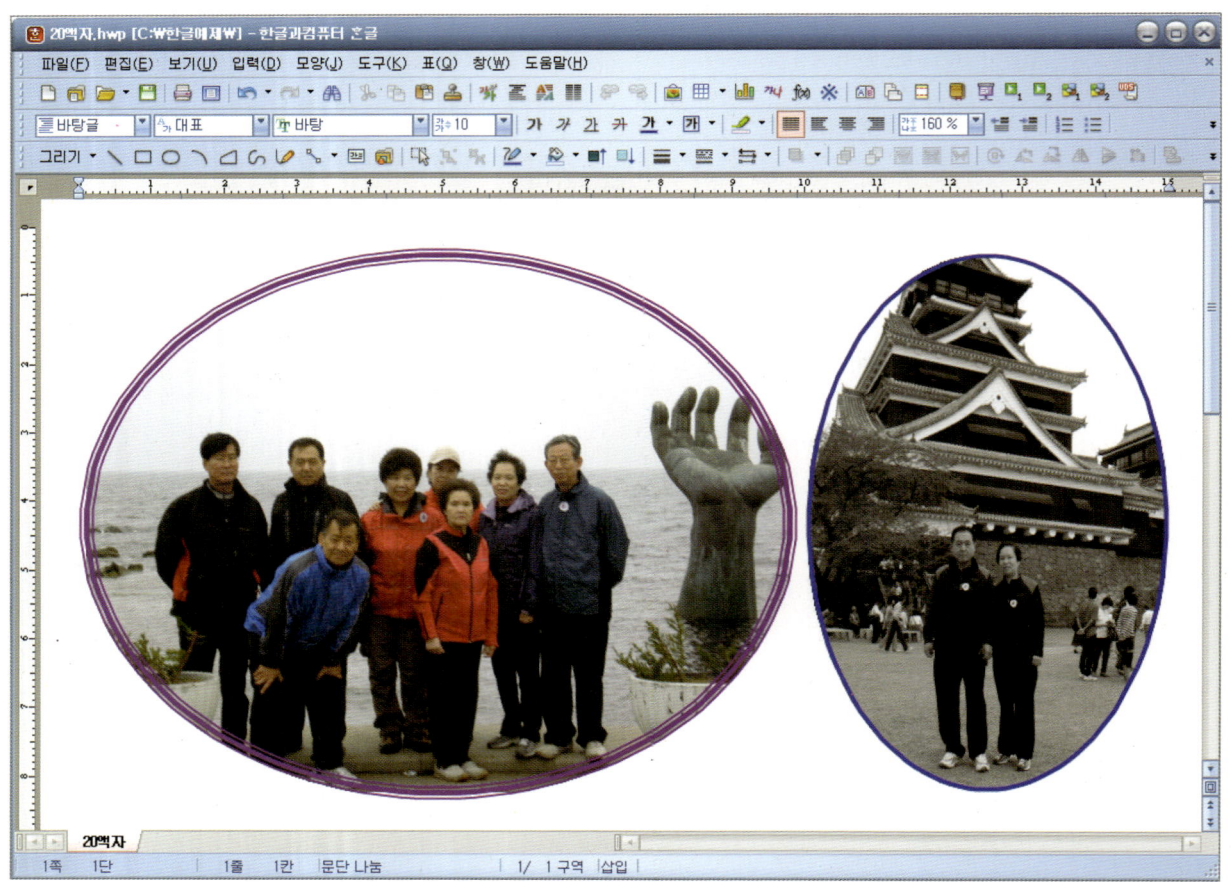

STEP 1 문서에 도형 삽입하기

01 [그리기 도구 상자]에서 [타원](◯)을 클릭하고 마우스 포인터가 십자 모양이 되면 드래그해 원을 삽입합니다.

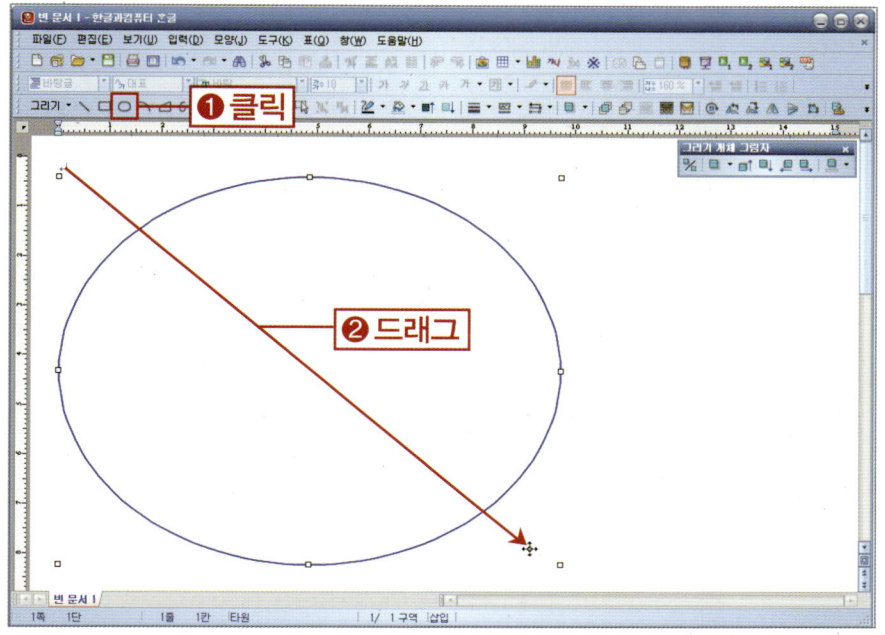

TIP 만약 [그리기 도구 상자]가 보이지 않으면 [보기]-[도구 상자]에서 [그리기 도구 상자]를 클릭합니다.

02 도형 안에서 마우스를 더블클릭합니다. [개체 속성] 대화상자가 나타나면 [채우기] 탭을 클릭합니다. [그림]을 클릭해 체크한 후 [그림 파일]의 [그림 선택](📁)을 클릭합니다.

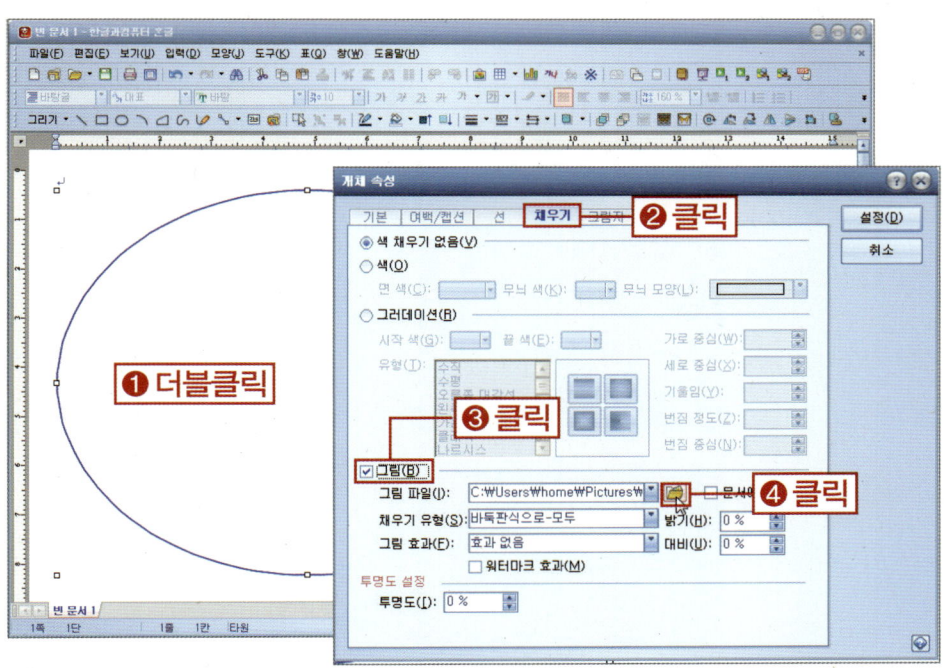

TIP 도형의 배경으로 색이나 그러데이션 대신 그림을 채우기 위해 [그림]을 선택하였습니다.

38장. 도형 안에 사진 넣어 액자 만들기

03 [그림 넣기] 대화상자가 나타나면 [찾는 위치]에서 사진이 있는 폴더를 선택합니다. 원하는 사진을 선택한 후 [넣기]를 클릭합니다.

04 [개체 속성] 대화상자로 돌아오면 [채우기 유형]에서 '크기에 맞추어'를 선택하고 [설정]을 클릭합니다.

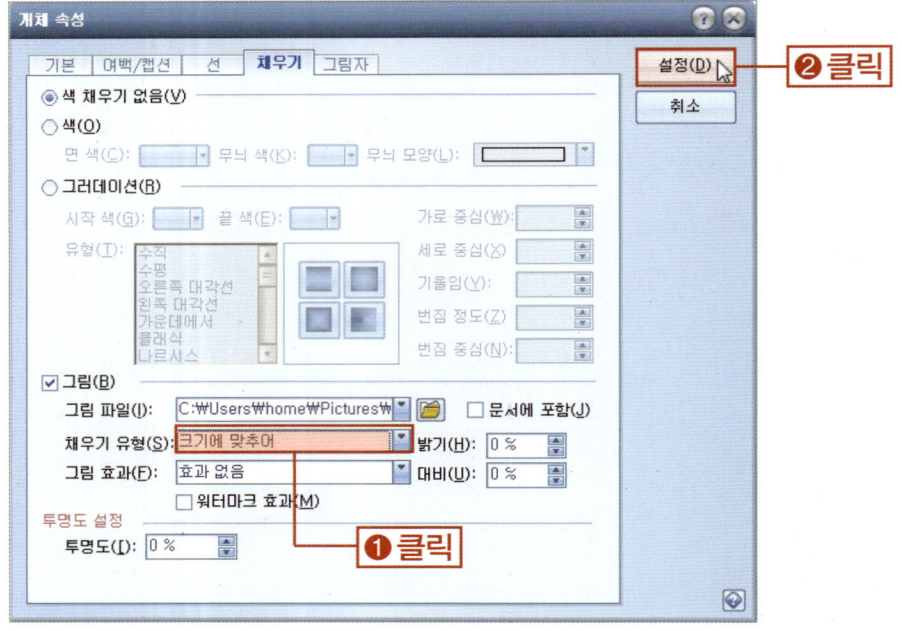

05 [선 색](🖉▾)에서 '보라'를, [선 굵기](≡▾)에서 '2mm'를 선택하고 [선 종류](▦▾)를 다음과 같이 선택합니다.

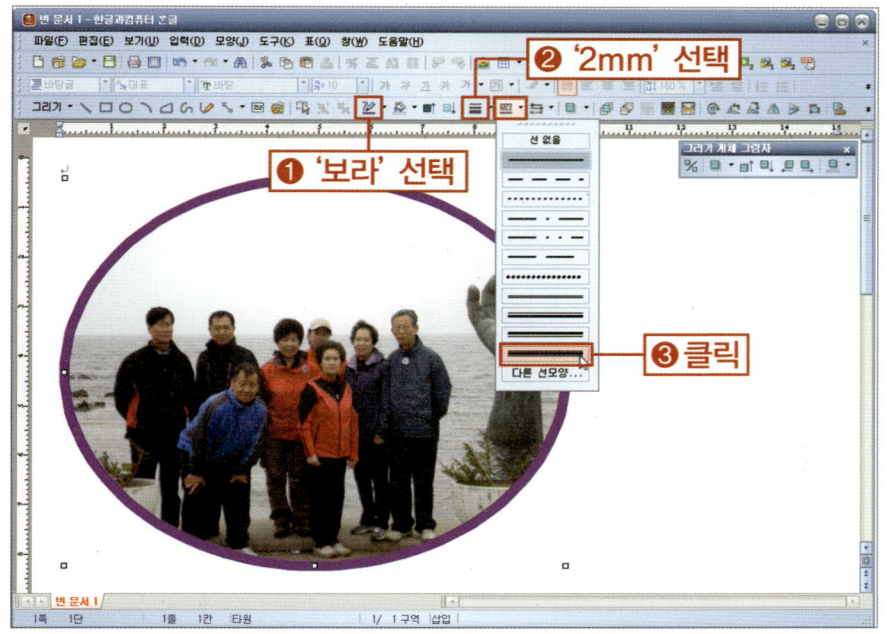

06 다시 타원을 하나 더 그리고 테두리 선을 설정한 후 타원을 더블클릭합니다. [개체 속성] 대화상자에서 [그림]을 클릭하고 삽입할 그림을 선택합니다. [채우기 유형]에서 '크기에 맞추어'를 선택하고 [그림 효과]에서 '그레이 스케일'을 선택한 후 [설정]을 클릭합니다.

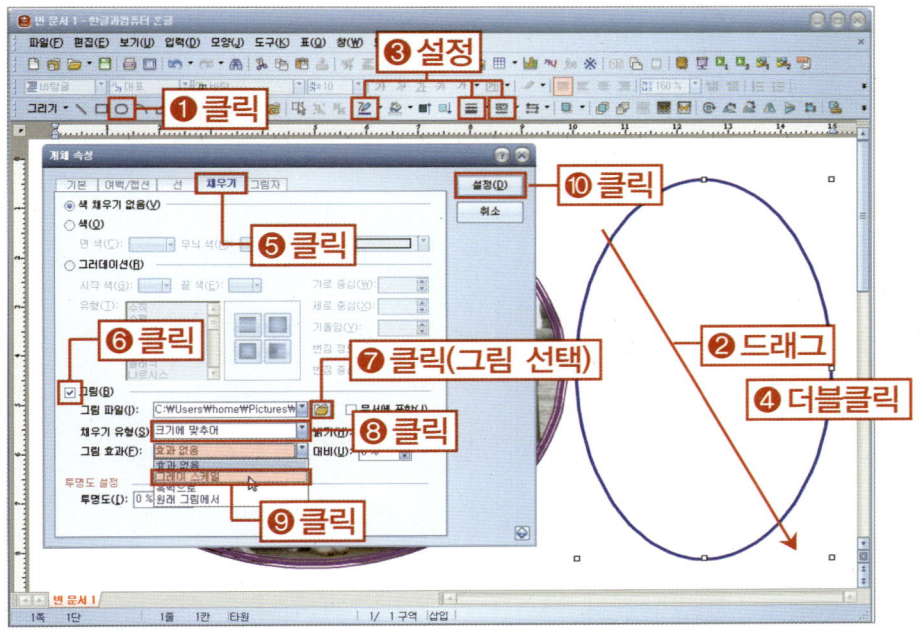

> **TIP** [다각형](⬜)을 삽입하려면 마우스를 클릭해가며 원하는 모양이 되도록 만들고 시작 점과 끝 점이 만나도록 하면 완성됩니다.

38장. 도형 안에 사진 넣어 액자 만들기 **173**

39 문단 번호와 글머리표로 체계적인 문서 만들기

한글 2007에서는 문단 번호와 글머리표 기능이 제공되므로 문서 작성 시 자주 사용하는 번호가 자동으로 붙여지도록 설정할 수 있습니다. 또한 문단 번호도 자동으로 생성되도록 설정할 수 있습니다. 문단 번호와 글머리표 설정 방법에 대해 알아봅니다.

| 이런 걸 배워요! | 글꼴, 형광펜, 밑줄, 글자 테두리

미리보기

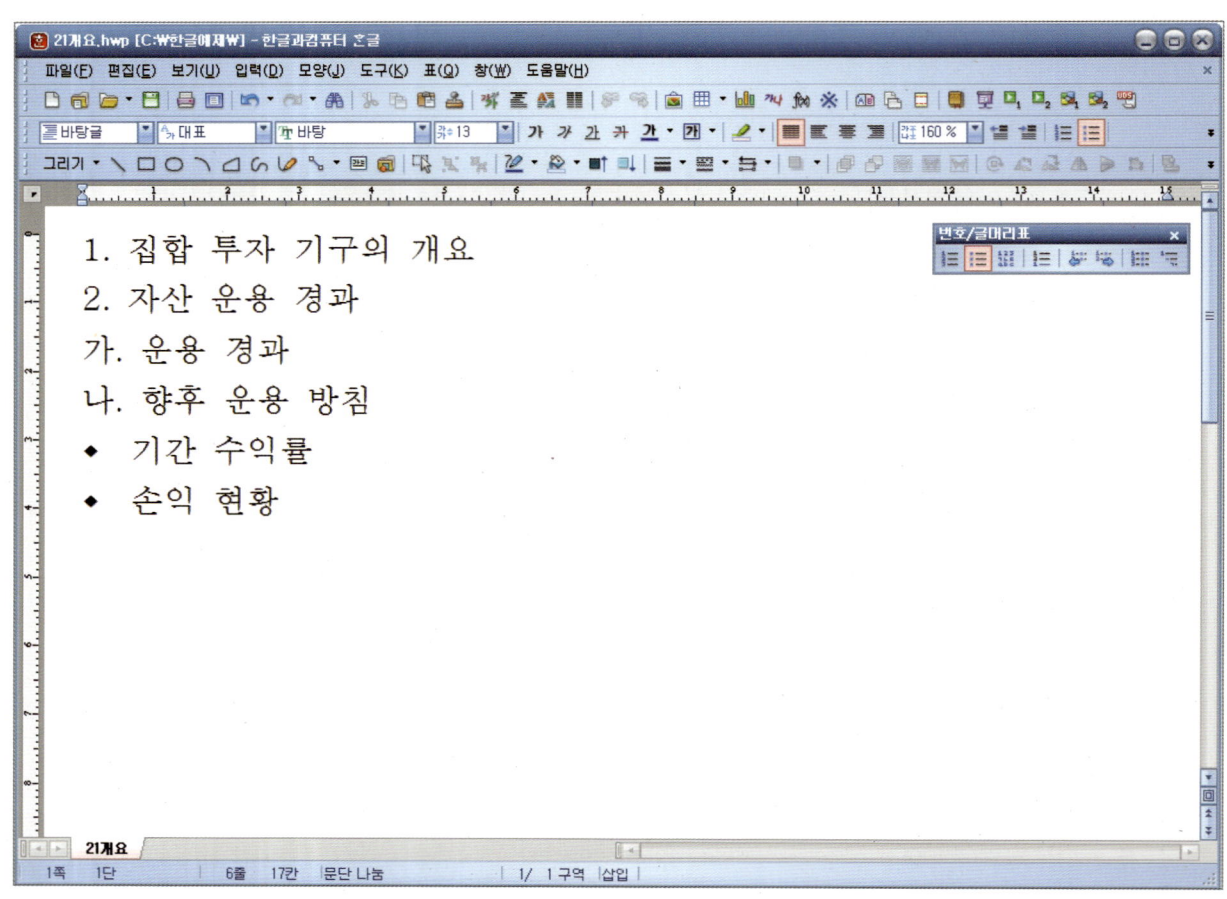

STEP 1 | 문단 번호 삽입하기

01 새 문서에서 글자 크기를 '13'으로 설정한 후 [서식 도구 상자]에서 [문단 번호 속성/해제](≣)를 클릭합니다.

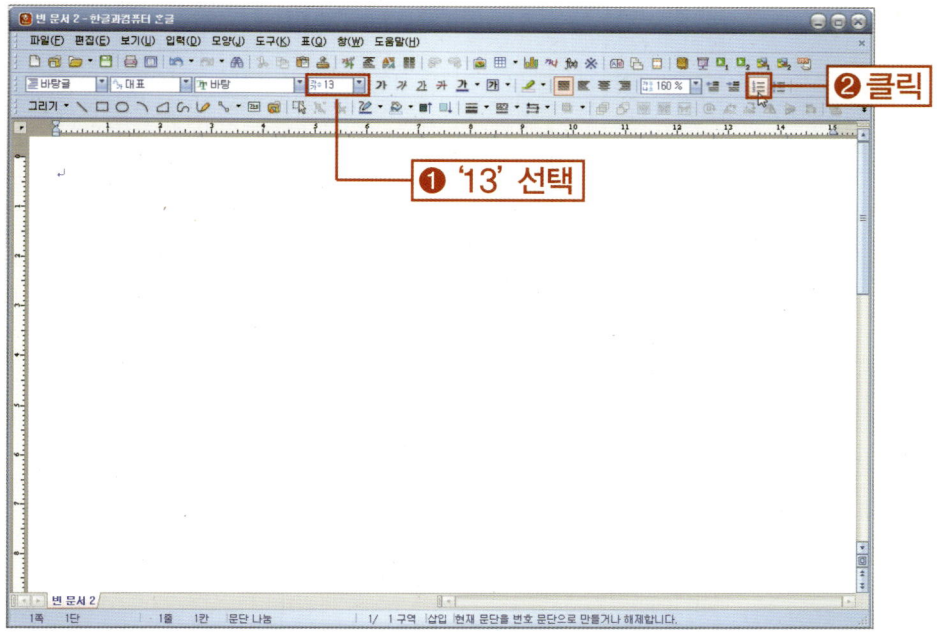

TIP [문단 번호 속성/해제](≣)를 한 번 클릭하면 설정되고 다시 클릭하면 설정을 해제할 수 있습니다.

02 번호가 삽입되면 내용을 입력하고 Enter 를 누릅니다. '2'번이 나타나면 내용을 입력하고 Enter 를 다시 누른 후 [번호/글머리표 도구 상자]에서 [한 수준 감소](≣)를 클릭합니다.

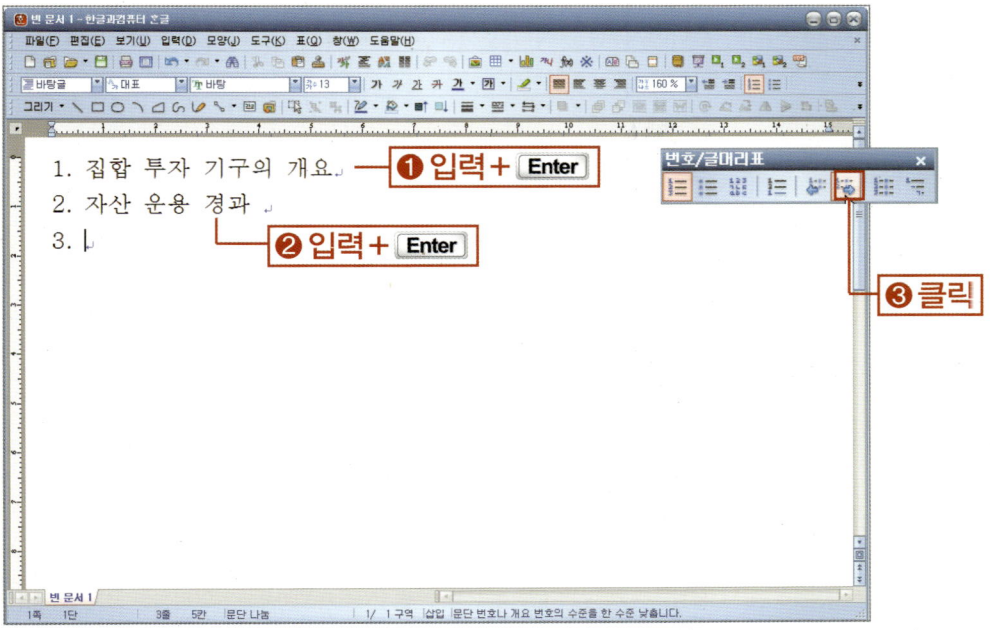

39장. 문단 번호와 글머리표로 체계적인 문서 만들기 175

03 아래 수준으로 변경되면 내용을 입력합니다. Enter 를 눌러가며 두 줄을 입력한 후 다시 [한 수준 증가](　)를 클릭합니다.

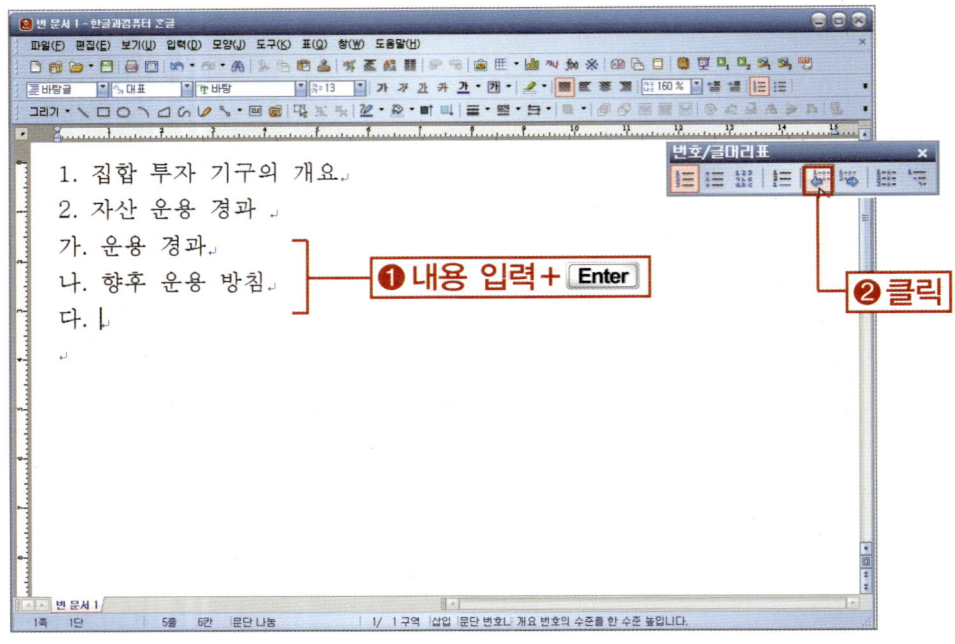

STEP 2 글머리표 삽입하기

04 [문단 번호 속성/해제](　)를 클릭해 문단 번호 사용을 종료합니다. [서식 도구 상자]에서 [글머리표 속성/해제](　)를 클릭해 글머리표를 삽입합니다.

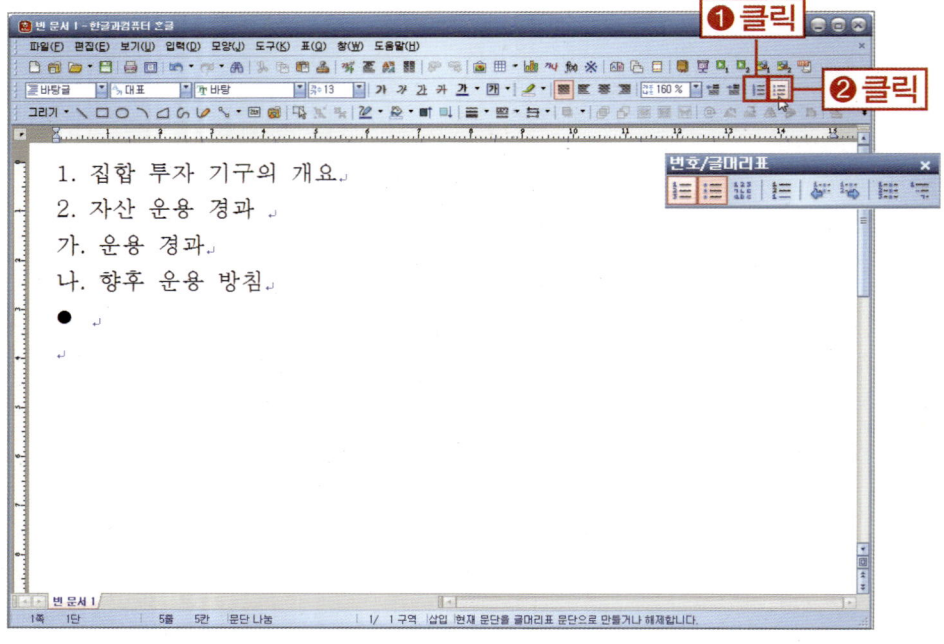

05 [번호/글머리표 도구 상자]에서 [문단 번호/글머리표](▤)를 클릭합니다. [문단 번호/글머리표] 대화상자의 [글머리표] 탭이 나타나면 변경할 글머리표 모양을 선택하고 [설정]을 클릭합니다.

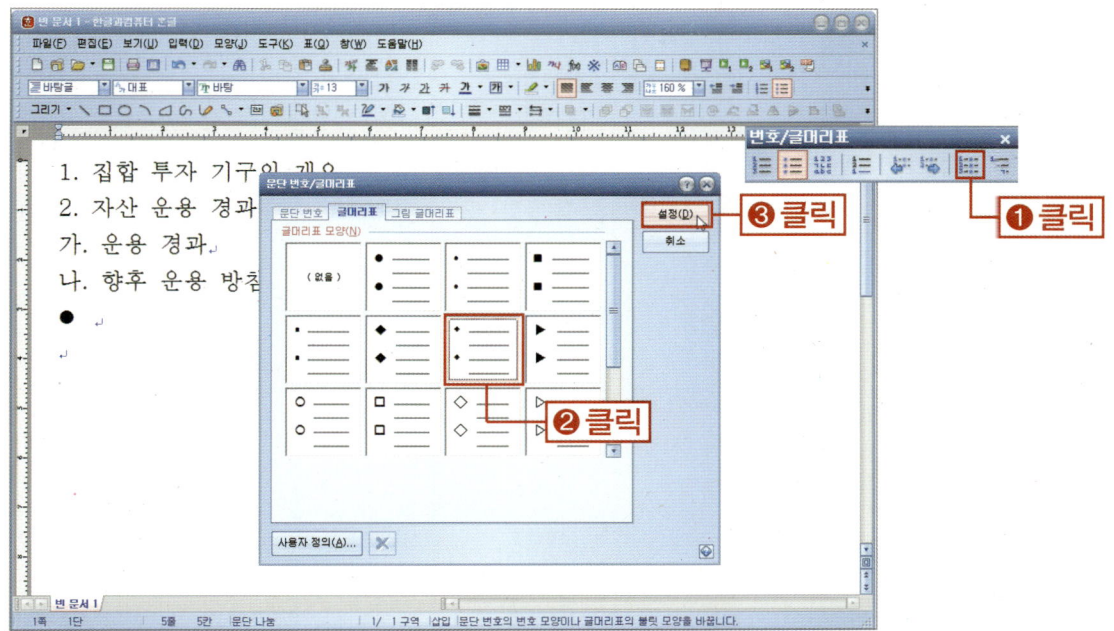

06 글머리표가 변경됩니다. 내용을 입력하고 Enter 를 눌러 내용을 두 줄 입력합니다.

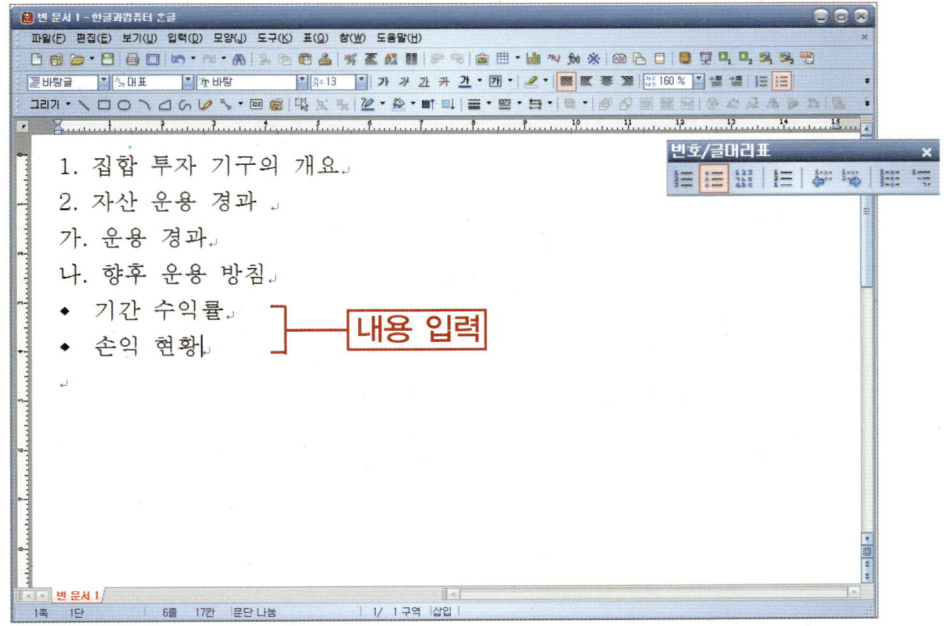

39장. 문단 번호와 글머리표로 체계적인 문서 만들기

40 원하는 자료만 콕콕 찾아 바꾸기

작성된 문서에서 특정 내용만 일일이 찾아서 수정하려면 많은 시간과 노력이 필요합니다. 이런 경우 [찾기] 또는 [찾아 바꾸기] 기능을 이용하면 빠르고 정확하게 문서 안의 내용을 찾을 수 있고 원하는 문자열로 바꿀 수 있습니다. 문서에 입력된 문자열을 찾아 변경해 봅니다.

| 이런 걸 배워요! | 찾기, 찾아 바꾸기

미리보기

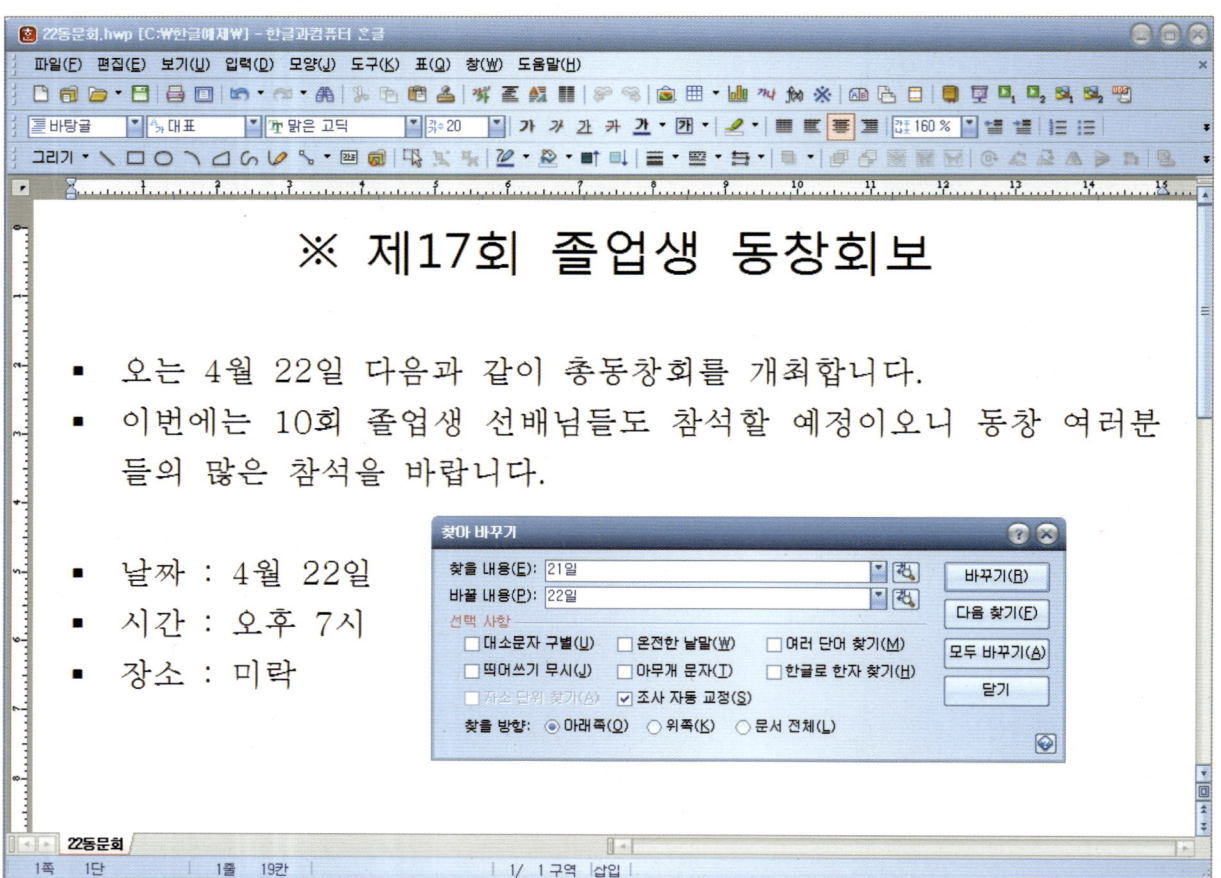

STEP 1 : 문서에 입력된 문자열 찾아 바꾸기

01 다음과 같이 기호와 글머리표를 삽입해 내용을 입력하고 글자 모양을 설정합니다.

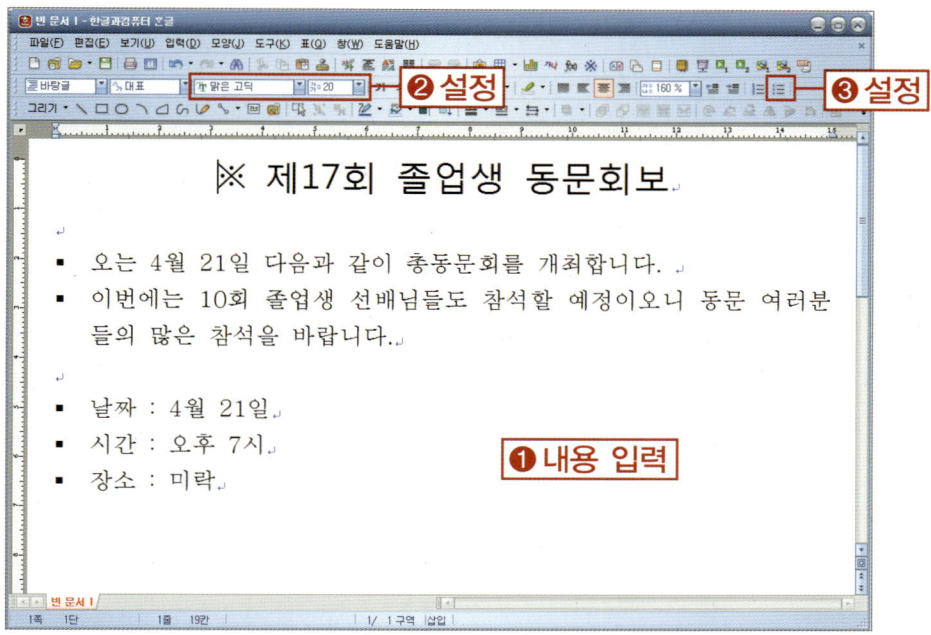

02 문서의 처음에 커서를 놓고 메뉴에서 [편집]-[찾아 바꾸기]를 클릭합니다.

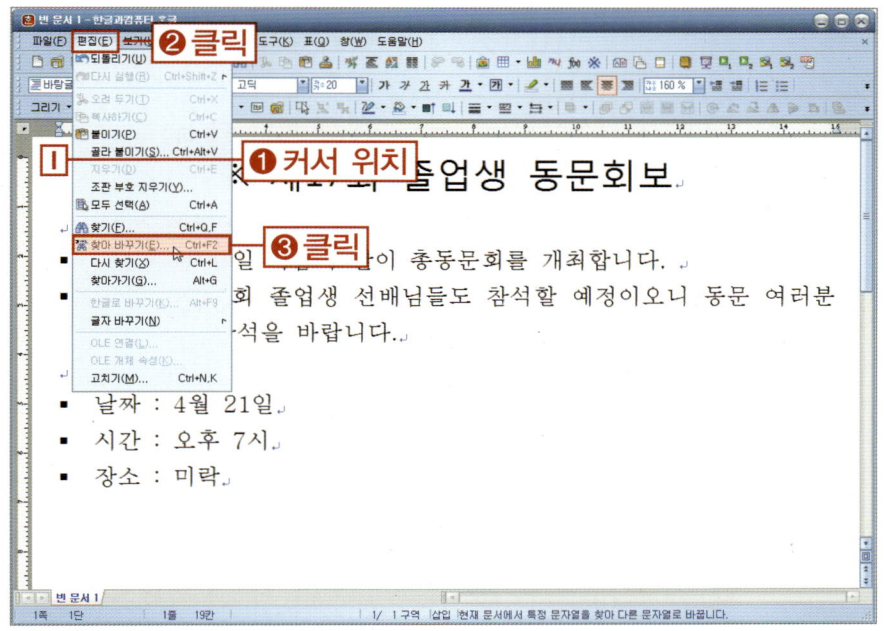

> TIP 커서의 위치에 따라 찾는 내용이 달라질 수 있으므로 주의합니다.

40장. 원하는 자료만 콕콕 찾아 바꾸기

03 [찾아 바꾸기] 대화상자가 나타나면 [찾을 내용]에 '동문'을, [바꿀 내용]에 '동창'을 입력합니다. [찾을 방향]에서 '아래쪽'을 선택하고 [바꾸기]를 클릭합니다.

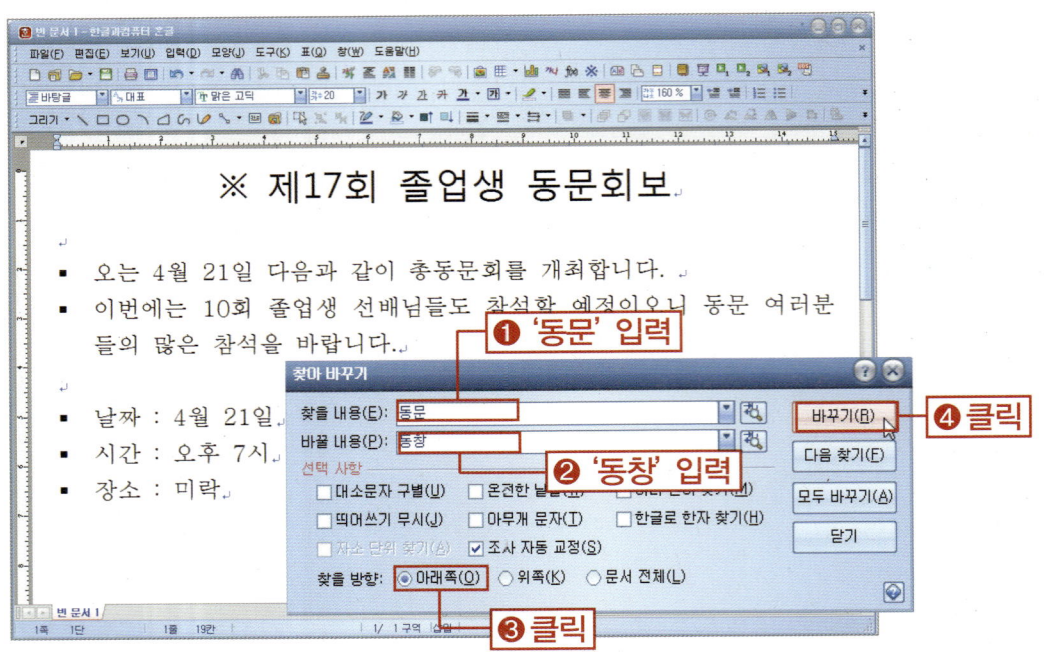

04 첫 번째 '동문' 글자가 선택됩니다. [바꾸기]를 클릭해 실행합니다. '동문'이 '동창'으로 변경되고 두 번째 '동문' 글자가 선택됩니다. 계속해서 [바꾸기]를 클릭해 실행합니다.

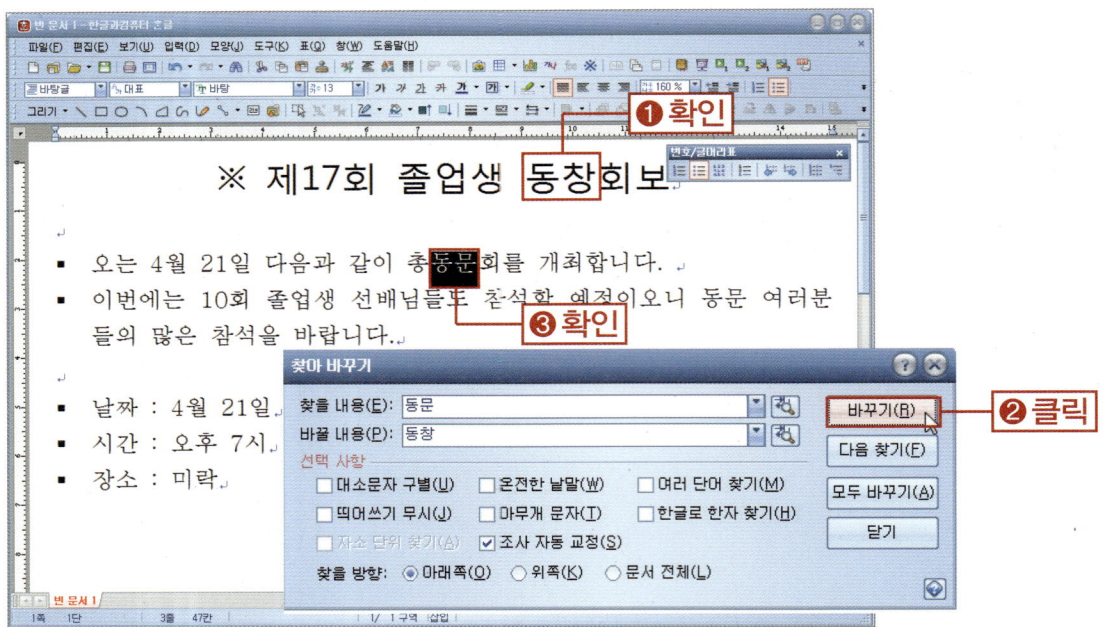

05 모두 찾았다는 메시지가 나타나면 [취소]를 클릭해 찾기를 멈춥니다. 다시 문서 처음을 클릭해 커서를 놓고 [찾을 내용]에 '21일'을, [바꿀 내용]에 '22일'을 입력한 후 [모두 바꾸기]를 클릭합니다.

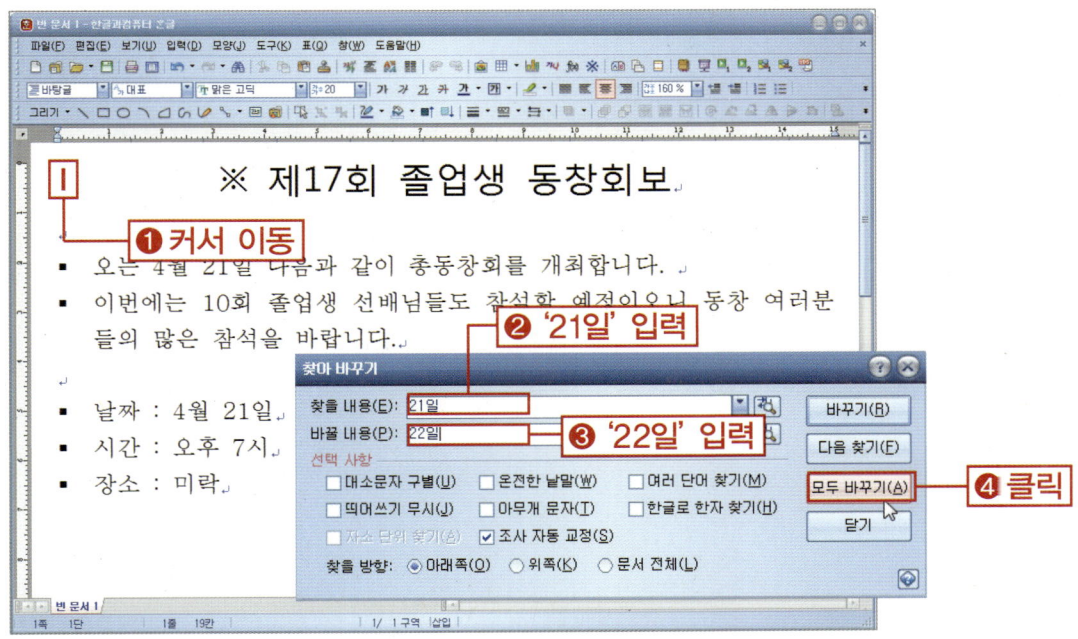

06 한 번에 모든 내용을 찾아 바꾼 후 바꾸기를 실행한 전체 횟수가 표시됩니다. 더 찾을 내용이 없으면 [취소]를 클릭합니다.

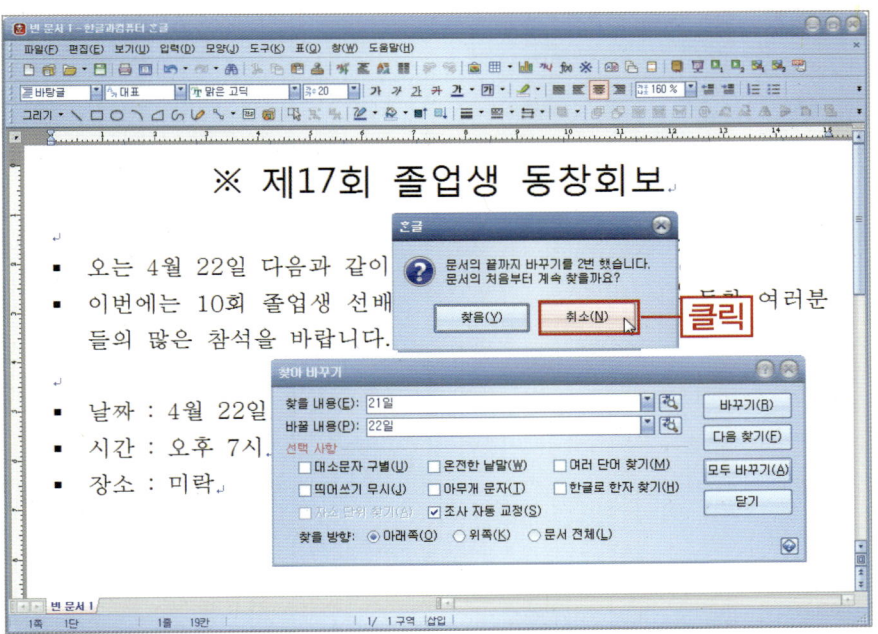

MEMO

큰 그림, 큰 글씨로 배우는
눈이 편한 컴퓨터 2nd Edition

1판 1쇄 발행_ 2013년 12월 30일
1판 4쇄 발행_ 2016년 5월 15일

저 자 • 김미영, 김혜경 공저
발 행 인 • 김길수
발 행 처 • (주)영진닷컴
주 소 • 서울특별시 금천구 가산디지털 1로 24 대륭테크노타운 13차 10층
출판등록 • 2007. 4. 27 제 16-4189호

ⓒ2013., 2016. (주)영진닷컴
ISBN 978-89-314-4578-7

http://www.youngjin.com